Die Aufsteigerrepublik

Armin Laschet

Die Aufsteigerrepublik

Zuwanderung als Chance

Kiepenheuer & Witsch

FSC

Mix

Produktgruppe aus vorbildlich
bewirtschafteten Wäldern und
anderen kontrollierten Herkünften

Zert.-Nr. SGS-COC-1940
www.fsc.org
© 1996 Forest Stewardship Council

Verlag Kiepenheuer & Witsch, FSC-DEU-0096

1. Auflage 2009

Umschlaggestaltung: Rudolf Linn, Köln
Autorenfoto: © Roland Rochlitzer
Gesetzt aus der Stempel Garamond und der
Neuen Helvetica Condensed
Satz: Buch-Werkstatt GmbH, Bad Aibling
Druck und Bindung: GGP Media GmbH, Pößneck
ISBN 978-3-462-04105-7

Inhalt

Und der Zukunft zugewandt

Wer sind wir?

1 | Die Erfolgsleiter vor Augen

Hatice Akyün hatte mich neugierig gemacht. Der Journalistin und Buchautorin war ich zwar schon ein paar Mal auf Veranstaltungen begegnet, es hatte sich jedoch bislang nicht die Gelegenheit ergeben, einmal länger ins Gespräch zu kommen. Mich interessierte ihre Lebensgeschichte, ihr Weg als Tochter von sogenannten »Gastarbeitern« bis zur Bestsellerautorin. Deshalb war ich besonders gespannt darauf, was sie mit ihren Erfahrungen von der Idee eines Buches über die Aufstiegschancen in unserer Gesellschaft, speziell von Menschen mit Zuwanderungsgeschichte, halten würde. Ich nahm Kontakt mit ihr auf, um mich mit ihr in ihrer Heimatstadt Duisburg zu treffen, wenn sie dort einen Zwischenstopp einlegen würde auf ihrer »Ali-zum-Dessert«-Lesetour.

In diesem zweiten Buch findet ihre zuvor schon in »Einmal Hans mit scharfer Soße« temperament- und humorvoll geschilderte Suche nach dem Traummann ein überraschendes und um so glücklicheres Ende: Hatice und ihr Ali lernen sich bei einer Lesung in meiner Heimatstadt Aachen kennen, werden ein Paar und wenig später Eltern der kleinen Merve Johanna. Sie erzählt liebevoll von ihren aus der Türkei nach Deutschland gekommenen Eltern und ihren fünf Geschwistern und lässt so ihre Leserinnen und Leser teilhaben an ihrem bunten Leben in zwei Kulturen. Deren Eigenarten vermittelt sie augenzwinkernd, jongliert mit beiderseitigen Vorurteilen und empfindet es geradezu als Reichtum, scheinbare kulturelle Widersprüche in ihrer eigenen Person vereinen zu können. Wegen dieser sympathischen und unverkrampften Aufrufe zu einem respektvollen Zusammenleben ist Hatice Akyün Anfang 2009 mit dem Duisburger »Preis für Toleranz und Zivilcourage« ausgezeichnet worden. In der Stadt an Rhein und Ruhr leben Menschen aus mehr als 140 Nationen. Jeder Dritte hat seine familiären

Wurzeln in einem anderen Land, bei den Kindern im Vorschulalter fast schon jedes zweite.

Verabredet hatte ich mich mit ihr in einem neuen Einkaufszentrum in der Duisburger Innenstadt, und zwar an der »Goldenen Leiter«, einem kirchturmhoch in den Himmel ragenden Kunstobjekt. Verankert in der Tiefgarage, durchquert die Riesenleiter alle Geschäftsetagen, durchstößt selbst das Glasdach und endet erst gut 35 Meter darüber. Ihre Holme und Sprossen sind aus 32 Tonnen Stahl gefügt, jenem Material, das die Montanstadt wie kein anderes geprägt hat. Jeder einzelne Zentimeter ist mit Blattgold überzogen worden. Ihre Leiter künde, so das Münchener Künstlerduo Johannes Brunner und Raimund Ritz, genau wie Jakobs geträumte Himmelsleiter in der Bibel vom sagenhaften Versprechen auf Segen und Wohlfahrt. Mit ihr wollen sie in einer Stadt im Umbruch ein Zeichen setzen und Aufbruchstimmung vermitteln. Während einige Duisburger sich über den Goldrausch im Konsumtempel aufregen, würdigen andere hingegen die Leiter als gelungenes Wahrzeichen für das neue Duisburg. So trägt auch Oberbürgermeister Adolf Sauerland stolz am Revers seines Sakkos eine Miniaturausgabe der »Goldenen Leiter«.

Diesen markanten Treffpunkt können Hatice Akyün und ich gar nicht verfehlen. Wir begrüßen uns herzlich und nehmen Platz in den Sesseln eines Cafés direkt an der Leiter. Durch diese hindurch blicken wir auf das neue Casino und das Amtsgericht auf der Königsallee. Hatice Akyün erzählt, dass sie im Amtsgericht Duisburg-Hamborn ihre Lehre als Justizangestellte absolviert hat. »Meine Eltern waren damals mächtig stolz auf mich, denn sie waren sich nun sicher, dass ihre Tochter es einmal besser haben würde.« Als Dreijährige war sie 1972 aus Akpinar Köyu, dem anatolischen Heimatdorf ihrer Eltern, nach Duisburg-Marxloh gekommen. Ihr Vater hatte am Tag ihrer Geburt seine Heimat verlassen und später seine Familie nachgeholt.

»In seinem Dorf galt er als Held, als er seine Schafherde verkaufte«, sagt Hatice Akyün, »um mit dem Geld nach Deutschland zu gehen, wo er in einer großen Stadt zum Bergmann ausgebildet werden sollte. Was war das aber für eine Umstellung für ihn: Er, der von klein auf als Landwirt und Hirte nur draußen in der Sonne war, steckte nun auf einmal in einem dunklen, engen Schacht in 1200 Meter Tiefe.«

Hier sitzt nun also ein Bergmannskind neben einem anderen. Ich erzähle Hatice Akyün, dass auch mein Vater als Berglehrling angefangen hat, vor den Toren Aachens auf der Grube Anna in Alsdorf. Als ich 1961 zur Welt kam, hatte er es bereits bis zum Grubensteiger gebracht, bevor er später einen Neuanfang wagte, noch studierte und dann Grundschullehrer wurde.

»Wissen Sie«, sagt Hatice Akyün, »es ist doch erstaunlich: In unserer Zechensiedlung hatten wir alle die gleichen Voraussetzungen. Wir alle waren Arbeiterkinder – ob wir Deutsche oder Türken waren, spielte damals keine Rolle. Und trotzdem sind die Wege in völlig unterschiedliche Richtungen gegangen. Wie kommt es, dass es bei mir geklappt hat, unser Nachbarskind aber heute von Hartz IV lebt? Oder dass Mitschülerinnen einfach ihre Lehre abgebrochen haben, also trotz vorhandener Chancen nichts aus sich gemacht haben?«

Ich frage sie, wodurch denn ihre Entwicklung begünstigt worden sei.

»Das war wohl eine ganze Reihe von Zufällen. Wenn zum Beispiel der städtische Bücherbus nicht immer donnerstags in unserer Straße gehalten hätte, wäre ich da vielleicht nie reingegangen.« Ihre Eltern waren doch Analphabeten. Sie erinnert sich noch genau: »Als ich mich das erste Mal in den Bus schlich und mit einem Stapel Bücher wieder rauswollte, hielt mich die Frau von der Stadt an und fragte nach meinem Ausweis. Sie gab mir dann erst einmal einen Antrag mit, den meine Eltern unterschreiben sollten. Sie konnte ja nicht ahnen, dass das ein Problem sein würde. Ich wusste mir dann nicht anders zu helfen, als selbst zu unterschreiben, ohne meine Eltern zu fragen.«

Mithilfe dieses Tricks konnte sie nun damit beginnen, heimlich mit der Taschenlampe unter der Bettdecke die Bücher von »Hanni und Nanni« und den »Fünf Freunden« zu verschlingen.

Ich kann mir ein Schmunzeln nicht verkneifen und berichte ihr, dass mich zwar nicht »Hanni und Nanni«, aber ebenfalls die »Fünf-Freunde«-Bücher von Enid Blyton als Kind in ihren

Bann gezogen haben. Ich hatte sie nicht in einem Bücherbus, sondern in der »Bücher-Insel«, einer ehrenamtlich organisierten Leihbücherei der Pfarrei meines Heimatstadtteils Burtscheid, ausfindig gemacht.

»Da haben wir wieder etwas gemeinsam, Lesen wurde auch für mich zur Leidenschaft«, entgegnet Hatice Akyün. »Deutsch hatte ich ja schon vorher gelernt, auch mithilfe von Tiffy aus der Sesamstraße, die ich ständig vor der Schule geguckt habe. Aber erst durch Bücher habe ich das richtige Sprachgefühl entwickelt. In Grimms Märchen standen ja Sachen, die ich so nicht auf der Straße oder im Fernsehen aufschnappen konnte.«

Sie berichtet von weiteren glücklichen Zufällen: Da war die Mutter einer deutschen Schulfreundin, die ihr immer bei den Hausaufgaben geholfen hat. Und da war vor allem ihre Hauptschullehrerin Brigitte Kruse, mit der sie heute eng befreundet ist. »Sie hat an mich geglaubt und daran, dass bei mir noch viel mehr möglich ist. Dadurch habe ich auch selbst angefangen, das zu glauben. Und wenn ich sah, wie sie mit ihrem Auto, einem kleinen roten Flitzer, auf den Schulhof fuhr, wollte ich das auch schaffen.«

Rückblickend betrachtet sind es offensichtlich immer einzelne Menschen, die durch ihren besonderen Einfluss den eigenen Lebensweg bei entscheidenden Weichenstellungen haben prägen können: eine Lehrerin, eine Tante, ein Pfarrer, ein Jugendleiter oder ein anderer engagierter Ehrenamtler. Bei mir zum Beispiel hat den Wunsch, Jura zu studieren, ein Staatsanwalt geweckt. Er hatte unserer Schulklasse einen nachmittäglichen Rechtskurs angeboten und den so spannend gestaltet, dass ich auf den Geschmack gekommen bin.

Ist sich jede Lehrerin und jeder Lehrer bewusst, wie sehr von ihnen und ihrem Urteil abhängt, ob Potenziale der Kinder überhaupt entdeckt und dann weiter gefördert werden? Lautete das Votum der Grundschulempfehlungen bei »Ausländerkindern« nicht über Jahrzehnte prinzipiell »Hauptschule«, weil die Eltern den Kindern bei einem gymnasialen Weg ja doch nicht würden helfen können?

Wolfgang Schäuble hat es bei einem Festakt der Türkischen Gemeinde zu sechzig Jahren Grundgesetz »ein ganz bitteres

Kapitel in unserer Migrationsgeschichte« genannt, dass in den siebziger und achtziger Jahren viele Kinder von Zuwanderern nur wegen Sprachschwierigkeiten an Sonderschulen verwiesen wurden. Aus meiner Sicht ein bemerkenswertes »Mea Culpa« oder »Nostra Culpa« des Bundesinnenministers, ein Fehlereingeständnis Deutschlands gegenüber den Zuwanderern. Es ist ja auch überhaupt nicht zu leugnen: Wir haben uns durch jahrzehntelange Realitätsverweigerung leider an den Aufstiegschancen ganzer Generationen von Zuwanderern versündigt und gerade bei der Bildung der Kinder notwendige Hilfeleistungen unterlassen.

Zum Glück ist Hatice Akyüns Potenzial rechtzeitig erkannt und gefördert worden. Mit der Justizlehre nach der Hauptschule war für sie lange noch nicht Schluss. Wieder sind es Zufälle, die später dazu führen, dass sie in den Lokaljournalismus hineinschnuppert. Sie holt das Abitur nach, volontiert und studiert. »Natürlich war das nicht einfach«, schildert sie, »und das ging auch nicht ohne Rückschläge und Misserfolge. Ich hab mir nur immer wieder gesagt: Guck mal, was du schon alles geschafft hast, also packst du auch das Nächste!«

Ihre optimistisch zupackende Einstellung beeindruckt mich. Ich frage, ob sie sich, heute erfolgreiche Buchautorin, denn als Aufsteigerin empfinde.

»Hoch hinaus wollte ich schon als kleines Kind«, sagt sie lachend und zeigt auf die Leiter vor unseren Augen, »und es war wohl besser, dass ich damals nicht wusste, wie viele Sprossen auf so einer Erfolgsleiter vor einem liegen, wie mühsam es ist und wie lange es dauert, bis man oben ist. Aber ›Aufsteigerin‹? Eigentlich nicht. Für mich ist eher mein Vater mit seiner Biografie so etwas wie ein Aufsteiger. Ich hingegen fühle mich lediglich in gewisser Weise privilegiert, weil sich mir immer wieder, wenn auch zufällig, Chancen eröffnet haben, weiterzukommen. Und die habe ich dann wohl nutzen können.«

Ich frage nach, welcher Aspekt des Kunstwerks vor uns denn ihrer Meinung nach im Sinne der Symbolik einer Erfolgsleiter überwiege: Dass es sich um eine Leiter handelt, diese Leiter sehr, sehr weit hinaufführt oder dass sie vergoldet ist? »Na ja«, meint sie, »der Glanz des Goldes überstrahlt ja nur, dass es bei Erfolgsleitern so ist wie bei ganz gewöhnlichen: Es geht nur aus eigener Kraft hinauf! Jeder, der da hochwill, muss wissen, dass er erst einmal auf sich selbst angewiesen ist und aktiv werden muss. Wenn man Glück hat, gibt es zusätzlich jemanden, der einen selbst oder wenigstens die Leiter festhält und so das Aufsteigen erleichtert und absichert.«

Und trotzdem, gibt sie zu bedenken, könne es sein, dass die eigene Leistung nicht vom Erfolg gekrönt wird. »Da ist man, bildhaft gesprochen, vielleicht gerade erst ein bisschen auf der Leiter vorangekommen und merkt dann plötzlich, dass die nächsten Sprossen einfach fehlen, sei es, weil sie nie da waren oder sogar, weil sie entfernt worden sind. Dann geht es nicht mehr weiter aufwärts.«

Ich verrate Hatice Akyün, dass ich vorhabe, ein Buch zu schreiben genau über diese Frage der Aufstiegsmöglichkeiten, also über die soziale Mobilität in unserem Land, und dass ich dabei einen besonderen Blick werfen wolle auf die Menschen mit Zuwanderungsgeschichte.

Sie holt tief Luft, bevor sie mir zu verstehen gibt, dass ich mir da ja wohl Einiges vorgenommen habe: »Als Minister können Sie es sich ja nicht leisten, sich mit der Beschreibung zu begnügen, was in unserem Land schiefläuft und was eigentlich mal gemacht werden müsste. Vom Buch eines Politikers erwartet man zu Recht mehr. Welche Konsequenzen zieht er denn daraus? Welche Ideen hat er, um die Probleme zu lösen? Und vor allem: Was hat er schon dafür getan und was wird er noch tun?«

Obendrein, so schärft sie mir ein, hätte ich noch eine zusätzliche Herausforderung zu meistern: Wer immer dieses Buch lese, müsse für sich darin einen Grund für eine realistische Hoffnung finden. »Ich glaube, das ist das Schwerste, aber auch das Wichtigste, was Politiker leisten müssen: den Menschen Hoffnung geben! Gerade viele junge Menschen, deren Eltern oder Großeltern zugewandert sind, sind leider ohne Hoffnung. Sie haben schon zu häufig die Erfahrung gemacht, dass es offensichtlich gar nicht vorgesehen ist, dass sie eine Chance bekommen.«

Und dann gibt sie mir auch noch etwas anderes mit auf den Weg: »Ich weiß ja, dass Sie es gut meinen – aber mich stört ein wenig dieser ›besondere Blick auf Migranten‹, von dem Sie sprechen. Als ich hier in Duisburg lebte, hatte ich noch keinen ›Migrationshintergrund‹. Da war ich einfach Hatice. Das macht diese Stadt für mich so besonders. Hier ist jeder Duisburger, egal, welche Herkunft, Nationalität oder Religion er hat. Wäre es nicht an der Zeit, dass wir das auch vom ganzen Land sagen können? Dass jeder bei uns in Deutschland selbstverständlich dazugehört, egal, woher er kommt, welchen Pass er hat oder an welchen Gott er glaubt?«

Ich nahm mir vor, ihren Fragen in meinem Buch nachzugehen. Denn Hatice Akyün hat ja völlig recht. Das Gefühl, willkommen zu sein, akzeptiert zu werden und dazuzugehören, ist die Grundvoraussetzung dafür, dass sich Menschen, woher sie auch stammen, in unserem Land und in unserer Gesellschaft zu Hause fühlen können. Wer dagegen ausgegrenzt und ausgeschlossen wird, fühlt sich fremd im eigenen Land. Das geht sogenannten Zugewanderten nicht anders als sogenannten Einheimischen. Wer bei uns nicht akzeptiert wird, wird sich seinerseits schwer tun, unsere Gesellschafts- und Wirtschaftsordnung zu akzeptieren.

Und wer in Deutschland – wodurch auch immer – daran gehindert wird, sich weiterzuentwickeln, nach oben zu kommen und Erfolg zu haben, wird zum gemeinsamen Erfolg weder beitragen wollen noch können. Je erfolgreicher hingegen jeder Einzelne sein kann, umso erfolgreicher werden wir zusammen sein.

»Wir«, damit meine ich tatsächlich uns alle: sowohl selbstverständlich jene von uns, die schon länger in Deutschland leben, als auch genauso selbstverständlich jene, die »etwas später dazugekommen« sind, wie es der Kieler Schriftsteller Feridun Zaimoglu so fein ausdrückt. »Wir«, damit meine ich also »Altdeutsche« plus »Neudeutsche«. Sechzig Jahre nach Gründung der Bundesrepublik und zwanzig Jahre nach dem Fall der Mauer ist es höchste Zeit, nun endlich damit zu beginnen, die Einheit aller zu vollenden, die in Deutschland leben.

Richard von Weizsäcker mahnte am 3. Oktober 1990 in den

Stunden der Wiedervereinigung in weiser Voraussicht: »Sich zu vereinen, heißt teilen lernen.« Zur Herstellung einer inneren Einheit Deutschlands, die weit über die Vereinigung von Ost- und Westdeutschen hinausgeht, müssen wir heute anfangen, gerecht teilen zu lernen. Erst dann ermöglichen wir allen Teilhabe: Teilhabe an der politischen Gestaltung, an Bildung, am wirtschaftlichen Erfolg sowie am sozialen Aufstieg. Teilhabe, das ist für mich die tiefere Bedeutung von Integration. So verstanden, muss jeder, der ein Teil Deutschlands ist, auch alle Möglichkeiten bekommen, Teilhaber in Deutschland zu werden.

Unsere Wirtschaftsordnung, die Soziale Marktwirtschaft, muss in Zeiten wie diesen so manche Bewährungsprobe bestehen. Ganz entscheidend wird sein, ob es uns gelingt, die »Wohlstand-für-alle«-Verheißung aus der Gründerzeit unserer Bundesrepublik neu formuliert als »Aufstiegschancen für alle« auf die heutige Generation zu übertragen und mit Leben zu füllen. Die weitere Akzeptanz der Sozialen Marktwirtschaft hängt davon ab, ob wir so handeln, dass alle, die in Deutschland leben, darauf vertrauen können, jegliche Unterstützung zu bekommen, damit sie ihren individuellen Aufstieg schaffen können.

Jede Maßnahme, die wir ergreifen, um mit einer engagierten Integrationspolitik Menschen mit Zuwanderungsgeschichte den Aufstieg zu ermöglichen, ist auch eine Maßnahme, die Menschen ohne Zuwanderungsgeschichte neue, eigene Aufstiegschancen ermöglicht, beispielsweise Kindern, deren Eltern vielleicht schon in der zweiten Generation in Sozialhilfe beziehungsweise von Hartz IV leben.

Aufstieg muss wieder zum politischen Programm werden und zum politischen Versprechen: Du bist Deutschland – und deswegen werden wir alles tun, damit du auf der Erfolgsleiter ganz sicher so weit wie möglich nach oben kommst!

Machen wir uns daher zum sechzigsten Geburtstag der Bundesrepublik ein sinnvolles und notwendiges Geschenk: Machen wir uns auf den Weg zurück zur Aufsteigerrepublik!

»Die Aufsteigerrepublik« – ein solches Buch in dieser Zeit von Wirtschaftskrise und Abstiegsängsten? Derartige Nachfragen mit skeptischem Unterton sind weder zufällig, noch stehen sie alleine. Unserer Gesellschaft sind der Glaube und die Zuversicht an den Aufstieg in weiten Teilen abhandengekommen. Über sozialen Aufstieg zu reden und zu schreiben liegt nicht im Trend. Man setzt sich dabei sogar dem Vorwurf von Utopismus und Wirklichkeitsverkennung aus. Wie kommt das? Gibt es keine Aufsteiger mehr? Ist unser Gedächtnis so schlecht, dass wir die Erinnerung an die fünfziger und sechziger Jahre verloren haben? Eine kaum zurückliegende Epoche, als das »Wirtschaftswunder« für viele Deutsche den gelungenen Aufstieg bedeutete, als sich »Wohlstand für alle« auf die tatkräftige Mitarbeit und das Fortkommen vieler gründete? Als individueller und gesellschaftlicher Stolz auf das selbst Geleistete und das daraus resultierende Selbstbewusstsein das Ergebnis harter Arbeit waren? Damals war Westdeutschland, die alte Bundesrepublik, eine »Aufsteigerrepublik«.

Doch, um es unverblümt zu sagen, diese Zeiten sind vorbei – unwiederbringlich. Die prosperierende Nachkriegsgesellschaft mit ihrer »goldenen Generation«, sie ist Geschichte, und diese Aufstiegsgesellschaft, ihre sozialen Strukturen und ihre Dynamik können in dieser Form nicht wieder auferstehen. Heute und in der Zukunft ist eine neue Aufstiegsgesellschaft nötig, die die Menschen von heute und morgen anspricht und erreicht, ihnen Möglichkeiten bietet, die diese ergreifen und nutzen.

Ich bin sicher: Deutschland wird wieder eine Aufsteigerrepublik! Der soziale Aufstieg für viele ist möglich, und – das Wichtigste – soziale Mobilität und Aufstiege sind unerlässlich für unsere Republik. Eine stagnierende, durch feste gesellschaftliche Strukturen geprägte Gesellschaft, egal, ob durch soziale Kasten oder ethnische Zugehörigkeit begründet, ist weder wünschenswert, noch kann sie den Fortbestand oder die weitere positive Entwicklung unseres Staates ermöglichen. Die Bundesrepublik Deutschland als freiheitlich-demokratisches Gemeinwesen braucht soziale Dynamik, um ihrem politischen Selbstbild gerecht zu werden. Nur so kann sie ihren freiheitlichen Selbstanspruch einlösen.

Natürlich wird auch eine zurückgewonnene Aufsteigergesellschaft kein Utopia ohne soziale Unterschiede sein. Auch in einem demokratischen Rechts- und Sozialstaat werden und dürfen soziale Unterschiede bestehen. Entscheidend ist allein, worin sie begründet sind und dass in der Gesellschaft eine Übereinkunft darüber besteht, wie groß die Unterschiede sein dürfen, ohne dass das Gemeinwesen seine Legitimation und seinen Zusammenhalt verliert. Das Maß und die Begründung von Ungleichheit sind entscheidend. Ungleichheit darf nicht durch die dauerhafte Betonierung einer Schicht oder gar Klasse, durch das Geschlecht oder durch die Zugehörigkeit zu einer ethnischen Gruppe begründet sein. Unsere offene Gesellschaftsordnung gepaart mit der Sozialen Marktwirtschaft ist deshalb Garant für die Entfaltungsmöglichkeiten des Einzelnen und die Solidarität mit jenen, die es aus eigener Leistungsfähigkeit nicht schaffen können. Es sind also Strukturen der Offenheit, des Ermöglichens und der Förderung zu schaffen, damit jeder und jedem die Chance gegeben wird, seine Talente und Möglichkeiten erfolgreich einzusetzen und auszuschöpfen. Die Politik der Chancengerechtigkeit ist das Fundament für die Aufsteigerrepublik.

Diejenigen, die sich anstrengen, sich aus- und weiterbilden oder studieren, schaffen maßgeblich Werte für unsere Gesellschaft – wirtschaftliche wie kulturelle. Eine Gesellschaft ohne diese Aufsteiger, ihre Mentalität und ihre geglückten Aufstiege würde auf verhängnisvolle Weise gerade die Menschen verlieren, die Deutschland immer vorangebracht haben.

Denjenigen von uns, die auf eine Zuwanderungsgeschichte zurückblicken, kommt beim Thema Aufstieg zukünftig eine Schlüsselrolle zu. Sie müssen in Deutschlands Zukunft integriert werden – und sie sollten es selbst auch wollen und annehmen. Nur mit ihnen, ihren Potenzialen, ihrem Engagement, ihrer Energie wird es eine Zukunft geben. Nur wenn jene von uns, die später zur Bundesrepublik hinzugekommen sind, ein starker und noch aktiverer Teil der Aufsteigerrepublik Deutschland werden, wird unser Staat weiterhin durch Freiheit, Wohlstand und Sozialstaatlichkeit geprägt sein können.

Die Themen Integration, Familie, Bildung, Kinder und Jugend, Frauen, diese angeblich »weichen« und von Altkanzler Gerhard Schröder als »Gedöns« diffamierten Themen – das sind heute die zentralen Politikfelder. Hier wird die Zukunftsfähigkeit unserer Gesellschaft entschieden. Hier gelingt oder scheitert die Aufsteigerrepublik. »Denn in der Wissensgesellschaft der Zukunft« – so die Ökonomen Michael Hüther und Thomas Straubhaar – »entscheiden nicht mehr Besitz, Klassen- oder Schichtenzugehörigkeit oder der Grad sozialer Absicherung über die gesellschaftliche und wirtschaftliche Stellung des Einzelnen, sondern seine Bildung.« Fehlender Zugang zu Bildung sowie mangelnde Bereitschaft oder Fähigkeiten produzieren »soziale Verlierer«. Innovative Gesellschaftspolitik – und dazu zählen die Integrations-, Frauen-, Familien- und Generationenpolitik zuvorderst – hingegen nimmt sich vor, Aufsteiger zu ermöglichen.

Mein Vater – vom Bergarbeiter zum Schulleiter

Um die damalige, die alte Aufsteigerrepublik der fünfziger und sechziger Jahre zu finden, bedarf es für mich zunächst keiner historischen oder soziologischen Studien. Mein eigener Vater, Heinz Laschet, arbeitete zunächst im Bergwerk Anna des Aachener Reviers, dem ältesten Steinkohlerevier Europas und mit über 30 000 Beschäftigten der bestimmende Wirtschaftsfaktor in den fünfziger Jahren in der Aachener Region. Von dort, von der Grube Anna I in Alsdorf des Eschweiler Bergwerks-Vereins, arbeitete er sich empor. Eigener Antrieb – tagsüber unter Tage, abends im Seminar – brachte ihn in einen »Weißen-Kragen-Job«. Mein Vater wurde Lehrer, er ließ Kohlestaub, Staublungengefahr und die anderen Risiken der Arbeit unter Tage in einer zunehmend kriselnden Branche hinter sich. Als Lehrer, später auch als Schulleiter kämpfte er ab den frühen siebziger Jahren gegen den »Bildungsnotstand«. In Nordrhein-Westfalen hatte der damalige Kultusminister Paul Mikat in den sechziger Jahren ein Programm aufgelegt, das den Schuldienst durch eine verkürzte Ausbildung auch für Quereinsteiger – die im Volksmund »Mikätzchen« genannten Neulehrerinnen und -lehrer – öffnete. Heute würde man neudeutsch von einer »Win-Win-Situation« sprechen. Es gab nur Gewinner: Die Gesellschaft schaffte Aufstiegsmöglichkeiten und konnte so den Lehrermangel entschärfen sowie die Bildung verbessern. Mein Vater wiederum wagte den Wechsel, strengte sich kräftig an, und meine Mutter kümmerte sich um uns damals drei Kinder. So wurden gesellschaftliche Chancen eröffnet und individuell genutzt. Und: Bildung wurde anschließend »vererbt«. Meine Brüder und ich, wir haben studiert. Für uns ist die akademische Ausbildung bereits nichts Außergewöhnliches mehr gewesen, wir empfinden sie als Normalität – auch wenn wir tatsächlich die ersten Akademiker in unserer Familie und Kinder der Bildungsexpansion der sechziger und siebziger Jahre sind.

Die Geschichte meines Vaters und unserer Familie wäre lediglich eine Anekdote, wenn dieser Aufstieg eines Einzelnen nicht zugleich exemplarisch für den Aufstieg der Vielen, also für die damalige Gesellschaft typisch gewesen wäre.

Nach dem Aufstieg: Stagnation und Erosion

Namhafte Wissenschaftler wie der Historiker Paul Nolte oder der Soziologe Stefan Hradil diagnostizieren für die Bundesrepublik mangelnde gesellschaftliche Durchlässigkeit, gar eine gesellschaftliche »Sklerose«. Hradil schreibt: »Deutschland ist in mehrfacher Hinsicht im Begriff zu erstarren.« Er hat dabei Organisationen und rechtliche Regelungen sowie die viel zu geringe soziale Mobilität im Blick. »Besonders von Erstarrung gekennzeichnet sind hierzulande Auf- und Abstiege.« Diese beunruhigende Diagnose können wir nicht mit einem Achselzucken quittieren, denn, so Hradil weiter: »Für die Gesellschaft sind soziale Aufstiege eine Quelle der Integration, der Produktivität und der Innovation.« Kurzum: Die Zukunftsfähigkeit Deutschlands, die Entwicklungschancen und das Lebensglück zukünftiger Generationen sind mit der Möglichkeit und der Wahrnehmung von gesellschaftlichen Aufstiegen untrennbar verknüpft.

Der Befund der gesellschaftlichen Erstarrung wiegt vor allem deshalb so schwer, weil er geradezu im Gegensatz zum Erfolgsmodell Bundesrepublik und zur Geschichte unseres Landes steht. Die Gründungsphase der Bundesrepublik war von einem deutlichen Anstieg der Mittelschicht geprägt. Einer Mittelschicht, die von aufstrebenden unteren Schichten erneuert wurde. Auch Arbeiter und Bauern stießen in diese Schicht vor, eine Schicht, die sich zum Motor des Wirtschaftswunders entwickelte. Was als individueller Aufstieg millionenfach erlebt wurde, beschreibt einen gesellschaftlichen »Aufstiegssog«, den die Soziologen auch als »Fahrstuhleffekt« bezeichnen. Nicht bei allen – das wäre natürlich übertrieben –, doch bei einem sehr großen Teil der Bevölkerung ließen sich bei entsprechendem Fleiß, bei Zielstrebigkeit und Durchhaltevermögen die Aufstiege realisieren. Aus Arbeitern wurden Facharbeiter oder Meister, aus Technikern wurden graduierte oder Diplom-Ingenieure. Aus einem Steiger wurde ein Lehrer und später Schulleiter. Die junge Republik war für Selbstständige und Unternehmer ein Eldorado für den sozialen und finanziellen Aufstieg.

Selbst die klassische soziale Frage, die die Gesellschaft, die Parteien und auch die katholische Soziallehre oder die protestantische Sozialethik seit dem 19. Jahrhundert umtrieb, sie wurde gelöst. Der Arbeiter, dessen Leben über einhundert Jahre lang von Armut, Krankheitsrisiken und frühem Tod bedroht war, nahm nun Teil am Wohlstand. Die Massenmotorisierung und der Urlaub, die Brechung zuvor aristokratischer und bürgerlicher Mobilitäts- und Freizeitprivilegien, sie sind Teil dessen, was Historiker unter »Entproletarisierung« zusammenfassen. Durch Aufstieg wurde die gesellschaftliche Mitte verbreitert; sie etablierte sich als die charakteristische soziale Trägerschicht der Bundesrepublik. Diesem Aufstieg der einen zur neuen Mitte der Bundesrepublik war zuvor der dramatische Abstieg alter Eliten, wie den preußischen Junkern, als Folge des Zweiten Weltkrieges vorausgegangen. Auf- und Abstiege sorgten für einen neuen Gesellschaftsmix in der jungen Bundesrepublik.

Bereits in der zeitgenössischen Gesellschaftsanalyse fand dies seinen Niederschlag: 1953 stellte der Soziologe Helmut Schelsky den Trend zur »nivellierten Mittelstandsgesellschaft« fest. Der Elternwunsch »Meine Kinder sollen es einmal besser haben« wurde durch die Erfahrung des eigenen Aufstiegs bestärkt.

Die Soziale Marktwirtschaft und der Wohlfahrtsstaat waren die Garanten dafür, dass Lebensrisiken gesellschaftlich abgesichert wurden und niemand von der rasanten Wohlstandsentwicklung in der Bundesrepublik abgehängt wurde. Die Adenauer'sche Rentenreform des Jahres 1957 und die dadurch erreichte deutliche Eindämmung der klassischen Altersarmut ist ein Beispiel dafür, dass die Bundesrepublik niemanden zurückließ.

Kurzum: Ein günstiges weltwirtschaftliches Klima, das Eröffnen und Nutzen von Chancen sowie eine kluge und auf sozialen Ausgleich orientierte Politik sorgten für eine hohe Akzeptanz für den jungen demokratischen Rechtsstaat, die Soziale Marktwirtschaft und den Wohlfahrtsstaat und damit für den Zusammenhalt der Gesellschaft. Die Aufsteiger und die sich ausdehnende Mittelschicht adaptierten die bürgerlichen Mentalitäten. Eine bürgerliche Kultur, die für die Bildungs- und Aufstiegsorientierung der nächsten Generation, der geburtenstarken »Baby-Boomer«-Jahrgänge der Nachkriegszeit maßgeblich sein sollte.

Vielleicht ist dies bei der Betrachtung der Unterschiede zwischen der erfolgreichen Bonner und letztlich gescheiterten Weimarer Republik ein entscheidender Punkt: Das Gefühl, dass Aufstieg möglich ist und gesellschaftliche Strukturen nicht zementiert sind, hat sicher die Akzeptanz der jungen Demokratie nach dem Zusammenbruch der NS-Diktatur gestärkt.

Menschen sind nicht von Natur aus Demokraten. Die Leiterin des Instituts für Demoskopie in Allensbach, Renate Köcher, hat erst kürzlich die anfangs geringe Akzeptanz der jungen deutschen Nachkriegsdemokratie beschrieben, die erst mit steigendem Wirtschaftswachstum und steigenden Aufstiegsperspektiven gewachsen ist. Was es für den Zusammenhalt der Gesellschaft und ihre Stabilität bedeutet, wenn große Teile der Bevölkerung nicht mehr das Gefühl haben, dass ein Aufstieg prinzipiell möglich wäre, ist im Umkehrschluss leicht verständlich. Die Journalistin Inge Kloepfer erläutert in ihrem Buch »Aufstand der Unterschicht«, wie perspektivlos gewordene Massen zur Gefahr für die öffentliche Ordnung werden.

Und möglicherweise ist der mythische »American dream«, nach dem angeblich ein Tellerwäscher Millionär werden kann, der Grund, dass eine viel stärker als die europäischen Gesellschaften von einer Kluft zwischen Arm und Reich geprägte Nation trotzdem zusammenhält und zu immer neuen Innovationen in der Lage ist.

Seit den siebziger Jahren geriet diese Aufsteigergesellschaft der frühen Bundesrepublik, so die übereinstimmenden Befunde der Wissenschaft, in die Krise. Die Bildungsexpansion zog einen deutlichen Bedeutungzuwachs der formalen Bildung und Ausbildung nach sich. Wer nicht über höhere (Aus-)Bildungsabschlüsse verfügte, für den bestanden nun kaum noch Hoffnungen, in die Mitte der Gesellschaft zu gelangen. Einerseits wurden mit dem Ausbau des zweiten Bildungswegs die Potenziale des ehemaligen Proletariats und Kleinbürgertums gefördert, andererseits zeigte sich, dass trotz dieser (Teil-)Demokratisierung des Zugangs zu Bildung die Kinder aus den unteren sozialen Schichten weiterhin und bis heute deutlich schlechtere Chancen für das Erreichen höherer Bildungsabschlüsse haben. Der Aufstieg nahm nun nicht mehr alle sozialen Schichten mit und verlor an Dynamik.

Seit Mitte der neunziger Jahre wächst die Mitte der Gesellschaft nicht mehr, die Dienstleistungsschichten stagnieren, und die Globalisierung und der technologische Wandel, die Gesellschaft und Märkte vor große Herausforderungen stellen, sorgen innerhalb der Mittelschicht für strahlende Sieger und für verbitterte Verlierer. Zu den »Ausgeschlossenen« – so der Soziologe Heinz Bude – gehören nun durchaus verschiedene gesellschaftliche Schichten; »alle Milieus teilen sich in Gewinner und Verlierer«: neben der sozialen »Unterschicht« und älteren Menschen ohne Beschäftigung und gesellschaftlichem Anschluss gehören nun auch gut qualifizierte Personen, die unverschuldet den beruflichen Anschluss verlieren und in eine soziale und ökonomisch prekäre Lebenssituation geraten, dazu. Die Folge: Erstmals in der Geschichte der Bundesrepublik »klettern Ängste die Bürotürme hoch« (Stefan Hradil). Steigende Unsicherheiten gepaart mit der sehr hohen Arbeitsbelastung und Abgabenlast: Die Zugehörigkeit zur Mittelschicht als gesellschaftliches Leitziel und als subjektive Motivation, sie ist zusehends verblasst.

Nun, im Jahr 2009, ist die Mitte eine schrumpfende Schicht, die zwischen verschärfter Armut und obszönem Reichtum aufgerieben zu werden droht. Bereits in den Jahren vor der aktuellen Weltwirtschaftskrise stellten Wissenschaftler diesen Trend fest. Nach einer Studie des Deutschen Instituts für Wirtschaftsforschung aus dem Jahr 2008 verringerte sich der prozentuale Anteil der Bezieher mittlerer Einkommen von 62 Prozent im Jahr 2000 auf 54 Prozent im Jahr 2006. Wenn heute der Ausstieg aus der Mittelschicht erfolgt, so eher durch Ab- als durch Aufstiege. Und: Die verbliebene Mitte ist wenig dynamisch. Die Mittelschicht rekrutiert und reproduziert sich sozial nahezu ausschließlich aus sich selbst. Schon diese Art »soziologischer Inzucht« einer Schicht schadet der gesellschaftlichen Dynamik, doch zukünftig wird der demografische Wandel, also eine schrumpfende, alternde Gesellschaft, in der gerade auch die Mittelschichten nur relativ wenige Kinder bekommen, dazu führen, dass diese Schicht weiter und rasant abschmelzen wird. Diese Entwicklungen, jetzt noch überwiegend schleichend und abstrakt, werden jedoch bereits in naher Zukunft offensichtlich und radikal verlaufen.

Deshalb: Die frei werdenden Positionen müssen durch soziale Aufsteiger wiederbesetzt werden. Wenn nicht jetzt und am besten sofort mit einer zukunftsweisenden Aufstiegspolitik begonnen wird, dann verspielen wir die Zukunft unserer Republik. Und »Wir«, das sind jetzt und natürlich in der Zukunft wir alle gemeinsam – sowohl diejenigen von uns mit als auch jene ohne Zuwanderungsgeschichte. Die verpassten Chancen machen da keinen Unterschied.

Die Lösungsstrategien und konkreten politischen Maßnahmen, die wir ergreifen müssen, sind nach meiner Einschätzung so einfach, radikal wie auch ungewohnt: Schranken müssen eingerissen, Möglichkeiten eröffnet und neue Träger sozialen Fortschritts in der Mitte der Gesellschaft integriert werden. Die Kinder und Kindeskinder der ehemaligen »Gastarbeiter«, von Flüchtlingen und anderen Zuwanderern, sie alle verdienen ihre Chance in unserer Gesellschaft. Wir brauchen einander. Nur wenn die große Gruppe der Menschen mit Zuwanderungsgeschichte, die heute bundesweit fast zwanzig Prozent der Bevölkerung ausmacht und in manchen Großstädten bereits fünfzig Prozent eines Geburtsjahrganges stellt, eine gute Chance bekommt und sieht, dass es auch für sie möglich ist, in der Mitte der Gesellschaft anzukommen, nur dann hat Deutschland eine Chance, die Dynamik der ersten Jahrzehnte wiederzuerlangen und im globalen Wettstreit der Informations-, Dienstleistungs- und Wissensgesellschaften zu bestehen. Deshalb nimmt dieses Buch in erster Linie die Geschichte, Gegenwart und Zukunft jener von uns in Deutschland, die eine Zuwanderungsgeschichte haben, in den Blick. Ihre Aufstiegschance ist die Gretchenfrage unserer Zeit. Hier schlummert zugleich das größte Potenzial unserer älter werdenden Gesellschaft.

Die Hälfte der Republik

Auch wenn sich die Historiker weitestgehend über den »Erfolgscharakter« der Bundesrepublik einig sind, so waren die Chancen in den ersten Jahrzehnten zwar breit, aber eben nicht gleich verteilt. Diese Ungleichheit der Chancen traf vor allem die Frauen, denn das damals herrschende Gesellschafts-, Familien- und Frauenbild sah die Frau, einer pointierten Formulierung folgend, bei den drei Ks: bei »Küche, Kirche, Kindern«. Ein Rollenmuster und -verständnis, dass zwar auch zu sozialem Aufstieg, aber eben überwiegend an der Seite eines erfolgreichen Mannes (»Guten Morgen, Frau Doktor!«) führen konnte, das jedoch für die große Mehrheit der Frauen bestenfalls begleitende Erwerbsarbeit, aber nicht die Realisierung eines gesellschaftlichen Aufstiegs durch Erwerbsarbeit vorsah. In den ersten Jahrzehnten der Bundesrepublik entsprachen die Aufstiegschancen von Frauen nicht dem, was wir heute – nach den Errungenschaften der zweiten deutschen Frauenbewegung seit den siebziger Jahren – für eine offene, emanzipierte Gesellschaft für richtig und angemessen halten. Bis weit in die sechziger Jahre hinein spiegelten sich diese Rollenerwartung und ihre Wahrnehmung in den charakteristisch schlechten Bildungsabschlüssen von Frauen und Mädchen wider. Ralf Dahrendorfs Kunstfigur für notwendige Bildungsreformen (1965) war das »katholische Arbeitermädchen vom Lande«. Seit den Debatten der siebziger Jahre und einen daran anknüpfenden veränderten rechtlichen Gleichstellungsrahmen haben sich die Aufstiegschancen von Frauen deutlich verbessert.

Wir haben heute die bestqualifizierte Frauengeneration aller Zeiten in der Bundesrepublik, Frauen sind auf allen Ebenen die Bildungsgewinnerinnen. Allerdings: Ein nüchterner Blick zeigt, dass sich diese Rolle noch nicht in Positionen, Gremien oder im Geldbeutel ausdrückt. Frauen gehören neben Menschen mit Zuwanderungsgeschichte nach wie vor zu dem Teil unserer Bevölkerung (der Mehrheit!), dessen Potenziale noch immer nicht hinreichend gesehen und genutzt werden. Das bedeutet aber auch, beim Blick auf Menschen mit Zuwanderungsgeschichte nicht alte Fehler zu wiederholen, hier nur die Männer zu sehen und die Frauen mit Ignoranz zu behandeln. Im Gegenteil: Es gibt Anlass zu der Vermutung, dass gerade Frauen das Zeug haben, den Aufstieg in dieser Republik zu schaffen. Viele prominente Beispiele zeigen das. Nicht zuletzt in der Entwicklungszusammenarbeit hat sich längst erwiesen, dass die Frauen entscheidend sind, will man einen Staat voranbringen. Eine Erkenntnis, die zu lange braucht, sich auch auf anderen Politikfeldern durchzusetzen!

Historisch ging es bei Menschen mit Zuwanderungsgeschichte zunächst überhaupt nicht um Aufstieg, das war erklärtermaßen nicht das Programm. Verräterisch allein schon der Sprachgebrauch vom »Gastarbeiter«. Anwerbekriterium für diese Menschen war, dass sie unqualifiziert sein mussten. Facharbeiter oder gar Akademiker wurden nicht angeworben. In Deutschland schufteten die »Gastarbeiterinnen« und »Gastarbeiter«, sie lebten ausgesprochen sparsam und in sehr bescheidenen Verhältnissen. Auf diese Weise markierten sie über Jahrzehnte hinweg den unteren Rang in der bundesdeutschen Gesellschaft. Anders in den Herkunftsgebieten: Dort waren die »Deutschländer«, wie die »Gastarbeiter« etwa in der Türkei genannt wurden, die sozialen Aufsteiger. Der Ford Transit oder gar ein Mercedes sowie der später häufig realisierte Hausbau im Herkunftsdorf symbolisierten den Aufstieg ehemaliger Bauern oder Saisonarbeiter aus Apulien oder Anatolien. Aus Sicht ihrer früheren Nachbarn und sicherlich auch häufig in ihrer eigenen Wahrnehmung hatten sie ihren sozialen Aufstieg realisiert.

Für die Verhältnisse in Deutschland kommen Soziologen zu einem anderen Befund: Sie stellen eindeutig die »Unterschichtung« der bundesdeutschen Gesellschaft durch die Arbeitsmigranten aus den südeuropäischen Ländern fest. Konkret: Unter die Selbstständigen, Angestellten und Arbeiter schob sich verstärkt seit den sechziger Jahren die Schicht der »Gastarbeiter«, der Gründergeneration der bundesdeutschen Einwanderungsgesellschaft. Sie erledigten – während viele deutsche Arbeiter und Angestellte nun in bessere Positionen aufsteigen konnten – weiterhin die schweren, dreckigen, teilweise gefährlichen und deutlich schlechter bezahlten Jobs.

Mein Vater Heinz und der Vater von Hatice Akyün, Rafet Akyün, sind sich nie begegnet. Beide waren Bergleute. Der eine im Aachener Revier, der andere im Pütt an Rhein und Ruhr. Doch aus soziologischer Sicht verbindet sie genau das gerade Beschriebene: Der eine realisiert im Rahmen von Bildungsexpansion und Förderprogrammen seinen Aufstieg aus dem Bergbau in die Mittelschicht. Der andere kommt aus Anatolien und wird in Duisburg Bergmann. Aus analytischer Distanz betrachtet haben diese beiden Bergleute einander symbolisch die Grubenlampe zum Schichtwechsel in die Hand gedrückt. Danach entfernen sie sich voneinander und leben in unterschiedlichen gesellschaftlichen Schichten. Während in der

Familie Laschet schließlich später die vier Söhne »normalen« Bildungsverläufen der Mittelschicht folgen, ist die Karriere der Tochter von Rafet Akyün eine große Ausnahme und von zahlreichen Zufällen geprägt. Es gibt also auf der einen Seite Zufälle, Glück und Tüchtigkeit Einzelner, die eine Bildungskarriere realisieren konnten. Aber auf der anderen Seite – und viel eher die Regel – gibt es ganze verlorene Generationen von Kindern aus Familien mit Zuwanderungsgeschichte, die Bildung und ihren Aufstieg nicht realisieren konnten.

Wenn der Aufstieg verhindert wird

Integration bedeutet im gesellschaftspolitischen Kontext (idealtypisch) nichts anderes, als dass sich alle Mitglieder einer Teilgruppe – nehmen wir an dieser Stelle einmal beispielsweise protestantische oder katholische Christen – entsprechend ihres Anteils auch in den verschiedenen Teilen und Organisationen der Gesellschaft wiederfinden und dadurch gesellschaftliche Teilhabe erlangen. Ist dies nicht der Fall, so kann man von Nichtintegration oder gar von Diskriminierung sprechen. Für das Deutsche Kaiserreich (1871–1918) ist klar die Nichtintegration der Katholiken zu erkennen. Das Reich wurde von den protestantischen preußischen Kaisern geführt. Die Protestanten waren in der Mehrheit, die Katholiken flüchteten sich politisch in die Arme des »Zentrum«, also ihrer konfessionell ausgerichteten Partei, und zwischenzeitlich tobte sogar der »Kulturkampf« (1871–1887) zwischen preußischem Staat und katholischer Kirche. Erst die Bundesrepublik erreichte die vollständige Integration der Katholiken. Vor allem die christlichen Parteien achten bis heute auf die angemessene Vertretung der beiden Konfessionen in den Gremien von Partei und Staat. Heute lassen sich auch keine konfessionellen Unterschiede bei den Bildungs- oder Berufserfolgen der christlichen Konfessionen mehr nachweisen.

Ganz anders sieht die Situation heute bei den Menschen mit Zuwanderungsgeschichte aus. Sie sind hinsichtlich Bildungsniveau, beruflicher Stellung und Repräsentanz in den Parteien und Parlamenten – ein Cem Özdemir allein ist da leider nur die Ausnahme von der Regel – nicht ihrem Bevölkerungsanteil entsprechend vertreten, haben nicht die gleichen Chancen und sind demnach nicht ausreichend integriert. Diese strukturelle Desintegration schmälert nicht allein die Zukunftschancen von Menschen mit Zuwanderungsgeschichte, sondern die unserer gesamten Gesellschaft.

Bereits zu einem frühen Zeitpunkt, Ende der siebziger Jahre, mahnte eine bundesdeutsche Regierungsstelle nachdrücklich die Integration der »ausländischen Kinder und Jugendlichen« an und betonte die dramatischen Folgen, die die Nichtintegration dieser Gruppe für die Bundesrepublik haben würde. Dort heißt es: »Der alarmierende Befund, insbesondere im Hinblick auf die Zukunftsperspektiven von rund einer Million ausländischer Kinder und Jugendlicher im Bundesgebiet, macht umfassende Maßnahmen dringlich, um größten individuellen und gesamtgesellschaftlichen Schaden abzuwenden. Die bereits vorhandenen und erst recht die sich ohne eine entscheidende Wende für die nahe Zukunft abzeichnenden Probleme stellen eine Aufgabe dar, die, wenn sie nicht alsbald gelöst wird, unlösbar zu werden droht und dann verhängnisvolle Konsequenzen befürchten lässt.«

Es war der erste Ausländerbeauftragte der Bundesregierung, der ehemalige nordrhein-westfälische Ministerpräsident Heinz Kühn, der im September 1979 diese Warnung an den Anfang seines Memorandums stellte. Damals also galt es bereits, »größten individuellen und gesamtgesellschaftlichen Schaden« und »verhängnisvolle Konsequenzen« abzuwenden.

Dreißig Jahre nach der Veröffentlichung des Memorandums gibt es zwar zahlreiche Beispiele von Menschen mit Zuwanderungsgeschichte, die es geschafft haben, die ihren Mann und ihre Frau in dieser Gesellschaft stehen. Doch jenseits der Anerkennung und Würdigung der Leistung dieser Minderheit stellt Klaus J. Bade, der Doyen der deutschen Migrationswissenschaft, eindeutig fest: »Viele Einwanderer und – über die Vererbung der sozialen Startposition – auch ihre Kinder haben bei der stillen Anpassung ohne zureichende Orientierungshilfen, geschweige denn zielorientierte Förderung im Integrations-

prozess auf ihren Lebenswegen einen hohen Preis gezahlt. (...)
So haben viele im Zuge jener weithin zu beobachtenden ›Unterschichtung‹ der einheimischen Erwerbsbevölkerung, die deren beruflich-sozialen Aufstieg ermöglichte, selbst den Fahrstuhl ›nach oben‹ verpasst.«

Heute stehen wir – immer noch – vor ganz ähnlichen Herausforderungen, wie sie im Kühn-Memorandum genannt werden. Natürlich kann die Denkschrift heute nicht »eins zu eins« übernommen werden. Mit dem Inkrafttreten des Zuwanderungsgesetzes von 2005 wurde die Notwendigkeit von Integrationspolitik anerkannt. Es liegen Konzepte auf dem Tisch, und mit ihrer Umsetzung wurde begonnen. Deutschland sieht sich als Einwanderungsland mit modernem Staatsbürgerschaftsrecht und entsprechender Integrationspolitik. Beim Thema Integration wurde das Tempo massiv erhöht und die Qualität der Integrationspolitik und der Förderinstrumente verbessert. Ausdruck und Motor dieses Prozesses waren die Integrationsgipfel in den Jahren 2006, 2007 und 2008. Deren Ergebnisse sind im »Nationalen Integrationsplan« festgehalten, der nun schrittweise umgesetzt wird. Integration ist zur Sache der Chefin geworden, und so setzte Angela Merkel als Bundeskanzlerin ein wichtiges Zeichen.

Doch die Defizite beim aktuellen Integrationsstand fallen leider noch deutlich ins Auge. Vor allem was die Bedeutung von Bildung und damit zusammenhängenden Aufstiegschancen angeht, lag das Memorandum richtig. Deshalb ist die Diagnose für die bundesdeutsche Gesellschaft weiterhin aktueller und relevanter, als es uns lieb sein kann: »Insgesamt wird deutlich, dass unter den derzeitigen Gegebenheiten der größere Teil der ausländischen Jugendlichen auf dem Arbeitsmarkt für eine qualifizierte und mit Aufstiegserwartungen verbundene Tätigkeit nahezu ohne Chancen ist.«

Gesellschaftspolitisch stehen wir heute im Vergleich zu den späten siebziger Jahren jedoch an einem ganz anderen Punkt. Der heutige integrationspolitische Konsens, der in den letzten Jahren erarbeitet und erkämpft wurde, ist – mit den Worten von Klaus J. Bade – von der Einsicht geprägt, dass »die sozialen Folgekosten unzureichender Integration bei Weitem höher sind als die Kosten rechtzeitig gewährter Integrationshilfen«. Diese Einsicht, so Bade weiter, sei gepaart mit dem Befund, dass die Benachteiligung der Zuwandererbevölkerung in puncto Bildung, Ausbildung und beruflicher Qualifikation bzw. Weiterqualifikation das zentrale Integrationsproblem darstelle, das die Grundlage bilde für eine oft unverschuldete, aber lebenslang wirkende Benachteiligung, aus der sich zahlreiche Anschlussprobleme ergäben. »Die Folgen schwächen uns wirtschaftlich und im Blick auf die Sozialsysteme: Die Studie der Bertelsmann-Stiftung vom Januar 2008 über die ›Gesellschaftlichen Kosten unzureichender Integration von Zuwanderinnen und Zuwanderern in Deutschland‹ bestätigt schon frühzeitig vorgetragene Warnungen: Bezogen auf die Bevölkerung mit Migrationshintergrund im erwerbsfähigen Alter ergibt sich eine jährliche Gesamtsumme an Folgekosten unzureichender Integration in Höhe von bis zu rund 16 Milliarden Euro.« 16 Milliarden Euro jährlich, die Bund, Ländern, Kommunen und Sozialversicherungen jedes Jahr an Kosten entstehen. Jedes Jahr 16 Milliarden Euro, die an anderer Stelle benötigt werden. 16 Milliarden Euro Jahr um Jahr, die die individuellen Einbußen und Mindereinnahmen der Menschen mit Zuwanderungsgeschichte noch gar nicht berücksichtigen.

Diese Kosten entstehen, weil die Arbeitsmarktbeteiligung der Menschen mit Zuwanderungsgeschichte quantitativ und qualitativ geringer ist – Folge ihrer unzureichenden Integration in Bezug auf Sprache, Bildung und soziales Engagement. 38 Prozent der Untersuchten sind – legt man die oben genannte Bertelsmann-Studie zugrunde – »insgesamt integriert«, 55 Prozent hingegen werden als »weniger integriert« eingeordnet. Menschen also, die weniger Arbeit, weniger Bildung, weniger Einkommen, weniger soziale Netzwerke, insgesamt also weniger Teilhabechancen haben.

Als öffentlich wirkender Wissenschaftler und Politikberater – beispielsweise auch im Integrationsbeirat des Landes Nordrhein-Westfalen – gehört Professor Bade nicht zu den Pessimisten und Alarmisten, doch auch er sieht, dass die Folgen dieser unzureichenden Integration »schon mittelfristig« den sozialen Frieden in der Bundesrepublik bedrohen. Vor allem die vorliegenden Bildungsdaten belegen nach Bade ein »dramatisches, soziale Spannung erzeugendes Auseinanderdriften der gesellschaftlichen Partizipationschancen von Mehrheitsgesellschaft und Zuwandererbevölkerung«. Über die begleitende Integrationsförderung des Zuwanderungsgesetzes hinaus fordert er eine »nachholende Integrationsförderung zur Begrenzung der Folgeschäden von Versäumnissen der Vergangenheit«.

Von der 1979 geforderten Integrationspolitik zur heutigen nachholenden Integrationsförderung, dazwischen liegen knapp dreißig Jahre und ein Forscher- und Politikberaterleben. Aus Anlass seiner Emeritierung würdigte ich im Rahmen des nordrhein-westfälischen Integrationsbeirates die Leistung von Professor Klaus J. Bade. Ich überreichte ihm eines der letzten Originale des »Kühn-Memorandums«.

Die Diskussionen über den Stand der Integration, die Kosten der Nichtintegration und die sich daraus ableitenden Forderungen und politischen Maßnahmen haben in jüngster Zeit nicht nur deutlich zugenommen. Auch die Qualität der Auseinandersetzung hat sich deutlich verändert. Nicht mehr alleine notorische »Gutmenschen«, aufgeklärte Wissenschaftlerinnen und Wissenschaftler sowie Integrations- und Sozialpolitiker beschäftigen sich mit Integration und den Folgen. Industrie, Handwerk und Arbeitgeberverbände haben das Thema als »hartes« Thema neu für sich entdeckt. Im demografischen Wandel ist schon jetzt absehbar, dass Nichtintegration nicht nur Kosten verursacht, sondern das Potenzial dringend benötigten qualifizierten Nachwuches vergeudet. Aus dem ehemals »weichen« und sozialen Thema Integration ist ein hartes und entscheidendes Zukunftsthema geworden. Und: Während sich die Entwicklungspsychologen seit Langem einig sind, wie wichtig die frühe Förderung von kleinen Kindern ist, schließen sich ihnen nun auch die Ökonomen an. Allen voran der Nobelpreisträger für Wirtschaftswissenschaften, James Heckman. Er folgert: »Wir müssen das Geld in die Kinder investieren, und zwar in kleine Kinder, noch bevor sie in die Schule kommen.« In Deutschland beschäftigt sich plötzlich die Bundesvereinigung der Arbeitgeberverbände mit frühkindlicher

Bildung – ein Paradigmenwechsel, der vor Jahren unvorstellbar gewesen wäre.

Der Fahrstuhl nach oben

Aufstiegswille und Aufstiegsmöglichkeiten, das sind die zentralen Fundamente der Aufsteigerrepublik. Diese Republik kann nur durch die Förderung des Einzelnen und reformierte gesellschaftliche Rahmenbedingungen neu entstehen. Allein eine Politik der Chancengerechtigkeit bietet die Basis, um diese Ziele zu erreichen. Anlässlich des »Europäischen Jahres der Chancengleichheit« im Jahr 2007 äußerte sich der Kieler Philosoph Wolfgang Kersting auf einer Tagung meines Ministeriums dazu. Professor Kersting skizzierte eine »zivilgesellschaftliche Befriedungspolitik der Gerechtigkeit« in Abgrenzung zum alten Umverteilungswohlfahrtsstaat: Die neue Politik, sie muss aus seiner Sicht »einen radikalen Perspektivwechsel vollziehen, ihre Aufmerksamkeit vom Arbeitsergebnis, vom lebenskarrierepolitischen Ertrag, auf die Lebensvoraussetzungen verlagern. (…) Modernitätsadäquate sozialstaatliche Arrangements haben durch geeignete fördernde und unterstützende Maßnahmen und Institutionen dafür zu sorgen, dass die Bürger zumindest annähernd gleiche Lebenschancen erhalten. Der Protagonist des modernen Sozialstaats ist der eigenverantwortlich handelnde Bürger. Und die sozialstaatliche Dienstleistung, die zu verlangen er berechtigt ist, liegt in der institutionellen Ermöglichung eigenverantwortlicher Lebensführung.«

Übersetzt in Politik bedeutet »institutionelle Ermöglichung« und »eigenverantwortliche Lebensführung«: Jeder, der Chancen während seines Lebens ergreifen will, muss auf angemessene, individuelle und fördernde Unterstützungsangebote, vor allem im Bereich der Bildung, zugreifen können.

Wie sich die gesellschaftliche Situation in der Bundesrepublik über die Jahrzehnte hinweg entwickelt hat – von der Dynamik der Anfangsjahre hin zur »Erstarrung« seit den neunziger Jahren –, verdeutlichten die historischen und soziologischen Analysen. Für das Massenphänomen des dynamischen sozialen Aufstiegs in der frühen Bundesrepublik gab es unterschiedliche Wege: Individuell führte der Weg über die Treppe oder die Leiter nach oben hinauf, Schritt für Schritt, mit oder ohne Bildungszertifikat, bei den Allermeisten unter Mühen und großen persönlichen Anstrengungen. Die »goldene Generation«, die in den fünfziger und sechziger Jahren ihren Aufstieg realisieren konnte, folgte dem Aufruf des damals populären Schlagers »Gehen Sie mit der Konjunktur« (Hazy Osterwald, »Konjunktur-Cha-Cha-Cha«, 1960) und das hieß: steil nach oben. Sie realisierte in der Zeit des starken wirtschaftlichen Wachstums und des Wiederaufbaus ihren persönlichen Aufstieg.

Der Aufstieg und die Mittelschicht als kulturell und wirtschaftlich prägender Teil der Gesellschaft und »Wohlstand für alle« (Ludwig Erhard 1957), in dieser Selbstbeschreibung fand sich die junge Republik trefflich wieder. Selbst diejenigen, die ihre Position, z. B. als Arbeiter, nicht verließen, erzielten zunehmend höhere Einkommen, die Motorisierung, Urlaub und häufig auch Wohneigentum ermöglichten. Diejenigen, die den Aufstieg nicht gleich erreichen konnten, versuchten weiter, ihn aus eigener Kraft zu realisieren. Jene Gruppen (beispielsweise Kriegerwitwen und alte Menschen), die den Aufstieg nicht schaffen konnten und den Anschluss verpassten, ließ der erstarkende Sozialstaat nicht zurück. Durch den Ausbau wohlfahrtsstaatlicher Umverteilung hielten sie – allerdings auf deutlich niedrigerem Niveau – den Kontakt zur Gesellschaft. Die gesellschaftliche Schere klaffte nicht zu weit auseinander.

Doch bereits in den sechziger Jahren werden erste strukturelle Probleme deutlich: Diagnostiziert wurde die »Bildungskatastrophe«. Der Bericht des Philosophen und Pädagogen Georg Picht war der »Pisa-Schock« der sechziger Jahre. Das Picht-Gutachten verdeutlichte schlagartig die qualitativ und quantitativ unzulängliche Leistungsfähigkeit des deutschen Bildungssystems. Welche Auswirkungen dies damals hatte und welche Aktualität das beschriebene Verhältnis von Bildung und Chancen auch heute noch hat, verdeutlicht ein kurzes Zitat: »In der modernen ›Leistungsgesellschaft‹ heißt soziale Gerechtigkeit nichts anderes als gerechte Verteilung der Bildungschancen; denn von den Bildungschancen hängen der soziale

Aufstieg und die Verteilung des Einkommens ab. [...] Der gesamte soziale Status, vor allem aber der Spielraum an persönlicher Freiheit, ist wesentlich durch die Bildungsqualifikationen definiert, die von dem Schulwesen vermittelt werden.«

Die diagnostizierte Bildungskrise, die erste Rezession der Nachkriegszeit (1966/67) – und nun intonierte der Schlager: »Der Fahrstuhl nach oben ist besetzt« (Hazy Osterwald, 1966). Der Ausbau der Hochschullandschaft und die Öffnung des zweiten Bildungsweges waren Antworten des Staates auf diese Diagnose und die veränderten Anforderungen an eine hoch entwickelte Industriegesellschaft und die entstehende Informations- und Wissensgesellschaft. Seit den sechziger Jahren hat sich so eine Art ständiger Reparaturbetrieb in Deutschland entwickelt, der zwar Beachtliches vorzuweisen hat und der über Jahrzehnte hinweg auf seine Leistungsfähigkeit verweisen konnte. Ein Reparaturbetrieb jedoch, der kein tragfähiges Modell für die Zukunft mehr bieten kann.

Denn: Wirtschaft und Gesellschaft haben sich dramatisch verändert. Die alte Aufsteigerrepublik lebte von Prämissen (»Kinder kriegen die Leute immer«, Konrad Adenauer), die heute, wo »die Friedhöfe voller sind als die Kreißsäle«, nicht mehr gelten. Wir leben heute und zukünftig in einer Republik des »älter-bunter-weniger« und müssen diesem demografischen Wandel Rechnung tragen. Eine durchgreifende Mentalitätsänderung bei den Einzelnen, in der politischen und gesellschaftlichen Kultur und bei den strukturellen Aufstiegsmöglichkeiten, bei den Unterstützungsstrukturen ist erforderlich.

Die Anforderungen an jede und jeden Einzelnen von uns wachsen, ebenso an die Wirtschaft und Gesellschaft in der globalisierten Welt. Zugleich verändert sich die gesellschaftliche Basis, auf der Bildungserfolge, berufliche Karrieren und Aufstiege realisiert werden können. Der vermeintlich nie versiegende Strom immer junger Nachwuchskräfte wird zum Rinnsal. Das männliche Alleinernährermodell hat seine Monopolstellung und tragende Bedeutung verloren, das Bildungssystem kann sich nicht allein auf die letzten Veredelungsschritte für Bildungsbürgerkinder konzentrieren. Ältere wollen und müssen länger arbeiten und lebensbegleitend weiter- und fortgebildet werden. Unsere Arbeitskultur muss auf der Vereinbarkeit von Familie und Beruf aufgebaut sein. Jedes einzelne Glied der Bildungskette – von der frühkindlichen Bildung bis zur sogenannten Seniorenbildung – muss als gescheitert angesehen werden, wenn es Menschen erfolglos zurücklässt und »ausscheidet«. Wer den Ein- oder Aufstieg nicht beim ersten oder zweiten Versuch geschafft hat, der muss sich zukünftig darauf verlassen können, dass er erneut und systematisch Chancen erhält, die ihm neue Perspektiven eröffnen. Die Zahlen über Dauerarbeitslosigkeit, über die soziale Vererbung von Bildungsbenachteiligung und viele andere Indikatoren mehr verdeutlichen uns, dass das Sozialstaatsmodell der Vergangenheit durch Umverteilung statt Einbindung den realen Ausschluss bewirkt hat. Durch Umverteilung war der Lebenserhalt gesichert, doch die eigenen Zukunfts- und Aufstiegschancen und die der Kinder waren blockiert. Die Leiter oder einzelne Sprossen fehlten. Manche, die sich auf den Weg machten und Sprosse über Sprosse erklommen, merkten, dass auch unsichtbare, gläserne Decken in die Aufstiegsleiter eingebaut waren, die sie nicht mehr übersteigen konnten.

Die Aufsteigerrepublik ist eine Republik der Chancengerechtigkeit. Sie bietet ein Geländer oder besser gesagt eine Vielzahl sehr unterschiedlicher, quasi passgenauer Geländer, die der Einzelnen und dem Einzelnen helfen, die Stufen der Treppe oder die Sprossen der Leiter emporzusteigen.

Wie soll das gehen? Am Beginn des 21. Jahrhunderts sind die Herausforderungen gewaltig: Nicht nur der Klimawandel und die Endlichkeit fossiler Brennstoffe erlauben kein einfaches »Weiter so«. Diese Gesellschaft muss in vielen Bereichen mit knapperen Ressourcen deutlich besser auskommen und bessere Ergebnisse und höhere Leistungen als in der Vergangenheit erreichen – ob bei der Mobilitätsindustrie, der Energiewirtschaft oder der Gebäudetechnik. Aufbauend auf den Erfahrungen der Vergangenheit müssen neue Wege beschritten werden. Gleiches gilt für die Aufsteigerrepublik. Sie ist eine Republik der systematischen, lebenslangen Förderung, sie eröffnet kontinuierlich Chancen, und sie bietet nach einer ersten, einer zweiten und dritten Chance auch noch die x-te Chance – sie schreibt niemanden ab, denn das kann sie sich nicht leisten. Der Feind der Aufsteigerrepublik ist die Erstarrung. Zum Atmen braucht sie die frische Luft der Durchlässigkeit.

Keiner ist auf einer Bahn für sein Leben lang festgelegt. Wo heute das Umsteigen schwer oder gar nicht möglich ist, wo es erschwert ist und der Umstieg die Kraft und Energie allein des Einzelnen verbraucht, dort bietet die Aufsteigerrepublik systematisch Umsteigemöglichkeiten und Bahnwechsel an. Wer auf dem langen und zukünftig noch länger werdenden Weg der eigenen Arbeitsbiografie nachtanken muss – Bildung, Qualifikation –, der wird ein Netz von »Bildungs- und Unterstützungs-Tankstellen« vorfinden, das ihn in die Lage versetzt, eine weitere Etappe gut ausgestattet zurückzulegen. All diese Möglichkeiten beschreiben gesellschaftliche Notwendigkeiten. Die Aufsteigerrepublik ist eine Einladung an alle!

Alles Utopie? Zu schwierig und nicht vorstellbar? Kann es wirklich sein, dass unsere Fantasie zu beschränkt und unser Handeln zu zaghaft ist, um nach den Erfahrungen von Krieg und Wiederaufbau, von millionenfacher Vertriebenenintegration, dem Ende von »Kaltem Krieg« und Mauerfall, nach zwanzig Jahren deutscher Einheit die Aufsteigerrepublik neu und wieder zu begründen? Ich kann und will dies nicht glauben! Könnte es mit der Forderung nach einer neuen Aufsteigerrepublik nicht genau so sein, wie es der britische Labour-Politiker Tony Benn beschrieben hat: »Es ist immer dasselbe mit dem Fortschritt. Zuerst wird man ignoriert, dann wird einem gesagt, man sei verrückt – dann gefährlich, dann tritt eine Pause ein, und dann findet man niemanden mehr, der einem widerspricht.«

»Der blaue Himmel über der Ruhr«, das »Drei-Liter-Auto«, die »Gleichberechtigung der Frau«, »Die Mauer muss weg!«, »ein in Frieden und Freiheit geeintes Europa vom Atlantik bis zum Ural«, eine »Willkommenskultur für Zuwanderer« – politische Forderungen, die zum Zeitpunkt ihrer Formulierung ans Utopische grenzten: Es gibt derer genug. Da bildet die Aufsteigerrepublik keine Ausnahme.

Die Aufsteigerrepublik – also die Aufforderung an jeden Einzelnen: »Mach was aus dir und deinem Leben, streng dich an!«, und die Forderung an die Gesellschaft: »Sei transparent, schaffe Möglichkeiten und Unterstützung, fördere und vermittle dadurch Hoffnung« – diese Aufsteigergesellschaft kann vielleicht kurzfristig ignoriert werden, doch – da bin ich mir sicher – am Ende wird ein gesellschaftlicher und politischer Konsens stehen. Es wird sich niemand mehr finden, der dem Konzept einer Aufsteigerrepublik nicht zustimmt.

Nur wenn Aufstiege möglich sind, wenn sie systematisch gefördert werden, nur wenn durch die Politik der Chancengerechtigkeit Teilhabe erreicht wird, nur dann wird unser demokratisches Gemeinwesen seinen eigenen normativen Ansprüchen und den Erfordernissen der Zukunft gerecht werden. Der gelungene Aufstieg bringt ganz andere »Teilhaber« an unserer Republik hervor, als es die besten und größten Transfers des alten Sozialstaats je vermochten.

Folgt man der Diagnose von Heinz Bude, dann haben wir ein Stadium erreicht, das durch ein »Oben« und »Unten« in der Gesellschaft schon gar nicht mehr hinlänglich beschrieben werden kann. Während von unten nach oben immer noch die (Aufstiegs-)Leiter angestellt werden könnte, versagt diese Leiter ihren Dienst in der Republik der »Ausgeschlossenen«. Man könnte dort die Leiter anstellen, bliebe aber »draußen vor der Tür«. Das Bildungssystem in seiner traditionellen Ausrichtung und seinem gegenwärtigen Bestand ist an viel zu vielen Stellen ein System des Chancenverwehrens statt eines Systems des Willkommens, Mitnehmens und Förderns. Das sozialstaatliche Versprechen von Teilhabe durch Umverteilung ist nicht mehr finanzierbar und vor allem überhaupt nicht mehr wünschbar, hat es doch in der Vergangenheit den gesellschaftlichen Ausschluss und damit eben die Nicht-Teilhabe organisiert. Die in der Vergangenheit skandalös hohen Zahlen der Schulabbrecher sind nur die Spitze eines Eisberges.

Wie können wir die Einheit unserer Gesellschaft bewahren? Diese Frage, darauf wies Ministerpräsident Jürgen Rüttgers anlässlich des Zukunftskongresses »Nordrhein-Westfalen 2025« hin, »steht im Zentrum aller Herausforderungen«. Und weiter: Die Wirtschaftskrise darf nicht zu einer »tiefgreifenden Gesellschaftskrise« führen. »Die Schere in unserer Gesellschaft darf nicht immer weiter auseinandergehen: zwischen Arm und Reich, zwischen Alt und Jung, zwischen Ausgebildeten und nicht Ausgebildeten, zwischen Ost und West, zwischen Einheimischen und Zuwanderern.«

Die Aufsteigerrepublik mit ihrer Politik der Chancengerechtigkeit und der lebensbegleitenden Chanceneröffnung ist für mich die Antwort auf diese Herausforderung.

3 | Die dritte deutsche Einheit

Für einen Menschen sind sechzig Jahre eine lange Zeit. Wer also seinen sechzigsten Geburtstag feiert, blickt bereits auf einen großen Teil seines Lebens zurück. Er erinnert sich an gute und weniger gute Zeiten, freut sich an der Gegenwart und schmiedet Pläne für die Zukunft. Ein Staat hingegen ist mit sechzig Jahren noch geradezu jung. Der Zeitraum ist so überschaubar, die Erinnerungsstücke so allgegenwärtig, dass zumindest die Rückschau nicht schwer fällt.

Und daran ist in diesem Jubiläumsjahr der Bundesrepublik tatsächlich kein Mangel. Überall begegnen uns Geschichten und Bilder – schwarz-weiße, bunte, bewegte –, die unseren Erinnerungen an die Jahre seit 1949 auf die Sprünge helfen.

Bundespräsident Richard von Weizsäcker sagte bei seiner wichtigen Rede am 8. Mai 1985 mit Blick auf den Weg, der seit 1945 zurückgelegt worden war: »Wir haben wahrlich keinen Grund zu Überheblichkeit und Selbstgerechtigkeit. Aber wir dürfen uns der Entwicklung dieser vierzig Jahre dankbar erinnern, wenn wir das eigene historische Gedächtnis als Leitlinie für unser Verhalten in der Gegenwart und für die ungelösten Aufgaben, die auf uns warten, nutzen.«

Das Gedächtnis nutzen als Leitlinie für die Gegenwart und die ungelösten Aufgaben der Zukunft – das ist genau das, was mir in diesem Jahr des Erinnerns an 1949 und an 1989 leider oft viel zu kurz zu kommen scheint. Ich vermisse neben dem Rückblick den Ausblick, neben dem Nachdenken das Vorausdenken: Quo vadis, Deutschland? Wohin geht die Reise? Welche nächsten Ziele peilen wir an? Wohin wollen wir unser Land weiterentwickeln, und wie gestalten wir das?

Ungelöste Aufgaben warten auf uns im Übrigen ja nicht nur in der Zukunft – es gibt auch noch reichlich aus der Vergangenheit, die wir endlich anpacken müssen. Ganz sicher gehört die Integration dazu. Hier wird es noch einige Zeit dauern, bis wir alle die Versäumnisse, die Verirrungen und Verfehlungen von früher aufgearbeitet haben werden. Wir haben leider derart viel unterlassen, dass wir nun umso gewaltigere Anstrengungen unternehmen müssen.

Wer politisch tätig ist, wird im Alltag nur schwer der Versuchung widerstehen können, sich überwiegend mit der Gegenwart zu befassen. Auf der Tagesordnung der Politik steht meist das Tagesgeschäft. Jeden Tag, jede Stunde aufs Neue. Wir hecheln von Termin zu Termin, von Augenblick zu Augenblick. Manche von uns nennen es Trouble-Shooting, andere Pragmatismus, wiederum andere gefallen sich als Macher oder bemühen gar Karl Poppers »Stückwerk-Sozialtechnik«. Genau dieses Prinzip legte Helmut Schmidt Anfang der neunziger Jahre der politischen Klasse in Deutschland ans Herz.

Stückwerk mithin als Ersatz für eine Vision? Offenbar, denn es wären nicht unbedingt viele Politiker, die sich – folgten sie Schmidts legendärem Rat – wegen Visionen in ärztliche Behandlung begeben müssten. Für Alfred Herrhausen, drei Wochen nach dem Mauerfall von RAF-Terroristen ermordeter Chef der Deutschen Bank, waren sie der Anfang von allem. »Jede Strategie beginnt mit einer Vision«, so sein Credo.

Gerade in Zeiten wie diesen, gerade in der Krise, sollten wir uns auf ein gemeinsames Ziel für die Zeit danach verständigen. Ich bin überzeugt, dass wir aus der Erfahrung von sechzig Jahren Bundesrepublik und zwanzig Jahren deutscher Einheit eine Idee, eine Leitlinie oder Vision entwickeln können, die unserer Gesellschaft auf dem weiteren Weg Orientierung gibt. Eine Idee, deren Zeit schon lange gekommen war und die nicht nur verheißungsvoll und attraktiv, sondern auch so realistisch ist, dass wir zum 75. Geburtstag der Bundesrepublik in 15 Jahren sagen können: Wir haben uns diese Aufgabe zugetraut, uns ihr gestellt, sie angepackt und sie dann auch gelöst. Wir haben dieses Ziel nun erreicht, und es war jede Mühe wert!

Wer handeln und verändern will, muss sich selbst vergewissern: Was ist in den letzten sechzig Jahren gelungen und was nicht? Was waren Erfolgsrezepte, und wo gibt es Defizite, die wir beseitigen müssen? Welche Lebensweisheiten und welche

Lebenslügen kennzeichnen unsere Nachkriegsgeschichte? Zu den Lebenslügen gehört sicherlich, dass wir zu lange dachten, Deutschland sei kein Einwanderungsland und Integration geschehe von selbst.

Bücher, die sich mit moderner Integrationspolitik befassen, sind rar auf dem Markt der unzähligen Neuerscheinungen. Und die wenigen, die es gibt, sind von Wissenschaftlern verfasst, mit oder ohne Zuwanderungsgeschichte. Politiker, die sich dem Thema in Buchform nähern, sind bisher handverlesen. Eines der aktuelleren stammt von Rita Süssmuth, die sich nach ihrer Zeit als Bundestagspräsidentin intensiv mit dem Thema befasst hat, auch als Mitglied der »Weltkommission für Migration«, die Ende 2005 ihren Bericht dem damaligen UN-Generalsekretär Kofi Annan überreichte. Im Jahr darauf gab sie in ihrem Buch »Migration und Integration: Testfall für unsere Gesellschaft« mit der Übertragung der Ergebnisse auf Deutschland wichtige Impulse.

Eines der aus meiner Sicht interessantesten Bücher zur Integrationspolitik ist bereits 1992 veröffentlicht worden, also vor nahezu zwanzig Jahren. Es stammt von Daniel Cohn-Bendit, meinem geschätzten früheren Kollegen aus dem Europäischen Parlament, und Thomas Schmid, dem heutigen Chefredakteur der *Welt:* »Heimat Babylon – Das Wagnis der multikulturellen Demokratie«. Was auf der Buchrückseite steht, ist auch heute noch gültig: »Wem gehört Deutschland? Dieses Buch plädiert für die Anerkennung der Wirklichkeit: Deutschland ist ein Einwanderungsland und wird es bleiben. Die multikulturelle Gesellschaft ist jedoch auch ein Wagnis: Deswegen braucht sie verbindliche Regeln – die Trennung von Einwanderung und Asyl, ein Einwanderungsgesetz und eine liberalere Einbürgerungspraxis. Sicher ist: Wer Deutschland den Deutschen reservieren will, schadet auch den Deutschen.«

Das Werk, kurz nach den Brandanschlägen von Rostock, aber vor denen von Mölln und Solingen erschienen, war der politischen Klasse um zwei Jahrzehnte voraus, nicht nur der Union, sondern auch den Grünen. Es spricht zwar von der multikulturellen Demokratie, stellt aber klare Ansprüche an die Migranten und setzt auf Deutschkenntnisse als unverzichtbare Voraussetzung für Teilhabe am gesellschaftlichen Aufstieg.

Was wäre uns erspart geblieben, wenn das Deutschlernen von der politischen Linken nicht als »Zwangsgermanisierung« verteufelt worden wäre und wir stattdessen Kinder und Jugendliche schon in den neunziger Jahren so systematisch gefördert hätten, wie wir dies heute begonnen haben. Die ganze Generation der heute 15- bis 25-Jährigen wäre nicht so häufig ohne Abschluss und dadurch ohne Perspektive, sondern sie könnte Deutsch, hätte die Schule erfolgreich verlassen und dadurch unvergleichlich bessere Aufstiegschancen. Und was wäre bereits alles erreicht worden, wenn sich CDU und CSU in den neunziger Jahren an die Spitze der Integrationsbemühungen gestellt und in Cohn-Bendit einen Verbündeten gesehen hätten und nicht einen Revoluzzer und Multikulti-Spinner.

Die beiden Autoren zeigen in »Heimat Babylon« nicht nur die großen historischen und soziologischen Linien der Migration auf und beleuchten das Ritual, wie weltweit zu allen Zeiten Einheimische auf das Auftauchen von Fremden reagieren. Sie geben darüber hinaus auch einen Einblick in die Pionierversuche von Integrationspolitik auf kommunaler Ebene. Cohn-Bendit war nämlich 1989 Dezernent für Multikulturelle Angelegenheiten in Frankfurt geworden und Thomas Schmid dabei sein Berater.

»Heimat Babylon« gehört, obwohl leider inzwischen vergriffen, heute noch zur Pflichtlektüre aller, die sich mit Integration beschäftigen. Als das Buch damals herauskam, fand es jedoch nur Widerhall in ausgesuchten Fachkreisen. Die politischen Fronten waren noch derart verhärtet, dass wohl kaum einer meiner Parteifreunde einen Blick hineingeworfen haben wird. Auch ich habe es erst sehr viel später gelesen. 1992 war ich gerade einmal junges Ratsmitglied in der alten Kaiserstadt Aachen und hatte, auch das gehört zur Wahrheit, die »multikulturelle Demokratie« für mich noch nicht entdeckt. Wir erlebten im Stadtrat vielmehr hautnah einen anderen Aspekt der weltweiten Migration: Uns wurden Tausende und Abertausende Asylbewerber zugeteilt, die wir nur mühsam in Turnhallen und Schulen unterbringen konnten.

Die Bestandsaufnahme von »Heimat Babylon« ist seit diesen Zeiten nicht fortgeschrieben worden. Waren die neunziger Jahre weiter von einer seltsamen Realitätsverweigerung geprägt, hat die Integrationspolitik im zu Ende gehenden Jahrzehnt aber glücklicherweise eine solche Dynamik bekommen, dass wir uns nun an der Schwelle zu einem neuen mit viel Schwung sowohl den ungelösten Aufgaben aus der Vergangenheit als auch bereits den zukünftigen zuwenden können.

Heute werbe ich für eine konsequente Integrationspolitik, von der wir in Deutschland gesellschaftlich und ökonomisch enorm profitieren werden. Ich will zudem dafür werben, dass die Menschen in Deutschland ihren Frieden mit der Realität und der Normalität eines Einwanderungslandes machen. Ich schreibe dieses Buch aus meiner Sicht als Politiker und aus meinen Erfahrungen als Ratsmitglied, Abgeordneter und Minister. Es ist meine persönliche Sicht; mein Blick ist auch nicht der eines Historikers oder Soziologen. Deren Sichtweisen werde ich aber dosiert mit einfließen lassen, um meine individuelle Perspektive zu vervollständigen. Selbstverständlich werden mir zusätzlich die Ansichten von Menschen mit Zuwanderungsgeschichte helfen, ein noch kompletteres Bild zu bekommen.

Ich glaube ohnehin, dass Politiker, Wissenschaftler und Migranten, gerade weil es leider noch viel zu wenig personifizierte »Schnittmengen« gibt, viel mehr miteinander ins Gespräch kommen müssen, statt getrennt voneinander übereinander zu reden. Nur der Dialog untereinander kann auch davor bewahren, dass jeder Migrant mit seinen individuellen Erfahrungen sofort als Integrationsexperte und jeder Wissenschaftler mit seinem Wissen sofort als Integrationspolitiker herhalten muss. Und wir Politiker laufen dann auch weniger Gefahr, über Migration ungetrübt vom Stand der wissenschaftlichen Forschung und über Menschen mit Zuwanderungsgeschichte ohne tatsächliche Kenntnis ihrer Lebenswirklichkeit zu reden und – noch schlimmer – auch entsprechend zu handeln.

Warum war ich damals nicht in Berlin?

Der Donnerstagabend im November begann für mich mit einer langweiligen, ärgerlichen, überflüssigen Sitzung. Als ich danach sehr spät nach Hause kam, war nichts mehr wie vorher.

Während ich mich als gerade frisch gewähltes Ratsmitglied stundenlang mit internen Querelen beschäftigte, ereignete sich in Berlin Weltgeschichte. Die Mauer war auf. Der Ärger über die bei der Sitzung vertane Lebenszeit verflog blitzschnell und wich der puren Freude. Ungläubig staunend und tief bewegt sog ich die Bilder der Nacht aus dem Fernsehen in mich auf. Sie sind unauslöschbar, ich kann sie heute noch jederzeit abrufen. Dann kommen dieselben starken Gefühle wie damals. Sie begleiten alle, die sie erleben durften, durch das ganze Leben.

Magische Momente: Diese friedliche Ausgelassenheit hüben und drüben, die Tränen, die noch stärker flossen als der Sekt, die herzlichen Umarmungen wildfremder Menschen, das Trommeln auf den Trabi-Dächern, die Tanzenden auf der Mauer vor dem Brandenburger Tor. Wahnsinn!

Ich kenne viele, die sich, auch bei uns im äußersten Westen, in der Nacht ins Auto gesetzt haben, um im Hellen in Berlin zu sein. Im Nachhinein denke ich, ich hätte das auch machen sollen. Ich kann nicht sagen, was genau mich in Aachen gehalten hat. Bestimmt hätte ich am nächsten Morgen auch mit meiner damaligen Chefin Rita Süssmuth nach Berlin fliegen können. Vielleicht lag es daran, dass wir keine Verwandten in der DDR hatten, ich bin nur einmal, 1984 mit einem Freund, in Leipzig gewesen. Vielleicht dachte ich aber in diesen Stunden: Das läuft dir nicht weg, das bleibt doch jetzt so, das kann doch nicht wieder rückgängig gemacht werden.

Nach der Nacht der Nächte trat in der Früh in Bonn der neue Bundesratspräsident sein Amt an. Zufällig war turnusmäßig Berlins Regierender Bürgermeister Walter Momper an der Reihe. Ohne eine Minute geschlafen zu haben, hielt der Mann mit dem roten Schal seine Rede: »Gestern Nacht«, so fing er an, »war das deutsche Volk das glücklichste Volk auf der Welt. Es war der Tag des Wiedersehens zwischen den Menschen aus beiden Teilen Berlins. (...) Das Volk der DDR hat sich diese

Freiheit erkämpft – und es hat gestern zum ersten Mal diese Freiheit gefeiert.«

Selten ist es jemandem in einer historischen Stunde gelungen, neben einer schönen Formulierung – »das glücklichste Volk der Welt« – auch so etwas Törichtes wie die deplatzierten Worte vom »Volk der DDR« in eine Rede zu packen. Werner Kolhoff, Mompers Senatssprecher, ordnete dessen seltsames Verhalten später sehr bezeichnend ein. Er erinnerte daran, dass Momper, der Vorabinformationen aus Ostberlin erhalten hatte, nur eine halbe Stunde nach der legendären Schabowski-Pressekonferenz in der Abendschau des *Senders Freies Berlin* auf Sendung ging. Wenigen staatstragenden Worten folgten dann solche kleinmünzigen Bemerkungen wie: »Ich bitte alle Bürgerinnen und Bürger der DDR, die uns besuchen wollen, die U- und S-Bahn zu benutzen.« Kolhoff dazu: »In jenen Stunden bewegten Momper die praktischen Fragen mehr als alles andere.« Seine Rede habe geklungen, »als müsse ein Stau zwischen Wedding und Prenzlauer Berg aufgelöst werden«.

Mompers Verhalten erinnert mich an einen Lenin zugeschriebenen Spruch, den mein Geschichtslehrer Karl Niederau Anfang der achtziger Jahre in unserem Leistungskurs immer wieder gerne zitierte: »Revolution in Deutschland? Das wird nie etwas. Wenn diese Deutschen einen Bahnhof stürmen wollen, kaufen die sich erst eine Bahnsteigkarte.«

Mompers Formulierung vom glücklichsten Volk der Welt jedoch gab die Stimmung dieser Stunden zutreffend wieder. So fühlten wir uns in Deutschland. Wir hatten ein weiteres großes Wunder in unserer jüngeren Geschichte erlebt. Ohne auch nur einen Tropfen Blutvergießens kam im Laufe des nächsten Jahres wiedervereinigt zusammen, was zusammengehörte.

Ich bin ein halbes Jahr vor dem Bau der Mauer auf die Welt gekommen. Ich kannte 28 Jahre lang nichts anderes. So wenig wir uns mit der Mauer und der Teilung abgefunden hatten, so sehr wir auch den Gedanken der Einheit hochhielten, so unwahrscheinlich schien es meiner Generation aber, die Mauer zu Lebzeiten wieder fallen zu sehen. Zum Glück kam es anders.

Der 9. Oktober 1989, als auf der Montagsdemo in Leipzig

70 000 Menschen über den Innenstadtring zogen, Kurt Masur im Gewandhaus die 2. Symphonie von Brahms dirigierte und das Regime Gott sei Dank nicht wagte, das befürchtete Blutbad – die »chinesische Lösung« – anzurichten, der 9. November mit dem Mauerfall und der danach einsetzende, rasend schnelle und von Helmut Kohl traumwandlerisch sicher gelenkte Prozess bis zur Wiedervereinigung am 3. Oktober 1990: Diese Ereignisse des Wendejahres reihen sich ein in die Glücksgeschichte, die wir seit 1949 erleben dürfen.

»Ein deutsches Wunder« – so titelt der *Spiegel* sein Geschichtsheft zu sechzig Jahren Bundesrepublik. Wunder gibt es in diesem Land immer wieder: Das »Wirtschaftswunder« und das »Wunder von Bern« gehören wie die »Auto-« und »Fräuleinwunder« und auch das »Wunder von Lengede« zu den zahlreichen Urmythen der Bonner Republik. Warum sollten wir also nicht noch weitere Wunder erleben oder sie uns, wie ein neues Wirtschaftswunder, selbst erarbeiten?

Unser Staat war nur als Provisorium gedacht, mit allem, was dazugehört. Sogar mit einer Verfassung, die diesen Rang und Namen gar nicht bekommen, sondern schlicht Grundgesetz heißen sollte, um aus der Perspektive des Jahres 1949 alles dem Ziel unterzuordnen, sowohl eine westdeutsche Demokratie zu etablieren als auch alle Optionen auf eine in naher oder ferner Zukunft mögliche Vereinigung Deutschlands offenhalten zu können. Nach vierzig Jahren, auf dem Weg zur Einheit 1990, zeigte sich dann, wie überaus tauglich das Provisorium diesen Dienst erfüllt hat. Und seit zwanzig Jahren fühlen sich die allermeisten in ganz Deutschland in diesem gemeinsamen Haus glücklich und zufrieden daheim.

Deutschland feiert in diesem Jahr in Dankbarkeit und Gelassenheit, in »Zuversicht ohne Selbstgefälligkeit«, wie es der Historiker Heinrich August Winkler ausdrückt, gänzlich unaufgeregt und unverkrampft den sechzigsten Geburtstag der Bundesrepublik. Eine stolze Leistung, in aller Demut. Die Bundesrepublik hat Erfolgsgeschichte geschrieben und blühende Landschaften geschaffen.

Dieser Erfolg ist vor allem ein Ergebnis von richtigen Weichenstellungen zur richtigen Zeit: die Westbindung und die europäische Einigung durch Konrad Adenauer, die Soziale Marktwirtschaft durch Ludwig Erhard, die »Neue Ostpolitik« durch Willy Brandt sowie die deutsche Einheit durch Helmut Kohl. Bundeskanzler Kohl verband zudem die Dynamik des deutschen mit dem europäischen Einigungsprozess und setzte – unbeirrt von öffentlichen Stimmungen – 1991 mit dem Vertrag von Maastricht die gemeinsame Währung, den Euro, durch. Diese Leistung Helmut Kohls wird vielleicht einmal, historisch betrachtet, seine Verdienste um die deutsche Einheit in der Bedeutung noch übertreffen.

Nun im Jubiläumsjahr stehen wir, nicht nur durch die internationale Finanz- und Wirtschaftskrise, wieder vor historischen Weichenstellungen, bei denen wir aus der Erinnerung Kraft für die Zukunft schöpfen können. Neben der ökonomischen Frage ist die neue soziale Frage die Herausforderung der Zukunft.

Wie kann es gelingen, in einer älter werdenden Gesellschaft zukunftsfähig zu bleiben, in der 2009 erstmals mehr Menschen leben, die über sechzig Jahre alt sind, als Kinder und Jugendliche unter zwanzig Jahren? Wer wird in zwanzig Jahren das Land tragen, wenn wir, die geburtenstarken Jahrgänge der in den sechziger Jahren Geborenen, in den Ruhestand gehen? Wie schaffen wir es, dass dann die heutigen Kinder mit Zuwanderungsgeschichte, die jetzt schon fast die Hälfte der bis zu Sechsjährigen in den Ballungsräumen ausmachen, maßgeblich in der Lage sein werden, unser Bruttosozialprodukt zu erarbeiten?

Das ist die neue, den demografischen Wandel und die Integration verbindende soziale Frage des 21. Jahrhunderts. Sie ist nur in einer Bildungs- und Aufsteigerrepublik zu lösen.

Wer sind wir – und wie viele?

Dieses deutsche Jubiläumsjahr ist geprägt von Bestandsaufnahmen und Selbstvergewisserungen. Wir beschäftigen uns mit uns selbst und denken intensiv über uns nach. »Wer bin ich – und wenn ja wie viele?«, fragt der in Solingen geborene Philosoph Richard David Precht und stürmt damit an die Spitze der Bestsellerlisten. »Wer sind wir?«, so könnte 2009 ein ganzes Land fragen.

»Deutschland, das sind wir selber«, gibt Heinrich Heine 1833 mit Blick auf die Auswandererströme aus seinem Heimatland selbstbewusst, patriotisch und trotzig zur Antwort. Zwei Jahre zuvor war der große Sohn Düsseldorfs selbst nach Paris emigriert. Dies war nach Ansicht von Marcel Reich-Ranicki weniger politisch als vielmehr durch seine Ausgrenzung aus der deutschen Gesellschaft begründet. In Frankreich habe Heine als Deutscher und damit als Ausländer gegolten, in Deutschland dagegen immer als Jude und damit als Ausgestoßener.

Wer sind wir also selbst, wen meinen wir mit diesem »Wir« – und wie viele gehören dazu? Wer »wir« sagt, denkt oft auch ein »die« mit: Wir hier – die da. Ein zu eng gezogenes Verständnis vom Wir schließt nicht nur die einen ein, sondern auch die anderen aus: Wir gehören dazu – die nicht! Wer das Gefühl hat, niemals gemeint zu sein, wenn wir »wir« sagen, wird uns im Gegenzug ebenfalls nur als »die« auffassen können.

Johannes Rau, langjähriger Ministerpräsident von Nordrhein-Westfalen, hat als Bundespräsident beim Historikertag 2003 darauf hingewiesen, dass das »Wir« der deutschen Geschichte nunmehr ein ganz anderes sei als noch Jahrzehnte zuvor, weil Deutschland seitdem Einwanderungsland geworden ist.

»Wir sind uns einig darüber«, so Rau in seiner Rede, »dass Integration, also das Finden eines ›Wir‹, das Gebot der Stunde ist. Dafür genügt das Lernen der deutschen Sprache allein nicht – so unverzichtbar es ist. Eine Gemeinschaft, auch eine Gesellschaft – und mag sie in sich noch so differenziert sein – konstituiert sich durch gemeinsame Erzählungen, durch eine Geschichte. An dieser Stelle wird deutlich, dass mit Integration etwas viel Schwierigeres gemeint sein könnte als nur das Erlernen der deutschen Sprache und der Besitz eines deutschen Passes.«

Wie schwierig aber allein nur schon der Umgang mit dem Pass ist, zeigt folgende Episode: Als die Bundeskanzlerin im vergangenen Mai 16 Menschen mit Zuwanderungsgeschichte ihre Einbürgerungsurkunden im Rahmen einer feierlichen Zeremonie im Kanzleramt überreichte, machte eine große Boulevardzeitung mit folgender Schlagzeile auf: »Hier macht Angela Merkel aus 16 Ausländern echte Deutsche«.

Darunter finden wir dann Kurzporträts der 16: Eine gebürtige Finnin, so erfahren wir, lebt seit 45 Jahren hier, ein Brasilianer mit deutschen Vorfahren seit 39 Jahren, eine gebürtige Polin seit 33 Jahren. Von den Jüngeren sind die meisten hier geboren oder als Kind nach Deutschland gekommen.

Wo sind bitte schön da die »Ausländer«, aus denen erst noch »echte Deutsche« gemacht werden müssen? Wie lange muss eigentlich jemand da sein, um dazuzugehören?

In den sechzig Jahren Bundesrepublik hat sich die Zusammensetzung unserer Bevölkerung stärker und schneller gewandelt als die Vorstellungen vom »echten Deutschen«. Das Gesicht Deutschlands ist bunter geworden, auch wenn Einige noch schwarz-weiß denken. Auch das Gesicht der Fußballnationalelf ist bunter geworden, wenn sie im schwarz-weißen Dress aufläuft, stolz den Bundesadler trägt und das Deutschlandlied singt (oder die Lippen dazu bewegt): Eine Mannschaft mit Asamoah, Cacau, Gomez, Klose, Podolski, Odonkor und Özil sieht anders aus als die »Helden von Bern« 1954. Sie sieht aber aus wie Deutschland heute.

Zu einer gemeinsamen Nation, zu dem einen Deutschland gehören ganz viele »Deutschländer«, »Almancilar«, wie in der Türkei die in Deutschland lebenden Menschen mit türkischer Herkunft genannt werden. Eine von ihnen, die Autorin Güner Balci, sagt dazu: »Ich bin in Berlin geboren, meine Muttersprache ist Deutsch, meine Heimat ist Deutschland. Ganz einfach. Deutschsein ist nichts Fixes. Das verändert sich. Und wir, die Nachkommen der Migranten, werden dieses Land weiter verändern. Dieses Land – nicht die Türkei. Deutschland ist mein Land. Hier sind meine Wurzeln.«

Navid Kermani, in Siegen als Kind iranischer Eltern geborener Schriftsteller, beschreibt, wie sehr Deutschland sich noch gegen diese Veränderungen und das Verändertwerden sträubt und insbesondere fremdelt mit der neuen Religion, die mit vielen der Zuwanderer ins Land gekommen ist. Auch er beschäftigt sich mit dem »Wir« bei uns und richtet seinen Blick dabei auf das Verhältnis zum Islam. In seinem klugen Buch »Wer ist Wir? Deutschland und seine Muslime« ist diese feine Beobachtung zu finden: »Und wie oft höre ich in Deutschland, dass ›wir‹ nichts gegen Muslime haben. Oder alle möglichen Talksendungen zum Islam: Wie können ›wir‹ mit dem Islam umgehen, müssen ›wir‹ Angst haben vor den Muslimen? Dass zu diesem ›Wir‹ auch Muslime gehören könnten, scheint den Talkgästen beinahe undenkbar zu sein. Es ist gar nicht einmal böse gemeint, jedenfalls nicht immer. ›Wir‹ Deutsche müssen Dialog führen mit den Muslimen, sagen die Gutwilligen. Das ist löblich, nur bedeutet es für fast vier Millionen Menschen in diesem Land, dass sie den Dialog mit sich selbst führen müssten.«

Mich erinnert dies als langjähriges Mitglied der Gesellschaft für christlich-jüdische Zusammenarbeit daran, wie lange das Land brauchte, um nicht – durchaus gut gemeint – vom Dialog zwischen »Deutschen und Juden« zu reden, sondern auch sprachlich anzuerkennen, dass Menschen jüdischen Glaubens genauso Deutsche sind wie Kardinal Lehmann oder Bischof Huber. Wer vom Dialog zwischen Deutschen und Juden spricht, sagt damit, dass Juden keine Deutschen sind. Und wer jetzt den Dialog zwischen Deutschen und Muslimen fordert, grenzt jeden Deutschen muslimischen Glaubens aus. Deshalb nennt Ruprecht Polenz seine Dialoginstitution »Christlich-muslimische Friedensinitiative« – und als Vorsitzender des Auswärtigen Ausschusses des Bundestages versteht er dies natürlich innen- und außenpolitisch.

Mit großer Selbstverständlichkeit sagen mittlerweile viele, die eine ähnliche Lebensgeschichte wie Navid Kermani oder die »Deutschländer« haben, von sich: »Wir sind die neuen Deutschen.« Ich finde, das klingt gut. Das klingt besser als zum Beispiel »Bindestrich-Deutsche« – Deutsch-Türken, Deutsch-Italiener oder Deutsch-Koreaner. Cem Özdemir hat mit seiner Wendung vom »anatolischen Schwaben« einen anderen Weg gefunden, die eigene Identität oder die eigenen Identitäten auszudrücken. Wer sich schwertut, »ich bin Deutsche/r« zu sagen, tut sich wesentlich leichter mit einer regionalen oder lokalen Identität, beispielsweise: »Ich bin türkischer Kölner.«

Diese neuen Deutschen machen immer noch die Erfahrung, dass sie den »Alt-, Ur- oder Bio-Deutschen« – oder wie immer man auch jene von uns nennen kann, die eben zufällig schon etwas länger dabei sind – erklären dürfen, woher sie denn kommen, wo sie denn so gut Deutsch gelernt haben und ob sie denn wieder in die »Heimat« zurückgehen wollen. Sie müssen sich rechtfertigen, wieso sie denn Deutsche seien, weshalb sie denn zum Beispiel überhaupt Beamte werden können und warum sie wählen oder gewählt werden wollen.

Cem Özdemir und ich sind beide erstmals 1994 in den Deutschen Bundestag gewählt worden. Er hat mir oft erzählt, dass die zentrale Telefonanlage des Bundestages fast zusammenbrach, wenn er bei einer Debatte, die live im Fernsehen übertragen wurde, als Schriftführer neben der amtierenden Präsidentin saß: »Was macht denn der Türke da im Bundestag?«, erkundigten sich empörte Zuschauer.

Solche Fragen zeigen nur, wie sehr wir noch dabei sind zu lernen, uns aneinander zu gewöhnen, miteinander zu leben und Wege der Verständigung zu finden. Und das treibt mitunter schon seltsame Blüten: Iris Alanyali, in Sindelfingen geborenes Kind eines türkischen Architekten aus Izmir und einer hessischen Pfarrerstochter, beginnt ihr Buch »Die blaue Reise und andere Geschichten meiner deutsch-türkischen Familie« mit den Worten: »Ich bin stolz darauf, Deutsche zu sein. Huch. Aber ich kann das erklären.« Und zwar damit, dass sie eben einiges durchgemacht habe – sie meint das bürokratische Hickhack –, bevor sie einen deutschen Pass erhielt. »Deutsch war ich schon immer, aber Deutsche bin ich erst mit 18 geworden.«

Die *Welt*, für die Alanyali zu der Zeit als Redakteurin im Feuilleton schrieb, wertete die Geschichte ihrer Mitarbeiterin dann als »Zeugnis einer gelungen Integration«. Barbara Wahlster vom *Domradio* in Köln konterte in ihrer Rezension: »Was schlichtweg Unfug ist. Da gab es nichts zu integrieren. Insofern ist dieses Urteil ein weiterer Beweis für selbst gewählte Blindheit und mangelndes Differenzierungsvermögen, sobald es bei uns um ›Ausländer‹ geht.« Polemik, die aber den Kern trifft.

Wenn Hatice Akyün übrigens darauf angesprochen wird, dass sie so ein gutes Deutsch spricht, hat sie sich angewöhnt, freundlich das Kompliment zurückzugeben: »Danke, Sie aber auch.«

Komisch, im Alltag wissen wir bei Angeboten und Waren aller Art Vielfalt doch auch sehr zu schätzen. Selbst auf die manchmal mühsame Vielfalt in der Einheit unserer föderalen Struktur mit 16 Bundesländern lassen wir nichts kommen. Aber so sehr wir es schätzen, dass alle Menschen gleich sind, so sehr dürfen wir es noch zu schätzen lernen, dass Menschen alle vielfältig sind. Gleichheit und Vielfalt hängen untrennbar zusammen. Für mich gehört die Einheit der Vielfalt aller, die in unserem Land leben, egal, wo ihre Wurzeln einmal waren, zu der deutschen Einheit, die wir aufgefordert sind, noch herzustellen. Bei dieser Einheit zwischen Altdeutschen und Neudeutschen wird endlich die Spaltung in Bürger erster und zweiter Klasse überwunden werden müssen.

Ein echter deutscher Stammbaum

Politik hat die Aufgabe, realitätsnah Wirklichkeit wahrzunehmen, diese zu beschreiben und Schlussfolgerungen und Handlungskonsequenzen zu erklären. Ich stelle immer wieder fest, dass dann auch Menschen, die vorher anders dachten und die Dinge anders sahen, einem Austausch von Argumenten aufgeschlossen sind, sich überzeugen lassen und mitgehen. Nach Vorträgen irgendwo im Land kommen regelmäßig Menschen zu mir und sagen, dass sie bestimmte Fakten oder Zusammenhänge gar nicht gewusst haben und sich für sie durch diese neuen Informationen auch eine neue Betrachtungsweise ergäbe.

Bei vielen anderen kann ich nachvollziehen, dass sie so lange nicht für Argumente zugänglich sind, solange ihnen nicht das Gefühl von Unsicherheit genommen werden kann, das sie beherrscht. In einer Welt, in der die einzige Konstante der Wandel ist, haben Menschen verständlicherweise ein großes Bedürfnis danach, dass wenigstens die Welt im Kleinen doch so bleiben möge wie früher, wo nach der eigenen Empfindung alles besser und überschaubarer war.

Die Briefe von Bürgern, die ich als Minister erhalte, drücken oftmals diese Verunsicherung und die Suche nach Halt aus. Exemplarisch dafür ist ein Schreiben, das während der Fußballweltmeisterschaft im Sommer 2006 gekommen ist. Deren Motto lautete bekanntlich: »Die Welt zu Gast bei Freunden«. Ein Bürger schrieb darauf: »Die Aufgabe der Politik ist, durch entsprechende Gesetze Rahmenbedingungen zu schaffen, die sicherstellen, dass wir nicht eines Tages Gäste in unserem eigenen Land sind und ›bitte, bitte‹ machen müssen.«

Es ist nach meinem Eindruck aber eine Minderheit, die im eigenen, vor Jahrzehnten fest gemauerten Weltbild die letzte feste Burg gefunden hat, in der sie sich noch sicher fühlt. Auch wenn dazu leider die Zugbrücke hochgezogen werden musste, die einen mit der Realität verband.

Die »Bläck Fööss«, die bekannte Kölner Band, haben zur Jahrtausendwende in den drei Strophen ihres Liedes »Unser Stammbaum« eine fröhlich freundliche Antwort für die Anhänger eines Weltbildes vom »echten Deutschen« verpackt, die ich – sie mögen mir verzeihen – der besseren Verständlichkeit auf Hochdeutsch zitieren möchte:

»Ich war ein stolzer Römer, kam mit Cäsars Legion, und ich bin ein Franzose, ich kam mit Napoleon. Ich bin Bauer, Schreiner, Fischer, Bettler und Edelmann, Sänger und Gaukler, so fing alles an. Ich bin aus Palermo, brachte Spaghettis für euch mit. Und ich, ich war ein Blödmann, heute lache ich mit euch mit. Ich bin Grieche, Türke, Jude, Moslem und Buddhist, wir alle, wir sind nur Menschen, vor dem Herrgott sind wir alle gleich. Die ganze Welt, so sieht es aus, ist bei uns hier zu Besuch. Menschen aus allen Ländern stehen mit uns heut an der Theke. Man glaubt, man ist in Ankara, Tokio oder Madrid, aber sie reden alle wie wir und suchen hier ihr Glück.«

Der dazugehörige Refrain kommt meinem Verständnis von Integration recht nahe: *»So sind wir alle hierhin gekommen, wir* *sprechen heute alle dieselbe Sprache. Wir haben dadurch so viel gewonnen, wir sind, wie wir sind, wir ›Jecken‹ vom Rhein. Das ist was, wo wir stolz drauf sind.«*

Eines ist klar: Es müssen bestimmte Regeln gelten, damit Integration funktionieren kann. Eine davon ist, dass wir dieselbe Sprache sprechen müssen, um uns verständigen zu können. Integration in Deutschland ist ohne Deutsch – von mir aus auch Kölsch – nicht möglich. Diese Regel soll nicht ausschließen, sondern im Gegenteil einladen, teilhaben zu können.

Literarisches Vorbild für das Stammbaum-Lied könnte die Szene aus Carl Zuckmayers »Des Teufels General« von 1945 gewesen sein, in der Luftwaffengeneral Harras – bei der Verfilmung 1954 von Curd Jürgens gespielt – vom jungen Fliegerleutnant Hartmann erfährt, dass dieser Probleme mit seinem »Ariernachweis« hat. Harras führt Hartmann, der aus dem Rheinland stammt, dann den tatsächlichen Stammbaum seiner Familie vor Augen:

»Denken Sie doch – was kann da nicht alles vorgekommen sein in einer alten Familie. Vom Rhein – noch dazu. Vom Rhein. Von der großen Völkermühle. Von der Kelter Europas! Und jetzt stellen Sie sich doch mal Ihre Ahnenreihe vor – seit Christi Geburt. Da war ein römischer Feldhauptmann, ein schwarzer Kerl, braun wie ›ne reife Olive‹, der hat einem blonden Mädchen Latein beigebracht. Und dann kam ein jüdischer Gewürzhändler in die Familie – das war ein ernster Mensch, der ist noch vor der Heirat Christ geworden und hat die katholische Haustradition begründet. – Und dann kam ein griechischer Arzt dazu, oder ein keltischer Legionär, ein Graubündner Landsknecht, ein schwedischer Reiter, ein Soldat Napoleons, ein desertierter Kosak, ein Schwarzwälder Flözer, ein wandernder Müllerbursch vom Elsass, ein dicker Schiffer aus Holland, ein Magyar, ein Pandur, ein Offizier aus Wien, ein französischer Schauspieler, ein böhmischer Musikant – das hat alles am Rhein gelebt, gerauft, gesoffen und gesungen und Kinder gezeugt – und – und der Goethe, der kam aus demselben Topf, und der Beethoven und der Gutenberg und der Matthias Grünewald und – ach was, schau im Lexikon nach. Es waren die Besten,

mein Lieber! Die Besten der Welt! Und warum? Weil sich die Völker dort vermischt haben. Vermischt – wie die Wasser aus Quellen und Bächen und Flüssen, damit sie zu einem großen, lebendigen Strom zusammenrinnen. Vom Rhein – das heißt: vom Abendland. Das ist natürlicher Adel. Das ist Rasse. Seien Sie stolz darauf, Hartmann – und hängen Sie die Papiere Ihrer Großmutter in den Abtritt.«

Mit dem Deutschsein ist es also gar nicht so einfach. Wenn in diesem Jahr so intensiv über Arminius nachgedacht wird, den Cherusker, der im Jahre 9 nach Christus die Schlacht gegen die Römer unter Varus gewann und als Held Germaniens gilt, dann frage ich mich als linksrheinischer, römischer Katholik schon, ob Arminius/Hermann als deutscher Nationalheld taugt. Ob meine Vorfahren eigentlich wirklich die damals unzivilisierten Germanen waren oder ob wir nicht kulturell vielmehr von den »römischen Besatzern« abstammen? Karl der Große knüpfte später jedenfalls eher an Rom an als an die Barbaren weit östlich des Rheins.

Der Mensch war schon immer ein »homo migrans« (Klaus J. Bade), und Kulturen haben sich zu jeder Zeit durch Zuwanderung verändert und entwickelt. Ich glaube deshalb, dass Zuwanderung eine Chance für uns alle ist, egal, ob die Zuwanderinnen und Zuwanderer zu Cäsars oder Napoleons, zu Adenauers oder Kohls Zeiten gekommen sind, heute kommen oder in Zukunft kommen werden. Das hat doch auch viel mit unserem Selbstbild zu tun. Wie sollte Zuwanderung denn auch kein Gewinn sein, wo doch unsere Vorfahren, vor wenigen oder vor vielen Generationen, auch irgendwann erstmals hierhin gekommen sind? Wenn wir unsere Stammbäume mit einer gewissen Distanz betrachten, werden wir merken, dass es bei jedem an der einen oder anderen Stelle kunterbunt blüht.

Was die »Bläck Fööss« für das ehrwürdige, alte Köln nachgezeichnet haben, bringt Medet Sevimli für Duisburg-Marxloh auf den Punkt: Als die *WAZ* ihn für einen Bericht über seine Einbürgerung porträtieren will, buchstabiert er seinen Namen und sagt mit bühnenreifem Humor: »Se-vim-li! Das ist so einfach wie Kalinowski!«

Auch die Kalinowskis waren irgendwann früher einmal »Neudeutsche«, sie haben als Zugewanderte im Prinzip dieselben Erfahrungen gemacht wie die Sevimlis heute. Und so, wie die Kalinowkis, Kordowskis und Kuzorras inzwischen ganz selbstverständlich als »echte Deutsche« angesehen werden, wird das eines Tages, davon bin ich felsenfest überzeugt, auch einmal mit den Akyüns, Sevimlis und Zaimanoglus passieren. Wieso denn auch nicht? Wenn es nach den sonderbaren Kriterien bestimmter Geisteskinder ginge, könnte man auch fragen, ob ich mit meinem Nachnamen überhaupt ein »echter Deutscher« bin. Denn meine Vorfahren kommen aus der Gegend, die heute das Dreiländereck zwischen Belgien, den Niederlanden und Deutschland bildet.

Ich habe mir für meine Einstellung zu unserer Familiengeschichte und zu allen Laschets, Di Fabios, Kalinowskis, Kermanis und Sevimlis dieser Welt die menschenfreundliche Sichtweise des Münsteraner Weihbischofs Josef Voß, engagierter Vorsitzender der Migrationskommission der Deutschen Bischofskonferenz, zu eigen gemacht. Als ich Integrationsminister wurde, störte mich vom ersten Tag an das Wort »Migrationshintergrund«. Es hat für mich einen negativen Beigeschmack und wirkt wie eine Mischung aus soziologischem und kriminologischem Sprachgebrauch. Weihbischof Voß muss es ähnlich gegangen sein im Hinblick auf die Menschen, die vielleicht nicht selbst, aber deren Vorfahren irgendwann, aus welchen Gründen auch immer, aus dem einen Land emigriert und in das andere immigriert sind. »Weil bei solchen Menschen«, so erklärte er mir, als wir uns kennenlernten, »also irgendwo in der Geschichte ihrer Familie, oft bei den Eltern oder Großeltern, Zuwanderung drinsteckte, nenne ich sie einfach ›Menschen mit Zuwanderungsgeschichte‹.«

Das klingt so, wie es gemeint ist: menschlich, freundlich, wertschätzend – und unbürokratisch. Und hoffentlich wird es auch so verstanden. Es ist auch für mich zum Hilfsbegriff geworden, den ich gerne verwende.

Die Landesregierung von Nordrhein-Westfalen verwendet »Menschen mit Zuwanderungsgeschichte« inzwischen in allen offiziellen Dokumenten, auch wenn die Statistiken immer noch von »Menschen mit Migrationshintergrund« reden und es bei jeder Begegnung mit Bundesinstitutionen einen kleinen Kampf um die Sprache in Dokumenten gibt. Inzwischen haben wir unseren Begriff sogar in den Nationalen Integrationsplan schmuggeln können.

Das Merkmal »Migrationshintergrund«/«Zuwanderungsgeschichte« in amtlichen Statistiken oder Veröffentlichungen meint übrigens Menschen mit nichtdeutscher Staatsangehörigkeit, aber auch Deutsche, wie z. B. Aussiedler und Spätaussiedler sowie Eingebürgerte und die Kinder dieser Personengruppen. Wir in Deutschland – dazu gehören viele Millionen Menschen mit Zuwanderungsgeschichte. Im Laufe der nächsten Jahre wird sich ihr prozentualer Anteil an der Gesamtbevölkerung durch die demografischen Entwicklungen noch deutlich erhöhen. Das wird schon heute bei den Neugeborenen auffällig. Ich möchte das nur mit einer Zahl unterlegen: Laut Statistischem Bundesamt sind bundesweit im Jahre 2007 exakt 684 862 Kinder geboren worden. Davon haben 163 991 – also weit mehr als jedes fünfte, fast sogar jedes vierte – mindestens ein Elternteil, das offiziell Ausländer ist. Da bei den anderen Kindern, deren Eltern – oder die unverheiratete Mutter – offiziell Deutsche sind, nicht nach einer Migration in der Familie gefragt wird, ist davon auszugehen, dass die Zahl der Neugeborenen mit einer Zuwanderungsgeschichte tatsächlich deutlich höher liegt.

Wenn diese »echten« Kinder, die Neugeborenen und die im Kita-Alter, einmal groß sind – und das geht bekanntlich schneller, als man denkt –, wird sich die Frage nach den »echten Deutschen« ganz von selbst anders beantworten als heute. Echte Deutsche werden dann die sein, die echt zu Deutschland gehören.

Gretchenfrage Integration

In der *Spiegel*-Jubiläumsausgabe zu sechzig Jahren Bundesrepublik finden sich in der Rubrik Wirtschaft zwei interessante Artikel: Im ersten, »Geschlossene Gesellschaft« überschrieben, widmet sich Michael Sauga dem Ausbau des Wohlfahrtsstaates und seinen unbeabsichtigten Folgen. Er analysiert, dass sich »hinter der Fassade der Leistungsgesellschaft wieder Züge eines Ständestaates« herausgebildet haben. Beamtenkinder werden Beamte, Unternehmerkinder Unternehmer, Arbeiterkinder bleiben Arbeiter. Auf Abstammung, so Sauga, wird mehr Wert gelegt als auf Können. Zudem verschärfe das Bildungswesen die soziale Spaltung noch. Alle Versuche, die gesellschaftliche Schieflage durch ein Füllhorn wohlfahrtsstaatlicher Leistungen auszugleichen, hätten nur zur weiteren Verschlimmerung der Situation geführt. »Die Spaltung zwischen Arm und Reich war in der Nachkriegszeit noch nie so groß wie heute«, stellt der Redakteur im Berliner *Spiegel*-Büro ernüchtert fest.

Nur durch eine ganzseitige Imageanzeige getrennt, in der die Stadt Leipzig an das Jubiläum der Montagsdemonstrationen erinnert, schließt sich in dem Heft ein Gespräch von Karen Andresen und Henryk M. Broder mit der Anwältin, Frauenrechtlerin und Autorin Seyran Ateş (»Der Multikulti-Irrtum – Wie wir in Deutschland besser zusammenleben können«) und deren Eltern über ihre Erfahrungen als türkische »Gastarbeiterfamilie« im Berlin der sechziger und siebziger Jahre an.

Hatun und Mehmet Ateş erzählen über ihre Ankunft in Deutschland 1968 bzw. 1969 (»Ich hatte mir vorgestellt, in Deutschland möglichst schnell genug Geld zu verdienen, um in der Türkei einen Lebensmittelladen aufzumachen. Das war mein Traum«), das Verhältnis zu ihren Nachbarn und den Arbeitskollegen, ihre Sprachkenntnisse (»Ich habe nie wirklich Deutsch gelernt. Auch auf der Arbeit habe ich fast nur Türkisch geredet, all die Jahre lang«) und ihre Rückkehr in die Türkei 1988, als Siemens Personal abbauen wollte und ihnen eine Abfindung anbot. Obwohl sie zwanzig Jahre in der Stadt gelebt haben, benötigten sie für die Reise nach Berlin zum Interview eine Einladung und ein Visum.

Bezeichnend – vielleicht sogar beschämend – ist, dass die Geschichte der Neudeutschen in dem Heft quasi nur als Anhang zur Wirtschaft abgehandelt wird. Aber ob beabsichtigt oder nicht – der *Spiegel* hätte die Wirtschaftsgeschichte der

Bundesrepublik und die Zuwanderungsgeschichte der »Gastarbeiter« nicht aussagekräftiger *nebeneinander*stellen können. Das, was hier voneinander getrennt erscheint, ist in Wirklichkeit aber auf das Engste feinmaschig miteinander verwoben.

Die Wirtschafts- und Sozialgeschichte der Bundesrepublik ist nur im Spannungsfeld, in einer anderen Art von »magischem Dreieck« zwischen Wirtschaft, Zuwanderung und Sozialstaat zu verstehen. Positive Entwicklungen auf einer Seite des Dreiecks können ebenso auf die beiden anderen durchschlagen wie negative. Dass zwischen dem Erfolg der Bundesrepublik und der Zuwanderung – beziehungsweise der damit gekoppelten Integrationsfrage – ein enger Zusammenhang besteht, ist, obwohl eigentlich evident, jahrzehntelang ignoriert worden. Wirtschaftlicher und sozialer Erfolg waren und sind noch heute ohne Zuwanderung undenkbar, andererseits haben die gravierenden Defizite bei der Integration im Laufe der Jahre immer deutlicher zur spürbaren Belastung der Wirtschaftskraft und des Sozialstaats geführt.

Das skizzierte Dreieck wird in der Geschichte der Bundesrepublik immer stark beeinflusst von der jeweils vorherrschenden Einstellung zur Bildung. Bei der ersten Generation der »Gastarbeiter«, also bei den Eltern von Seyran Ateş und Hatice Akyün, stand nicht deren Bildung im Zentrum der Begehrlichkeiten, sondern ihre Arbeitskraft. Ein Grund dafür war die – beiderseitige – Erwartung, dass der Aufenthalt in Deutschland nur vorübergehend sein würde. Fast schon schrecklich folgerichtig haben wir auch der zweiten Generation in aller Regel kaum Bildungs- und damit Aufstiegsangebote unterbreitet. Seyran Ateş und Hatice Akyün sind da Ausnahmen geblieben – leider.

Es passt in das Bild, das wir ja schon aus der Biografie von Hatice Akyün kennen, dass auch bei Seyran Ateş eher wieder der Zufall und einzelne Personen prägend waren. Sie erzählt dem *Spiegel* von der Nachbarin, die ihr nicht nur den ersten Satz auf Deutsch beigebracht (»Ich heiße Seyran Ateş und wohne Liebenwalder Straße 22, Vorderhaus, 2. Stock«), sondern die Ateş-Kinder auch in einer Schule angemeldet hat, in die ansonsten nur deutsche Kinder gingen. So haben sie schnell und fließend Deutsch gelernt, ganz im Gegensatz zu den Nachbarskindern, die in der Schule nur unter Türken blieben.

Ihre Sprachkenntnisse führten dazu, dass die kleine Seyran für ihre Eltern bei Arztbesuchen und Ämtern dolmetschen half und mit zwölf Jahren ihre erste Steuererklärung machte. »Meine Eltern haben sogar Geld zurückbekommen. Also haben sie gemerkt, die kann das, und von da an musste ich für alle immer den Lohnsteuerjahresausgleich machen«, erzählt sie. Steuerberaterin ist sie später zwar nicht geworden, der Umgang mit Formularen und Behörden von Kindesbeinen an hat ihren Weg als Juristin aber fast schon vorgezeichnet.

Die Probleme, die wir bei der zweiten Generation der Zuwanderer und noch stärker bei deren Kindern feststellen, die jetzt Jugendliche sind, sind nicht in erster Linie persönliches Versagen – auch wenn das ein gängiges Vorurteil ist. Es ist das strukturelle Versagen unseres Landes. Wenn die Rahmenbedingungen schlecht sind, kommt der Einzelne, selbst wenn er seiner persönlichen Verantwortung gerecht wird und alles versucht und tut, dennoch so gut wie nicht voran. Wer trotzdem weiter nach oben gekommen ist, hat es – bei allem eigenen Einsatz – leider meist nur durch Zufall und damit gegen alle Wahrscheinlichkeit geschafft. Er darf sich wie ein Lottogewinner fühlen. Er ist die Ausnahme, nicht die Regel.

In der Regel führt der dauernde Kampf gegen alle Hindernisse und Widerstände irgendwann zum Aufgeben. Es bleiben Verlierer auf der Strecke, gerade auf dem Bildungsweg. Dann ist der Zug abgefahren, die Menschen verlieren den Anschluss und ihr weiterer Weg nach unten ist vorprogrammiert.

Wie haben uns dieses Programm, das wir als Gesellschaft selbst geschrieben haben, jetzt lange genug angesehen und analysiert. Wir wissen, wo es hakt und welche Folgen es hat. Also ist nur eine Konsequenz möglich: Schluss damit, so funktioniert es nicht! Es kommt jetzt darauf an, dieses Programm baldmöglichst zu beenden und durch ein neues zu ersetzen, das nicht Verlierer, sondern Gewinner produziert.

So sehr ich anerkenne, dass wir in Deutschland aus diesem Versagen Konsequenzen gezogen haben und nunmehr bei den ganz Kleinen viel Geld in die Hand nehmen, um ihnen erstmals die besten Startchancen zu bieten, so sehr bedrückt mich, dass wir anscheinend nicht vergleichbare Mittel aufbringen können, um zusätzlich so viele Jugendliche der »verlorenen« dritten Generation wie möglich zu erreichen. Hier muss uns noch viel mehr einfallen. Wenn wir kein Kind, kein Talent und kein Potenzial verloren geben wollen, dürfen wir erst recht nicht eine ganze Generation von Jugendlichen aufgeben. Unser Umgang mit der Integrationsfrage ist eine ganz entscheidende Stellschraube, die über Wohl und Wehe unserer wirtschaftlichen und sozialen Stärke entscheidet. Darum nenne ich die Integration die Gretchenfrage Deutschlands. Wie halten wir es mit der Integration? Wie halten wir es mit der Bildung? Wie mit dem Aufstieg? Die Antworten auf diese Fragen sind wieder grundlegende Weichenstellungen für die Zukunft unserer Republik.

Drei deutsche Einheiten

Bei der Bewältigung dieses Riesenpakets an ungelösten Aufgaben hilft uns die Rückschau. Wir müssen uns besinnen auf das, was uns in den vergangenen Jahrzehnten, in den Anfängen unserer Republik und bei ihrer weiteren Entwicklung, stark gemacht hat – auch wenn die Bedingungen damals andere waren. Aus meiner Sicht ist das Erfolgsrezept von sechzig Jahren Bundesrepublik eindeutig. Unser Land war von Anfang an Integrations- und dadurch Aufsteigerrepublik.

Integration und Aufstieg, Zusammenhalt der Gesellschaft und individueller Erfolg, das waren eine ganze Zeit lang die zentralen Kennzeichen unseres Landes. Wenn wir diese Tugenden wieder entdecken und neu für heute übersetzen, werden sie abermals die Erfolgsgarantie dafür sein, dass unser Land eine neue Blüte erlebt – und mehr Menschen als bisher daran teilhaben.

Nach der ersten gesamtdeutschen Bundestagswahl direkt nach der Wiedervereinigung trat der Bundestag am 20. Dezember 1990 zu seiner konstituierenden Sitzung zusammen. Traditionell eröffnet sie der Alterspräsident. Willy Brandt war zwei Tage zuvor 77 Jahre alt geworden. Brandt, für den – im

Gegensatz zum damaligen SPD-Kanzlerkandidaten Oskar Lafontaine – die Einheit der Nation immer Herzensangelegenheit war, fand in seiner Rede, wie so oft, die richtigen Worte und den richtigen Ton. Eine Passage ist geradezu visionär. Sie ist nicht nur im Kontext des Einheitsjahres 1990 brillant, sie bleibt auch zeitlos gültig, wenn wir sie in den Kontext des Jubiläumsjahres 2009 übertragen: »Ich bleibe bei meinem Rat, zusammenwachsen zu lassen, was zusammengehört. Abgeschlossen ist dieser Prozess erst, wenn wir nicht mehr wissen, wer die neuen und wer die alten Bundesbürger sind.«

Nehmen wir diese Worte nicht nur als Maßstab für die noch nicht vollendete innere Einheit zwischen Ost und West, sondern auch als Richtschnur für die ebenfalls noch zu schaffende innere Einheit zwischen Neudeutschen und Altdeutschen. Beginnen wir diesen Integrationsprozess in unseren Köpfen, indem wir die Einheit Deutschlands mit der Vielfalt von Neu- und Altdeutschen schaffen. Wir verfügen über einen großen Erfahrungsschatz aus den bisherigen beiden Einheiten, der ersten nach dem Zweiten Weltkrieg und der zweiten bei der Wiedervereinigung 1990. Da wir die innere Einheit zwischen jenen von uns mit und jenen ohne Zuwanderungsgeschichte nicht in den Jahrzehnten vor der Wiedervereinigung geschaffen haben, müssen wir sie heute als dritte deutsche Einheit nachholen.

Erste deutsche Einheit: Auferstanden aus Ruinen

Am 21. Oktober 1944 war der Krieg zu Ende. Leider noch nicht in ganz Deutschland. Es war der Tag, an dem meine Heimatstadt Aachen von den Amerikanern befreit wurde. Vier Monate nach der Landung in der Normandie, drei Monate nach dem missglückten Attentat auf Hitler, einen Monat nach Erreichen des sogenannten Westwalls hatten amerikanische Truppen die Stadt eingenommen – besser gesagt, das, was noch von ihr übrig war.

Nachdem Hitlerdeutschland Krieg und Vernichtung über Europa gebracht hatte, lag nun auch Deutschland selbst, mit

Aachen ganz im Westen, in Trümmern. Eine belgische Zeitung schrieb: »Aix-la-Chapelle n'existe plus« – Aachen existiert nicht mehr. Es war wie viele andere Städte zu fast siebzig Prozent zerstört. In den Ruinen und zwischen den Trümmern rund um das Herz der Stadt, den schwer beschädigten Dom, lebten ganze 11 139 Menschen. 1939 waren es noch über 160 000 gewesen. Wie mir der Ehrenbürger unserer Stadt, Jost Pfeiffer, oft erzählte, gab es 1945 – weil alles in Schutt und Asche lag – Überlegungen, die Stadt komplett abzureißen und an anderer Stelle wieder aufzubauen. Sein Vater, Kurt Pfeiffer, war Weihnachten 1949 der Initiator des Internationalen Karlspreises zu Aachen, des ersten politischen Preises, der in der Bundesrepublik gestiftet wurde.

Aachen hatte als erste befreite Stadt Glück im Unglück. Woanders dauerte das Töten, Morden und Zerstören noch siebeneinhalb Monate an. Nach den Schätzungen von Historikern sind allein auf deutscher Seite zwischen Stauffenbergs Attentat und dem Kriegsende mehr Menschen umgekommen als in den fünf Kriegsjahren zuvor. In dieser Zeit wurden weitere Hunderttausende Opfer des NS-Regimes ermordet, Auschwitz erst am 27. Januar 1945 befreit. Und es wurden 130 Städte zerbombt, wie Dresden am 13. Februar 1945.

Der in der Aachener »Stunde null« im Oktober 1944 ins Amt eingesetzte Oberbürgermeister, Rechtsanwalt Franz Oppenhoff, verfasste kurz vor Weihnachten einen »Aufruf an die Aachener«. Als Aachener mit Leib und Seele rührt mich der Text sehr; ähnlich lautende Beschreibungen wird wohl jeder aus seiner Heimatstadt kennen:

»Unsere fast zweitausendjährige Stadt ist in ihrer Geschichte niemals von einem gleich schweren Schicksal getroffen worden wie heute. Kein früherer Krieg, kein Stadtbrand, keine Hungersnot, keine Seuche haben die Stadt in ähnlicher Weise heimgesucht. Was nach den schweren Fliegerangriffen noch blieb, das ging in den letzten Kämpfen verloren. Wir finden nur noch Trümmer. Es fehlt an allem: an Wohnungen, an Nahrung, an Kleidung, an Geld und an Hilfsquellen. Bitterste Not liegt hinter uns; lange, schwerste Zeiten des Aufbaus vor uns. Uns bleibt nichts als unser guter Wille, unsere Tatkraft und die tiefe, heiße Sehnsucht nach einem neuen, wahrhaften und gerechten Vaterland für alle. Es gibt nichts mehr zu verwalten. Alles und jedes ist neu zu erarbeiten. Die Aufgabe scheint hoffnungslos und geht fast über all unsere Kraft. – Dennoch ist es unsere Gewissenspflicht, die Arbeit anzufangen.«

Der Oberbürgermeister beschließt seinen Aufruf im Dezember 1944 mit dem hoffnungsvollen Blick auf den Dom, dessen 1200-jähriges Weihejubiläum wir im Jahr 2000 feiern konnten: »Schauen wir auf den Dom und seine Retter! Handeln wir wie sie – und neues Leben blüht aus den Ruinen!«

Es ist von besonderer Tragik, dass Franz Oppenhoff noch vor der endgültigen Befreiung Deutschland am Palmsonntag 1945, es war der 25. März, in seinem Haus von »Werwölfen«, dem letzten Aufgebot der Nazis, ermordet wurde.

Eine Woche später, also am Ostersonntag, 1. April 1945, verließ Robert Zollitsch, der heutige Erzbischof von Freiburg und Vorsitzende der Deutschen Bischofskonferenz, seine Heimat Filipova im heutigen Serbien für immer: vertrieben, weil er Donauschwabe war, eingepfercht in einen Viehwaggon, deportiert in das Todeslager Gakova, aus dem er erst 1946 mit seiner Familie nach Deutschland fliehen konnte. Unzählige andere erlitten das gleiche Schicksal wie Erzbischof Zollitsch. In den letzten Kriegsmonaten vor dem 8. Mai 1945 waren bereits Hunderttausende von Flüchtlingen und Vertriebenen aus Pommern, Ostpreußen, Schlesien und dem Sudetenland auf dem Weg nach Westen. Millionen sollten ihnen noch folgen. Evakuierte waren auf dem Land zwangseinquartiert; »displaced persons«, also Zwangsarbeiter und ehemalige KZ-Häftlinge, lebten weiterhin in Lagern. Sie alle sahen einer mehr als ungewissen Zukunft entgegen, selbst als der Krieg dann endlich überall zu Ende war.

Am 5. Mai 1946 sprach Konrad Adenauer, damals Vorsitzender der CDU in der britischen Zone, auf einer Veranstaltung in Wuppertal. Dabei sagte er: »Das Flüchtlingsproblem ist eines der schrecklichsten Kapitel in der modernen Geschichte unserer Zeit. Ich glaube nicht, dass jemals zuvor zehn, vielleicht sind es auch zwölf Millionen Menschen, man weiß es gar nicht, so von Haus und Hof und Heim vertrieben worden sind und jetzt hineingepresst werden in ein Land, das hungert, zum Teil zerstört ist und das überbevölkert ist.«

Den Kontrollgremien der alliierten Siegermächte, den Kommunen und den nach und nach entstehenden Bundesländern – Nordrhein-Westfalen war im August 1946 in der »operation marriage« von den Briten per Dekret gegründet worden – fiel zunächst die Aufgabe zu, sich mit den zur Verfügung stehenden begrenzten Mitteln um die Versorgung und die Unterkunft der Millionen von Flüchtlingen und Vertriebenen zu kümmern.

Nach der Gründung der Bundesrepublik, der Verkündigung des Grundgesetzes am 23. Mai 1949, der ersten Bundestagswahl im August und der sich im September anschließenden Wahl Konrad Adenauers an die Spitze der ersten Bundesregierung, konnte dann auf Bundesebene die Integration der Flüchtlinge und Vertriebenen – damals »Eingliederung« genannt – als eine der dringendsten politischen Herausforderungen der Nachkriegszeit angegangen werden. Für diese Integrationsaufgabe schuf Konrad Adenauer bei der Bildung seines ersten Kabinetts wie selbstverständlich ein eigenes Ministerium, das »Bundesministerium für Vertriebene, Flüchtlinge und Kriegsgeschädigte«. Ebenso selbstverständlich für die damalige Zeit wurde einer der Vertriebenen Minister, der Schlesier Dr. Hans Lukaschek. In seiner Amtszeit wurden 1952 das Gesetz über den »Lastenausgleich« und ein Jahr später das Bundesvertriebenengesetz verabschiedet.

Der Krieg hatte Schrecken und Verlust nicht gleichmäßig über das Land verteilt. Das Schicksal schlägt willkürlich zu, es kennt keinen »gerechten Verteilungsschlüssel«. Während die einen fast unbeschadet, gesund an Leib und Gliedern und ohne materielle Verluste davongekommen waren, haben die insgesamt 12 Millionen deutschen Ostvertriebenen nur ihr Leben und einige Habseligkeiten retten können. Mit insgesamt etwa 150 Milliarden DM schuf der Lastenausgleich gerechtere Chancen beim Start in der neuen Heimat.

Das Wirken des Ministeriums für die Interessen der Vertriebenen war so erfolgreich, dass andere Kriegsgeschädigte für sich ebenfalls ein eigenes Ministerium forderten. So argumentierte, wie die *Zeit* damals berichtete, der »Zentralverband der Fliegergeschädigten, Evakuierten und Währungsgeschädigten« im Vorfeld des Lastenausgleichs, »dass 10 Millionen Heimatvertriebene bevorzugt seien, da für sie ein eigenes Ministerium bestehe, während die 13 Millionen ›Kriegssachgeschädigten‹ nur durch einen Referenten des Innenministeriums betreut würden«.

Die Zuständigkeit eines eigenen Ministeriums und die dort entworfenen Gesetze waren entscheidende Instrumente einer solidarischen Willkommenskultur, um nach dem Krieg zum inneren Ausgleich, zur inneren Einheit Westdeutschlands zu gelangen. Der Lastenausgleich führte die Nachkriegsgesellschaft zusammen. Ich bezeichne diese erste große Integrationsleistung als die erste deutsche Einheit in der Geschichte der Bundesrepublik.

Im Übrigen möchte ich aus guten Gründen darauf hinweisen, dass diese Integrationsleistung auch von den politischen Parteien vollbracht wurde. Zwar gründete sich 1950 eine bei der Bundestagswahl im Jahr zuvor noch nicht lizenzierte »Vertriebenenpartei« (BHE: Block der Heimatvertriebenen und Entrechteten) und erreichte, nach Beteiligungen an Landesregierungen zuvor, 1953 auch die Beteiligung an der Bundesregierung. Während der BHE bei dieser Wahl die Fünf-Prozent-Hürde übersprang, scheiterte er jedoch vier Jahre später daran und versank danach in die Bedeutungslosigkeit.

Sei es aus Überzeugung oder sei es aus Sorge vor größerem Zulauf des BHE – jede Partei achtete seit den Anfangsjahren der Republik peinlich genau darauf, dass bei Ämtern und Mandaten die Vertreterinnen und Vertreter der Vertriebenen und Flüchtlinge angemessen – und nicht als Alibi – berücksichtigt wurden. In Bayern ist es bis heute ganz selbstverständlich, neben den Altbayern, den Franken und den Schwaben die Sudetendeutschen als »vierten Stamm« zu zählen und somit als vollwertig anzuerkennen. Wer weiß, ob das Land der Bayern nicht daraus auch eines Tages die Neigung ableiten wird, mit Stolz und Freude zusätzliche Stämme als vollwertig integriert anzuerkennen?

Der gewaltige gesellschaftliche Solidaritätsakt der weniger

vom Krieg Betroffenen ließ die Millionen von Vertriebenen nicht chancenlos und ausgegrenzt zurück. Er band sie ein und ermöglichte ihnen Lebens- und Aufstiegschancen, die von den Vertriebenen und ihren Kindern ergriffen und genutzt wurden. Deren eigener Ansporn wurde begleitet durch die systematische Förderung des Staates. Der Aufstieg der Vertriebenen wurde nicht dem Zufall überlassen, sondern es wurde in voller Absicht alles darauf angelegt, ihn zu ermöglichen.

Ein Erkennungsmerkmal der Vertriebenen wurde das Phänomen der »Bildungsbeflissenheit«, das sich gut an den Bildungskarrieren von Flüchtlingskindern ablesen lässt. Zu ihnen gehören beispielsweise der heutige Bundespräsident Professor Horst Köhler, der bereits erwähnte Erzbischof Robert Zollitsch, bei der SPD der Staatsrechtler Professor Horst Ehmke, der verstorbene Kommunikationswissenschaftler Professor Peter Glotz und der Herausgeber der *Zeit*, Michael Naumann, sowie in den Medien unter anderen Alfred Biolek und Thomas Gottschalk.

Mir ist natürlich bewusst, dass die Integration der Vertriebenen im Alltag keinesfalls immer glatt und reibungslos vonstattenging. Damals war der Versuch, Menschen zusammenzubringen – die, die schon da waren und die, die dazu gekommen sind –, genauso schwierig wie heute. Wenn die einheimischen Altdeutschen-West auf die früher woanders einheimischen Altdeutschen-Ost trafen, wurden Letztere zunächst so behandelt wie weltweit alle Fremden, die vor der eigenen Haustüre auftauchen: im neutralen Fall mit Ignoranz, im schlechten Fall mit Ausgrenzung und nur ganz selten mit offenen Armen. Wenn der schlesische Katholik sich in einem protestantischen Dorf oder der ostpreußische Protestant sich in einem katholischen Dorf wiederfand, prallten verschiedene Welten aufeinander, nicht nur die des Glaubens und der Kultur.

Ein Vertriebener beschrieb mir einmal, dass er als protestantisches Kind in ein katholisches Dorf kam und die Fronleichnamsprozession zwar mit vorbereiten und die Blumen legen, aber dann nicht teilnehmen durfte. Da stand das Kind nur daneben, während die Prozession zog. Gibt es für ein Kind ein größeres Gefühl des Ausgegrenztseins? Bis sich in solchen

Dörfern dann die ersten zarten Bande anbahnen durften, die in die Nähe der Konstellation einer katholisch-protestantischen »Mischehe« führten, verging fast noch eine Ewigkeit, mindestens aber ein ganzes Zweites Vatikanisches Konzil (1962–65).

Ich kann nur jedem empfehlen, sich einmal von Zeitzeugen, den eigenen Eltern, Großeltern Alltagserlebnisse des damaligen Zusammentreffens von Einheimischen und Flüchtlingen schildern zu lassen. Manche Erzählungen klingen aus heutiger Sicht grotesk und schier unglaublich. Bei anderen haben wir den Eindruck, als wären es Schilderungen aus dem Jahr 2009, die sich um die Probleme des Zusammenlebens mit den heutigen Neudeutschen drehten.

Für niemanden in der jungen Bundesrepublik war ein Anknüpfen an das aus der Vorkriegszeit Vertraute möglich. Alle fingen sozusagen bei null an – so zumindest war die Überzeugung eines Großteils der Bevölkerung. Gesellschaft und Wirtschaft befanden sich in einem rasanten Wandel. Jede und jeder musste sich diesen neuen Herausforderungen stellen. An die Bundesbürger – Einheimische wie Vertriebene – wurden in den fünfziger und sechziger Jahren neue und höhere Anforderungen in Bildung und Beruf gestellt. Der Historiker Alexander von Plato sprach in diesem Zusammenhang von der Integration aller in »eine neue Zeit«. Nicht zuletzt wegen der erlittenen Verluste und dem daraus resultierenden Wunsch, es auf jeden Fall trotzdem schaffen zu wollen, gelang vielen Vertriebenen der Sprung in die neuen Zeiten besonders gut. Und auch der gesamten Gesellschaft fiel die Bereitschaft nicht schwer, nach dem gemeinsamen traumatischen Erlebnis der totalen Katastrophe nun allen ein gemeinsames Erfolgserlebnis bereiten zu wollen.

Heute stehen wir vor ähnlich großen Herausforderungen. Die Ursachen sind gottlob gänzlich andere als damals, kein Krieg, keine Zerstörung, keine Vertreibung. Heute muss die Integration aller, die in Deutschland leben, jenen mit und jenen ohne Zuwanderungsgeschichte, in eine neue Zeit gelingen, die geprägt ist von der Dynamik der Globalisierung und einer sich rasant verändernden Bildungs- und Wissensgesellschaft. Wenn wir uns darüber klar werden, dass uns heute unvergleichlich mehr Ressourcen zur Verfügung stehen als unseren Vorfahren in der Nachkriegszeit, werden wir uns eher zutrauen, diese Aufgabe beherzt anzugehen.

Mit der Gründung des westdeutschen Teilstaats war untrennbar die Integrationsleistung der ersten deutschen Einheit verbunden. Es ging um die innere Einheit des jungen Staates, sie sollte auf jeden Fall erreicht werden, wenn schon die äußere Einheit der Nation seinerzeit unmöglich war und für die Zukunft ungewiss. Die Bürgerinnen und Bürger der jungen Bundesrepublik sollten die gleichen gerechten Chancen haben. Das war der Gesellschaft so viel wert, dass sie zu einer ersten großen Solidaritätsleistung zusammenfand.

Zahllose Aufstiegsgeschichten nahmen in den unmittelbaren Nachkriegsjahren ihren Anfang. Sie verliefen in vielen Fällen äußerst erfolgreich und waren damals so weit verbreitet, dass sie für Verwandte und Freunde Motivation waren, es ebenfalls zu schaffen. Der Weg meines Vaters spornte auch einen seiner Freunde an, den Weg vom Bäcker- und Konditormeister zum Lehrer zu gehen. Aufstieg war also ansteckend. Denn er war ja offensichtlich auch leicht, Millionen andere hatten ihn auch schon geschafft. Und diesen Vorbildern, gerade denen im eigenen Umfeld, wollte man dann nacheifern, auch dazugehören und selbst weiter nach oben kommen.

Ich glaube, genauso wichtig war, dass die Generation unserer Eltern und Großeltern nie vergessen hat, wie alles angefangen hatte, als der Krieg zu Ende war. Das Desaster der Diktatur, die moralische Verwüstung, der verlorene Krieg, die ausradierten Städte – all das hatte sie vereint im »Nie wieder!«. Sie schworen sich, alles zu tun, um das am Boden zerstörte Land wieder Stück für Stück in Ordnung zu bringen. Diese Männer und (noch mehr diese) Frauen, die einfach angefangen hatten, die Trümmer wegzuräumen und Deutschland Stein für Stein wieder aufzubauen, haben dann von Jahr zu Jahr erleben dürfen, dass aus den einstigen Ruinen tatsächlich Leben entstand, die ersten blühenden Landschaften im Westen Deutschlands.

Die Bundesrepublik schaffte es sehr schnell, aus Ruinen aufzuerstehen. Der Weg in der DDR war ungleich mühsamer. In den achtziger Jahren wurde dort überdeutlich, dass weiterhin Ressourcen gebunden waren, um alte Ruinen zu beseitigen – zum Beispiel die Semperoper in Dresden, die erst von 1977 bis 1985 wiederaufgebaut wurde –, gleichzeitig aber die Ressourcen fehlten, neue, vom Sozialismus selbst verursachte Ruinen zu vermeiden. »Ruinen schaffen ohne Waffen« wurde zum geflügelten Wort in den geschundenen Innenstädten und Dörfern.

Wenn ich den Weg in der DDR bis 1989 hier nur kurz streife, dann auf keinen Fall, weil ich den Aufbau- und Aufstiegswillen der dort lebenden und der dorthin nach dem Krieg vertriebenen Menschen gering schätze. Doch so sehr sich die Einzelnen auch anstrengen konnten, nach oben kommen zu wollen, so sehr waren diesen Bemühungen überall sofort systematische Grenzen gesetzt.

Es ist unstrittig, dass im Westen das Zusammenspiel von Demokratie, Sozialer Marktwirtschaft und der Wertorientierung des Grundgesetzes mit der Kernaussage, der Staat sei für den Menschen und nicht der Mensch für den Staat da, erst die Kräfte freigesetzt hat, die in der Lage waren, Wohlstand für alle zu schaffen und damit Integration und sozialen Aufstieg zu ermöglichen. Die DDR-Diktatur, die Planwirtschaft und das marxistisch-leninistische Bild vom Menschen waren dazu prinzipiell unfähig.

Und gerade deswegen ist die Lebensleistung der einzelnen Menschen, die immer wieder versucht haben, das Beste aus der Situation zu machen, zu respektieren. Bundespräsident Horst Köhler wird nicht müde, darauf hinzuweisen, dass man einer Generation, die über Jahrzehnte in der Mangelwirtschaft mit großem Einsatz arbeiten musste, nicht einfach sagen könne, ihr Leben sei wertlos, weil ihre Wirtschaft am Ende war. »Auf diese Gefühle jenseits aller nüchternen Zahlen«, so Köhler, »ist vielleicht nicht genug achtgegeben worden.« Der Bundespräsident mahnt: »Wir dürfen nicht unterschätzen, wie tief der Bruch war, den die Einheit im Osten ja auch bedeutete. Manchem, der es verdient hat, ist vielleicht zu wenig ›Gesicht gelassen‹ worden.«

Köhlers Äußerungen machen deutlich, wie viel wir noch zur Einheit zwischen den Deutschen in Ost und West beitragen müssen. Es bedarf noch einiger Mühen, die innere Einheit weiter zu vollenden. Die Integrationsleistung dieser zweiten deutschen Einheit, wie ich sie nennen möchte, ist noch lange nicht in Gänze vollbracht, obwohl wir in den (erst) zwanzig Jahren seit dem Mauerfall schon beachtlich vorangekommen sind. Insgesamt gesehen ist aber auch die Geschichte dieser deutschen Einheit zum Glück eine weitere Erfolgsgeschichte geworden. Und auch diese Einheit basiert auf den beiden Säulen Integration und Aufstiegsorientierung.

Zahllose Biografien beweisen, zunehmend eher als Regel denn als Ausnahme, dass die Menschen aus den neuen Bundesländern nunmehr auf ganz selbstverständliche Weise ihren Platz in unserer gemeinsamen Gesellschaft gefunden haben und darin ihren Weg nach oben so selbstbewusst gehen, dass sie manchen »Altdeutschen« aus dem Westen ganz locker hinter sich lassen. Die »Zonenkinder«, wie die Leipziger Autorin Jana Hensel 2003 ihre Mitte der siebziger Jahre geborene Generation nannte, deren Kindheit heute nur noch »ein Museum ohne Namen und Adresse« sei, sind hoch qualifiziert, überaus mobil und aufstiegsorientiert.

Obwohl sie sich mitten in der Pubertät plötzlich in einem als komplett anders wahrgenommenen Land wiederfanden, haben sie sich wesentlich schneller und besser auf die neuen Verhältnisse der neuen Zeit einstellen können als vielleicht ihre Eltern. Sie haben die »1000 Möglichkeiten, die sich nun auf einmal boten«, wie es die in Schönhausen an der Elbe aufgewachsene Sängerin Annett Louisan ausdrückt, zu nutzen verstanden. So wie Louisan 1990 mit ihrer Mutter nach Hamburg ging, haben seitdem viele Junge, insbesondere junge Frauen, eine neue Heimat und Arbeit in den alten Bundesländern gesucht und gefunden. Zur Wahrheit gehört natürlich auch, dass sich ihr Fehlen gerade in den eher von Arbeitslosigkeit und fehlenden Perspektiven geprägten Regionen der neuen Bundesländer schmerzlich bemerkbar macht. Dem stehen jedoch in gleichem Maße die individuell genutzten Chancen, die realisierten Lebensentwürfe und erfüllten Träume gegenüber.

Die März-Revolutionäre von 1848, die Mitglieder der Nationalversammlung in der Frankfurter Paulskirche, die vor 160 Jahren, im März 1849, erstmals eine demokratische Verfassung schufen – die dann allerdings nie umgesetzt wurde –, hätten wahrscheinlich ihre helle Freude an den Ereignissen des Wendejahres 1989 und des Einheitsjahres 1990 in Deutschland und denen in Mittel- und Osteuropa in den Jahren zuvor gehabt. Die Zeit war atemberaubend.

Begonnen hatte alles 1978 mit der Wahl des Polen Karol Wojtyła zum Papst. Johannes Paul II. wurde als erster Nichtitaliener seit über 450 Jahren zum Oberhaupt der katholischen Kirche gewählt. Im Juni 1979 reiste er zum ersten Mal wieder in seine Heimat Polen. Auf dem Pilsudski-Platz in Warschau betete der Papst am Vorabend des Pfingstfestes: »Dein Geist komme herab und ändere das Antlitz der Erde.« Und dann fügte er mit seiner kräftigen Stimme hinzu: »Dieser Erde!«

Dieser Satz gab Millionen Menschen Mut, für die Werte der Freiheit einzutreten. Er gilt als Schlüsselsatz für den Anfang vom Ende des Kommunismus. Ohne Johannes Paul II. wären der friedliche Protest der Arbeiter auf der Danziger Lenin-Werft 1980, die Gründung der unabhängigen Gewerkschaft Solidarność und ein späterer Präsident Lech Wałęsa nicht vorstellbar gewesen. Das wird auch von Michail Gorbatschow bestätigt. Er, der seinerseits einen überragenden Beitrag zu den Umwälzungen im einstmals starren Ostblock geleistet hat, schrieb in seinen Memoiren: »Alles, was in den letzten Jahren in Osteuropa geschehen ist, wäre ohne diesen Papst nicht möglich gewesen.«

Glasnost und Perestroika in der Sowjetunion ermunterten insbesondere die Ungarn, sich stärker Richtung Westen zu orientieren. Sie kamen zu dem Schluss, dass ihre Grenzanlagen »technisch, moralisch und politisch veraltet« seien und begannen im Frühsommer 1989 mit deren Abbau. Dabei legten sie solch ein rasantes Tempo vor, dass für die symbolische Öffnung des vormals Eisernen Vorhangs durch die beiden Außenminister Gyula Horn aus Ungarn und Alois Mock aus Österreich am 28. Juni 1989 eigens ein Teil des bereits entfernten Zauns wiedererrichtet werden musste.

Und dann sprang der Funke der Freiheit auch auf die DDR über. Nach dem 17. Juni 1953 kam es im Herbst 1989 zum zweiten Mal zu einem Volksaufstand in der DDR. Das deutsche Volk in der DDR stand auf, ging auf die Straße und vereinte sich in einem Ruf: Aus »Wir sind das Volk!«. wurde binnen Wochen »Wir sind ein Volk!« Dieser geballten friedlichen Kraft der Revolution hatte das greise SED-Politbüro nichts mehr entgegenzusetzen. Es verschwand nach den peinlich pompösen Feiern zum 40. Staatsjubiläum genauso von der Bildfläche wie der von hackenden »Mauerspechten« zerbröselte »antifaschistische Schutzwall« und bald darauf die ganze DDR.

Die Menschen in der DDR hatten sich und damit auch uns im Westen ein politisches Wunder beschert. Niemand hatte noch im Sommer 1989 daran glauben können, dass sich alles auf diese einmalig glückliche Art und Weise fügen würde.

Das Erfolgsmodell der Brüder und Schwestern drüben im Westen – das Erfolgsmodell der Bundesrepublik also – entwickelte einen solchen Sog, dass Überlegungen in Richtung anderer politischer Experimente Gedankenspiele blieben. Das Streben nach der vierzig Jahre lang bewährten Demokratie und Rechtsordnung der Westdeutschen war untrennbar verbunden mit dem Streben nach der Sozialen Marktwirtschaft. Das Wohlstandsversprechen Ludwig Erhards erwies sich als Katalysator auf dem Weg zur Einheit.

Wir können die Demokratisierung der DDR mit den ersten freien Wahlen zur Volkskammer am 18. März 1990 und dem überwältigenden Sieg der »Allianz für Deutschland« unter Führung von Lothar de Maizière nicht trennen von dem Wunsch der übergroßen Zahl der Bürgerinnen und Bürger, so schnell wie möglich zu einer politischen und wirtschaftlichen Einheit mit der Bundesrepublik zu kommen. Freiheit statt Sozialismus, das meinte eben nicht nur Gedanken- oder Reisefreiheit. Das grundgesetzlich verbriefte Recht der freien Entfaltung der Persönlichkeit lässt sich nicht nur auf politische Aspekte reduzieren. Freiheit statt Sozialismus, damit verband sich auch die Hoffnung auf wirtschaftliche Freiheit, auf Aufschwung und auf Wohlstand. Die Deutsche Mark, auf deren Rand »Einigkeit und Recht und Freiheit« zu lesen war, war das Symbol dieser politischen und wirtschaftlichen Hoffnung zugleich.

Der Wirtschafts- und Währungsunion am 1. Juli 1990 folgte nur ein Vierteljahr später zunächst der Einigungsvertrag zur Herstellung auch der politischen und rechtlichen Einheit und dann der große Tag der Deutschen Einheit mit dem Beitritt der fünf wieder gegründeten neuen Länder zum Geltungsbereich des Grundgesetzes. Die Reihenfolge kann nicht verwundern, wenn man sich in Erinnerung ruft, als wie marode sich das Wirtschaftssystem der DDR tatsächlich entpuppte, wie rasant die DDR implodierte und wie sich deshalb die Ereignisse des Jahres 1990 überschlugen.

Was mit großen Emotionen, den Hoffnungen auf »Wohlstand für alle« und den geweckten Hoffnungen auf »blühende Landschaften« begonnen hat, stellt seitdem alle in Ost wie West vor enorme Herausforderungen. Das Leben mancher Menschen ist förmlich auf den Kopf gestellt worden. Der Alltag veränderte sich radikal. Die neue Zeit brachte ein ganz eigenes Tempo mit. Viele verloren im Zuge einer kollabierenden Staatsindustrie ihren Job. Wenn davon auch viele später wieder einen neuen, dann zukunftssicheren Arbeitsplatz gefunden haben, wurde aber schnell deutlich: Blühende Landschaften wachsen leider nicht über Nacht – so sehr man sich das auch wünscht und auch alles dafür tut. Wunder brauchen manchmal länger.

Und sicherlich sind auch Fehler gemacht worden, wie könnte es bei einer derart einmaligen politischen Herausforderung auch anders sein. Vielleicht waren wir in West und Ost im Einheitsjahr 1990 auch ein wenig zu euphorisch und selbstbewusst. Ich kann mich noch genau an ein Ereignis erinnern, das auf den ersten Blick rein gar nichts mit dem politischen Einigungsprozess und seinen wirtschaftlichen Folgen zu tun zu haben scheint, das aber ein Schlaglicht auf die damals vorherrschende Mentalität wirft.

An einem späten Sonntagabend Anfang Juli 1990 ging ein einsamer Mann gedankenverloren, mit den Händen in den Taschen, auf einem Stück Rasen spazieren. Milliarden Menschen guckten dabei zu. Ob Teamchef Franz Beckenbauer wohl in diesem Augenblick direkt nach dem gewonnenen WM-Finale im Mittelkreis des römischen Olympiastadions über die Formulierung brütete, mit der er nur wenig später die Welt beglücken, aber seinen Nachfolger Berti Vogts tonnenschwer belasten würde? In der Stunde des Triumphes rutschte dem »Kaiser«, nicht gerade bekannt dafür, jedes Wort auf die Goldwaage zu legen, ein Satz heraus, der kennzeichnend ist für die Stimmungslage, die – auch durch den Gewinn der Weltmeisterschaft weiter angefacht – damals in den beiden offiziell noch bestehenden Teilen Deutschlands herrschte: »Es tut mir leid für den Rest der Welt: Aber wenn jetzt noch die Spieler aus dem Osten Deutschlands dazukommen, sind wir auf Jahre hinaus unschlagbar.«

Verrückt – aber so war die Stimmung nun mal in diesem Jahr. Wir fühlten uns 1990 in Ost und West wie die geborenen Weltmeister! Wir hatten einen Lauf – nicht nur sportlich – und glaubten, darin könne uns keiner stoppen. Stimmungsbremsen waren verpönt.

Es passt wiederum bestens zur Stimmungslage der ganzen Nation – und auch diesmal nicht nur sportlich –, dass es zwei Jahre später, im Finale der Europameisterschaft 1992 gegen die vom Strand angereisten und sich hauptsächlich mit Fast-Food stärkenden Dänen, um die Unschlagbarkeit nicht mehr wirklich gut bestellt war. Obwohl acht Weltmeister und der Dresdner Matthias Sammer in der Startaufstellung standen und der Malchiner Thomas Doll sowie der in Rüdersdorf bei Berlin geborene Andreas Thom eingewechselt wurden, verlor der haushohe Favorit kläglich mit 0:2. Der Zauber des Wunders der Wende schien verblasst zu sein. Das vereinigte Deutschland war auf dem Boden der Tatsachen angekommen und lernte dort die Mühen der Ebene kennen.

In diese wechselhaften Stimmungen der Nachwendejahre hinein begannen die Instrumente der zweiten großen Integrationsleistung in der Geschichte der Bundesrepublik langsam, aber sicher und später auch überall sicht- und spürbar ihre Wirkung zu entfalten. Mit der Wirtschafts- und Währungsunion kurz vor der Vereinigung, mit den Transferleistungen seitdem, die eher strömen als fließen, mit der Einführung des Solidaritätszuschlags als Ergänzungsabgabe zur Einkommens- und Körperschaftssteuer und darüber hinaus mit dem Solidarpakt zwischen Bund und Ländern ist ein einzigartiges Gesamtpaket der nationalen Solidarität geschnürt worden.

Über den tatsächlichen finanziellen Wert dieses Pakets gibt es nur Vermutungen. Offizielle Zahlen der Bundesregierung fehlen entweder oder wirken seltsam verschämt. Das Institut für Wirtschaftsforschung in Halle errechnete 2004 eine Summe von 1,2 Billionen Euro Bruttotransferkosten, zum selben Zeitpunkt gab der Leiter des Forschungsverbundes SED-Staat an der Freien Universität Berlin, Klaus Schroeder, die Kosten der Wiedervereinigung mit 1,5 Billionen Euro an. Als sich auch die Medien auf diese – mehr oder weniger gut geschätzte – Summe zu verständigen schienen, folgte prompt das Dementi des damaligen Aufbau-Ost-Ministers Manfred Stolpe. Er bezifferte die Kosten der reinen Sonderleistungen von 1990 bis 2003 auf rund 15 Milliarden Euro jährlich. Alles andere sei schlicht Unsinn und fuße auf »Fantasiezahlen«, so Stolpe. Der Streit Anfang 2009 um angebliche Buchungstricks beim Erblastentilgungsfonds macht deutlich, dass die Rechnerei ein Politikum bleibt.

Mir kommt es hier auch gar nicht auf die Interpretationsfähigkeit von Zahlen, auf richtig oder falsch an. Denn jede vermutete Größenordnung macht deutlich, dass die Kosten für die Integration der 16 Millionen Menschen, die Ende 1989 noch auf dem Gebiet der DDR lebten, in den Dimensionen nur vergleichbar sind mit den Integrationskosten der 12 Millionen Vertriebenen und Flüchtlinge nach dem Krieg. So wie die Kosten der »Eingliederung« der Vertriebenen ursächlich die Folgekosten des von Nazideutschland angezettelten Krieges waren, so sind auch die Kosten der Einheit tatsächlich Folgekosten der kriegsbedingten Trennung.

Nach dem Lastenausgleich zugunsten der Vertriebenen in den fünfziger Jahren wurden seit den neunziger Jahren erneut solidarisch finanzielle Opfer erbracht, um diesmal in den neuen Bundesländern dem Ziel vergleichbarer Lebensbedingungen näher zu kommen. Viele im Westen sitzen dabei immer noch dem Irrtum auf, die Lasten der Einheit, zum Beispiel der »Soli«, würden nur von ihnen geschultert. Mitnichten, er ist eine gesamtdeutsche Solidaritätsleistung. Und so wie die Lasten gemeinsam geschultert werden, profitieren auch wir alle, die wir in Deutschland leben.

Ist der finanzielle Kraftakt bei der ersten und der zweiten deutschen Einheit noch vergleichbar, so wird bei einem anderen staatlichen Instrument ein großer Unterschied deutlich: Der zweiten Einheit fehlte ein »Einheitsministerium«!

Wie bereits erwähnt, hatte Adenauer 1949 ein eigenes Ministerium geschaffen, um die Probleme von Flucht und Vertreibung institutionell lösen zu können. Zugleich hatte das Ministerium durch die bloße Tatsache seiner Existenz eine große psychologische Wirkung. Die Vertriebenen sahen in ihm ein herausgehobenes Zeichen der eigenen Anerkennung. Diese Wertschätzung wurde zudem glaubwürdig durch die Minister mit ihrer eigenen Vertreibungsgeschichte verkörpert.

Das Ministerium wurde zwanzig Jahre später aufgelöst. Für die *Zeit* gab es Anfang 1970 viele Symptome dafür, dass mit dem proklamierten »Ende der Nachkriegszeit« auch das Vertriebenenproblem nicht mehr bestehe: »Das sicherste Indiz dafür ist die vom neuen Bundeskanzler Brandt verfügte Auflösung des Vertriebenenministeriums und seine Eingliederung als Abteilung in das Innenministerium. Vertriebene gibt es, grob gesagt, von nun an allein noch in den Akten, Statistiken und auf den Heimattagen.« Letzter Vertriebenenminister war der heute 88 Jahre alte Schlesier Heinrich Windelen, Ehrenvorsitzender der CDU Nordrhein-Westfalen. Unter Helmut Kohl wurde er 1983 noch einmal Bundesminister, diesmal als Nachfolger von Rainer Barzel im Bundesministerium für innerdeutsche Beziehungen.

1949 wurde aber noch ein anderes besonderes Ministerium errichtet. Im Bundestagswahlkampf hatte Jakob Kaiser, im Juni 1945 Mitbegründer der CDU in der sowjetisch besetzten Zone, als Erster ein Amt oder Ministerium »zur Vorbereitung der deutschen Einheit« gefordert. Konrad Adenauer griff die Forderung auf und band Kaiser nach der Wahl in sein Kabinett ein. Um die Alliierten nicht zu provozieren, nannte man das Ministerium weder »für die Einheit« oder »für die Wieder-vereinigung«, wie vorgeschlagen worden war, sondern unver-fänglicher »für gesamtdeutsche Fragen«.

Vehement hatte Kaiser zuvor Überlegungen, man könne die Aufgaben dieses Ministeriums dem Innenministerium zuschla-gen, als nicht stichhaltig zurückgewiesen: »Denn das Innen-ministerium ist seiner Tradition nach ein Organisations- und Verwaltungsministerium, seinem Wesen nach jedenfalls kein politisches Ministerium. Aber nur ein solches kann der gegen-wärtigen, einzigartigen Situation, in der sich das dreigeteilte Deutschland befindet, gerecht werden.« Er gab die Richtung des neuen Ministeriums vor: »In nicht allzu langer Zeit wird auch die Ostzone wieder im gesamtdeutschen Staat sein. Für diesen Tag wird dieses Amt vorzusorgen haben.«

Wie Kaiser rekrutierten sich auch die Mitarbeiter des Mi-nisteriums über lange Zeit in erster Linie aus dem Kreis von in der DDR politisch Verfolgten und anderen Flüchtlingen und Vertriebenen. Schon unter Adenauer, der die Zuständigkeit für die Deutschlandpolitik an sich zog, war der Spielraum des Mi-nisteriums arg begrenzt. Er schien sich zu erschöpfen in dem, was manche Öffentlichkeitsarbeit, andere Propaganda nann-ten.

Nachdem Herbert Wehner als gesamtdeutscher Minister der Großen Koalition sein Haus als »Fehlkonstruktion« bezeich-net hatte, verschob Willy Brandt 1969 auch hier die Akzente, zwar nicht durch Auflösung, aber durch Umbenennung. Fort-an firmierte es unter »innerdeutsche Beziehungen«. Das ver-größerte weder seine tatsächliche Bedeutung – die Fäden wur-den im Kanzleramt gezogen –, noch schützte es vor immer wieder aufkeimenden Gedanken, es abzuschaffen. Laut Egon Bahr hat Helmut Schmidt das Ministerium als »reinen Propa-gandaquatsch« bezeichnet und es nur aus Rücksicht auf Teile der SPD-Fraktion beibehalten. »Also blieb der ›Quatsch‹ bis zum Ende der Teilung; denn die CDU mit ihrem Sinn für wer-bewirksame gesamtdeutsche Ansprüche dachte erst recht nicht daran, den Laden aufzulösen«, so Bahr 1996. Spätestens Mitte der achtziger Jahre, so beschreibt es Claus J. Duisberg, zu jener Zeit Leiter des Planungsstabes Deutschlandpolitik im Kanzleramt, war das innerdeutsche Ministerium noch stärker als vordem an das Kanzleramt angebunden und »Schäuble hatte das Ruder in diesem Bereich fest in die Hand genommen«. Dem Ministerium verblieb nur noch die »Verbreitung gesamtdeutscher Rhetorik und die Verteilung von Geld«.

Derart über Jahrzehnte infrage gestellt, war es dann kein Wunder, dass das Ministerium in dem Moment, als es mit einer neuen Aufgabe versehen eine neue wichtige Bedeutung hätte bekommen können, tatsächlich aufgelöst wurde. Als am 3. Oktober 1990 die deutsche Einheit staatsrechtlich vollendet wurde, schien es die natürlichste Sache der Welt zu sein, dass damit die Frage nach der Existenzberechtigung des Ministeriums eindeutig und endgültig beantwortet worden war. Immer wieder wurde in der Öffentlichkeit mit der Zahl von 1,3 Milliarden DM jongliert, die man mit der Abschaffung des Ministeriums einsparen und dann – wie man meinte – maßgeblich zur Finanzierung der Einheit würde einsetzen können.

Als Helmut Kohl im Januar 1991 sein Kabinett nach der gewonnenen ersten gesamtdeutschen Bundestagswahl bildete, war das Ministerium, das 1949 um ein Haar »Ministerium für die Wiedervereinigung« genannt worden wäre, verschwunden. Sein Rechtsnachfolger wurde das Innenministerium.

Es ist müßig, darüber zu spekulieren, ob die Menschen im wiedervereinigten Deutschland mit den Umstellungen, die sie Tag für Tag vor neue Herausforderungen gestellt haben, besser zurechtgekommen wären, wenn das »Innerdeutsche« weiter bestanden hätte und zu einem machtvollen »Einheitsministerium« fortentwickelt worden wäre. Lothar de Maizière, der erste und letzte frei gewählte Ministerpräsident der DDR, hat jüngst noch einmal deutlich auf diese konzeptionelle Blindstelle hingewiesen: »Die Bundesrepublik hat sich 40 Jahre ein teures Ministerium für gesamtdeutsche Fragen geleistet, aber leider keins für gesamtdeutsche Antworten.« Aus der Erfahrung meines Ministeriums in Nordrhein-Westfalen kann ich nur vermuten, wie sehr ein solch eigenständiges Haus einen Beitrag hätte leisten können zur Querschnittsaufgabe der politischen, wirtschaftlichen und gesellschaftlichen Integration der Menschen in den neuen Bundesländern und zum Miteinander zwischen den

West- und Ostdeutschen. 1990/91 hat man, aus meiner Sicht leider, auf eine derartige institutionelle Lösung verzichtet.

Wohl auch, weil man die Situation so einschätzte, dass nach dem Vertrag zur deutschen Einheit sich die weiteren Aufgaben locker durch Wirtschaftswachstum und eine gute Verwaltung, durch die Verantwortlichkeit der Länder und den jeweiligen »Aufbau-Ost«-Beauftragten der Bundesregierung bewältigen lassen würden. Vor seinem Wechsel 1997 auf den Chefsessel der Bahn räumte Johannes Ludewig, der Erste dieser einmal im Kanzleramt, einmal im Wirtschafts- oder jetzt aktuell im Verkehrsministerium angesiedelten Beauftragten, mit Blick auf die Dauer des Aufholprozesses der neuen Länder ein: »Ich bekenne mich dazu: Auch ich habe mir Illusionen gemacht.« Erst 1992 habe man akzeptiert, so der Schöpfer des Begriffs der »blühenden Landschaften«, dass es doppelt oder dreimal so lange dauern würde wie ursprünglich angenommen.

Die zweite deutsche Einheit, die Wiedervereinigung, hat Deutschland genauso verändert wie die erste zuvor, die Integration der Flüchtlinge und Vertriebenen. Und so wie die erste Einheit durch eine solidarische Integrationsleistung gemeistert wurde, werden wir auch die zweite letztlich meistern, auch wenn dazu noch viel zu tun ist.

Als wir Deutschen aus Ost und West vor zwanzig Jahren ein Volk wurden, das »glücklichste Volk auf der Welt« sogar, hatte das auch Auswirkungen auf das Zusammenleben in Deutschland mit all den Menschen, die Jahre oder Jahrzehnte vorher aus dem Süden oder Südosten Europas zu uns gekommen waren. Während wir Deutschen uns, »als der Mantel der Geschichte wehte«, in den Armen lagen, haben wir dabei – unbeabsichtigt oder willentlich – den Menschen mit Zuwanderungsgeschichte den Rücken zugekehrt.

Dritte deutsche Einheit – Lieber Ossi als Türke?

In der Zeit nach dem Mauerfall kursierte im Westen Berlins folgender Witz: Steht ein Ostdeutscher im Supermarkt an der Kasse und regt sich auf: »Vierzig Jahre musste ich schon in der

Schlange stehen. Jetzt sind die Grenzen auf und genau der gleiche Mist.« Darauf dreht sich ein Türke weiter vorn um und ruft: »Wir dich nix gerufen!«

So derb der Witz ist, so gut verdichtet er ein Phänomen dieser Zeit: Menschen, die vorher in ihren je eigenen Welten gelebt hatten, trafen plötzlich aufeinander. Kaum verwunderlich, dass sie darauf nicht gefasst waren. Sich schlagartig aneinander gewöhnen zu müssen, geht in der Regel leider nicht gut.

Die gesellschaftliche Situation zu Beginn der neunziger Jahre war viel komplizierter, als dass man sie auf einen »Ossi-Wessi«-Konflikt hätte reduzieren können. Der Umgang der Gesamtdeutschen mit- und untereinander ist nur ein Aspekt der unübersichtlichen Gemengelage. Genauso ins Gewicht fällt der Umgang von Deutschen und Zuwanderern untereinander, der getrennte vor der Wiedervereinigung und der nur scheinbar gemeinsame danach.

Mit getrenntem Umgang meine ich den von Westdeutschen und »Gastarbeitern« auf der einen und Ostdeutschen und »Vertragsarbeitern« auf der anderen Seite der Grenze. Keine Seite hat sich dabei mit Ruhm bekleckert. Das größte Leid aber verursachte dann der undifferenzierte Umgang im vereinten Deutschland mit allem, was fremd war und daher bedrohlich erschien. Eine überhitzte Asyldebatte und rassistische Anschläge mit mehreren Toten waren die Folge.

West- und Ostdeutsche waren so mit sich und ihrer Wiedervereinigung beschäftigt, dass jeder Gedanke an die innere Einheit zwischen Altdeutschen und Neudeutschen für mindestens ein weiteres Jahrzehnt aus den Köpfen verschwunden war. Es ist Aufgabe unserer Generation, nun zwei deutsche Einheiten – parallel und miteinander verbunden – zu gestalten: die zweite zwischen Deutschen in den alten und neuen Bundesländern und die dritte zwischen den alten und neuen Deutschen.

Heribert Prantl von der *Süddeutschen Zeitung* zählt zwar anders als ich, sieht die Zusammenhänge aber genauso und fokussiert sie sogar auf eine Person: »Schäuble, der in seiner ersten Amtszeit als Innenminister Architekt der deutschen Wiedervereinigung war, knüpft nun daran an. Seine Islamkonferenz und die Arbeitsgruppen, die deren Sitzungen vor- und nachbereiten, dazu der Integrationsgipfel im Kanzleramt – das alles ist der Versuch, eine zweite deutsche Einheit zu organisieren: die Vereinigung von Bürgern deutscher und ausländischer Herkunft.«

Der Blick zurück in die Zeit vor und nach der Wiedervereinigung verdeutlicht die vielschichtigen Herausforderungen, vor denen wir stehen. So lebten vor dem Mauerfall in der DDR 1989 *neben* – im wahrsten Sinne des Wortes – den damals noch rund 16 Millionen Deutschen noch knapp 100 000 sogenannte Vertragsarbeitnehmer, darunter zwei Drittel Vietnamesen. Auch Kubaner, Algerier, Arbeiter aus Mosambik und Angola wurden beschäftigt, streng zeitlich befristet. Sie alle wohnten in speziellen Siedlungen, abgeschottet von den DDR-Bürgern. So etwas wie Integration war nicht vorgesehen. Jana Hensel beschreibt in »Zonenkinder«, was sich für sie als 13-Jährige nach dem Mauerfall verändert hat: »Zu den Fidschis durfte ich nicht länger Fidschis sagen, sondern musste sie Ausländer oder Asylbewerber nennen. Was irgendwie sonderbar klang, waren sie doch immer da und zwischendurch nie weg gewesen.« Für die Kubaner und die Mosambikaner habe es, so behauptet Hensel, kein Wort gegeben, weder vorher noch hinterher, »sie waren sowieso auf einmal alle verschwunden«.

Konfrontiert mit der »Fidschi«-Beleidigung, erklärte Hensel nach Erscheinen ihres Buches: »Als Kind nimmt man so ein Wort auf, wie man jedes andere Wort aufnimmt. Und irgendwann fallen diese Worte weg. Ich hab damals das Rassistische in dieser Formulierung nicht erkannt. Ich dachte, die seien von den Fidschi-Inseln. Ganz einfach.«

Die Menschen in der DDR waren deutlich weniger als die in der Bundesrepublik vertraut mit »Ausländern« – allem Internationalismus zum Trotz. Das soll die rassistischen Ausfälle und menschenverachtenden Überfälle, die wir nach 1990 in Ost und West erleben mussten, weder erklären noch entschuldigen.

Das wechselseitige Fremdeln besonders zwischen Ostdeutschen und Zuwanderern ist in den vierzig Jahren der Teilung angelegt worden und es setzt sich bis heute fort. Man kennt sich einfach immer noch viel zu wenig. Die Zahlen sind eindeutig: Ende 2008 lebten in ganz Deutschland rund 82 Millionen Menschen, darunter 7,2 Millionen Ausländer, was einem Anteil von 8,8 Prozent entspricht. Unter den Flächenstaaten liegt Baden-Württemberg mit 11,8 Prozent an der Spitze, 10,6 Prozent sind es bei uns in Nordrhein-Westfalen, das sind in absoluten Zahlen 1,9 Millionen Menschen. Die Bevölkerungsanteile in den fünf neuen Bundesländern liegen zwischen 1,9 (Sachsen-Anhalt) und 2,7 Prozent (Sachsen). Am 31. Dezember 2007 lebten demnach in Sachsen-Anhalt nur 44 474 Ausländer.

Alte und neue Bundesbürger haben sich in den Jahren nach der Vereinigung von den Zuwanderern und deren Problemen abgeschottet. Ihr »Soli«-Beitrag zur Finanzierung der deutschen Einheit wurde selbstverständlich gerne genommen, ihnen ansonsten aber keinerlei Aufmerksamkeit geschenkt.

Die Zuwanderinnen und Zuwanderer im Westen fühlten sich abermals vor den Kopf gestoßen und ausgegrenzt. Nevim Cil hat in einer Studie die Auswirkungen auf die Einstellungen von Migranten türkischer Herkunft aufgezeigt. Einer der Berliner aus der ersten Generation, die sie interviewte, war nach der Wiedervereinigung arbeitslos geworden und später in Frührente gegangen. Er kommt zu einem krassen Urteil: »Und die Mauer ist gefallen, und ein Jahr später ist sie uns auf die Köpfe gefallen. Denn zum Beispiel nach dem Krieg haben sie die Ausländer hierhergebracht, um auf die Deutschen Druck auszuüben. Die Ausländer sind wissentlich oder unwissentlich gekommen und haben gearbeitet. Jetzt denken die Deutschen, dass die Ausländer gekommen sind, um ihnen die Arbeit wegzunehmen. (…) Und dass die Mauer gefallen ist, hat den Deutschen nicht geschadet, aber den Ausländern. Jetzt wurden die Ostdeutschen als Druck gegen uns eingesetzt. Sie haben uns die Arbeit genommen, unsere Stundenlöhne gesenkt, uns schlechte Laune bereitet und uns zu Nervenbündeln gemacht.«

Für manche der zweiten und dritten Generation stellte nach dem Mauerfall, so Cil, die Erkenntnis über die Unveränderbarkeit der eigenen sozialen Position eine »Schockerfahrung« dar, die bis heute nachwirke. Wer sich vorher bereits in Bezug auf seine Identität in Deutschland angekommen wähnte, sei danach derart »grundlegend irritiert« gewesen, dass er sich zurückorientierte in Richtung eines türkischen Zugehörigkeitsbekenntnisses. Davon spricht auch dieser junge Mann: »Und irgendwie hatte man das Gefühl: 16 Jahre, die man so in Deutschland verbracht hat, hat man als Türke, sag ich mal, einen gewissen Status erreicht, und ich hab da nur noch die Felle davonschwimmen sehen. Jetzt ist die Mauer weg, jetzt ist Deutschland wieder so hochgeputscht und irgendwie alles, was man sich 16 Jahre lang erarbeitet hat, das geht jetzt erst einmal nach unten, man fängt wieder bei null an. (…) Wenn mich jemand fragt, ob ich Deutscher oder Türke bin, würde ich immer sagen, ich bin Türke. Obwohl mich eigentlich mit dem Türkischsein vielleicht zwanzig Prozent von mir verbindet, aber das ist eher die Minderheit, und ich fühl mich auch eher zu der Minderheit hingezogen als zu den anderen.«

Vier Jahre vor dem Mauerfall war ein Buch erschienen, das mit bis heute mehr als drei Millionen Exemplaren ganz oben in der ewigen Bestsellerliste steht: Günter Wallraffs »Ganz unten«. Mit dem Schicksal des von Deutschen nur »Ali« genannten Türken Levent Sinirlioglu, in dessen Haut Wallraff geschlüpft war, konnten sich viele »echte« Türken identifizieren. Ausgrenzung, Missachtung und Hass waren auch ihnen alles andere als fremd. Im Vorwort schreibt Wallraff: »Ich weiß inzwischen immer noch nicht, *wie* ein Ausländer die täglichen Demütigungen, die Feindseligkeiten und den Hass verarbeitet. Aber ich weiß jetzt, *was* er zu ertragen hat und wie weit die Menschenverachtung in diesem Land gehen kann. Ein Stück Apartheid findet mitten unter uns statt – in unserer *Demokratie.*«

Das Mitte der achtziger Jahre bereits vorhandene Gefühl vieler »Deutschländer«, außen vor zu sein, nicht dazuzugehören und Bürger zweiter Klasse zu sein, wurde im direkten Umfeld der Wiedervereinigung sogar noch stärker. In dem »Wir dich nix gerufen«-Spruch des Witzes entlädt sich, wenn wir ihn einmal ernst nehmen, der Wunsch nach Anerkennung »älterer Rechte«, gab er doch eine unter Westdeutschen verbreitete Haltung wieder. In der plötzlich hereingebrochenen ungeordneten Situation offener Grenzen, so hofften die alteingesessenen Zuwanderer, würde ihre Reputation doch wohl besser sein als die der erst ganz frisch Hinzugekommenen. Die leidvollen Erfahrungen im Alltag führten aber dazu, dass sie sich nunmehr sogar nur noch als Bürger dritter Klasse fühlten. Sie hatten nicht damit gerechnet, dass die Formulierung, »nun sei das deutsche Volk das glücklichste Volk der Welt« tatsächlich wortwörtlich genommen werden würde. Wer nicht Teil des deutschen Volkes war, war wohl auch kein Teil Deutschlands – die Stimmung war jedenfalls ganz danach.

Es zeigten sich erneut Züge der traditionellen ethnischen Nation, auf der Deutschland seit dem 19. Jahrhundert fußte. Und das hatte Konsequenzen, als die Entwicklungen in Osteuropa es möglich machten, dass die Nachfahren deutscher Aussiedler wieder nach Deutschland zurückkehrten. Die »Gastarbeiter« und deren Nachfahren fühlten sich auch dadurch noch weiter zurückgesetzt und nun ganz »draußen vor der Tür«.

Für sie war es unverständlich, dass jedes Kind aus Kasachstan, dessen Vorfahren vor zehn Generationen aus Deutschland weggegangen waren, sofort einen deutschen Pass mit allen damit verbundenen Rechten erhielt, während für sie, die sie zum Teil seit zwanzig Jahren in Deutschland lebten, und für ihre Kinder, die hier zur Welt gekommen sind, die Hürden so hoch gesetzt waren, dass sie unüberwindlich erschienen.

Kurz vor dem Tag der Deutschen Einheit 2008 traf sich Angela Merkel mit Zuwanderern der ersten und der dritten Generation im Kanzleramt. Später erzählte sie, dass sie als ehemalige DDR-Bürgerin nun verstanden habe, was die Wiedervereinigung damals für die Zuwanderer bedeutet hat. Welche Verletzungen damit für sie verbunden waren, wenn sich die Deutschen über die Vereinigung mit wildfremden, weit entfernt lebenden anderen Deutschen freuten und sie, die schon länger da waren und nur ein paar Häuser weiter wohnten, gar nicht mehr wahrgenommen wurden.

Die Jahre direkt nach der Wiedervereinigung waren keine glückliche Zeit für die Einsicht, die geschenkte Chance der staatlichen Einheit dann auch zu nutzen zur Herstellung der inneren Einheit aller Menschen, die in Deutschland leben, un abhängig von ihrer Herkunft. Sie musste erst langsam, mühsam und schmerzhaft reifen.

Die Neigung, in den früheren Kategorien des »wir« und »die« zu denken, ist noch ausgeprägt. Und auch der Glaube, »wir« und »die« lebten in getrennten Welten, in denen jeder seine Probleme selbst lösen müsse. Das ist noch oft zu hören und klingt auch in vielen Briefen an, die ich bekomme. Eine Bürgerin, die mit ihrer Meinung sicher nicht allein steht, schrieb mir beispielsweise: »Wir haben doch selbst genug Probleme auch durch die Wiedervereinigung! Selbst dafür ist zu wenig Geld da, die Kassen sind leer. Auch Rentner werden immer schlechter versorgt. Und dann soll immer noch mehr Geld für Eingliederung investiert werden. Für Sprache und Bildung sollten diese selbst sorgen, wie jeder Deutsche auch.«

Ich bin dennoch zuversichtlich, dass bei uns in Deutschland zunehmend die Erkenntnis wächst, dass wir eine neue Einheit brauchen.

Im Übrigen ist das keine Botschaft, die erst in moderner Zeit entstanden ist. »Ut omnes unum sint« – »dass alle eins seien« – steht schon im Johannes-Evangelium. Es ist zum Leitsatz der Ökumene zwischen den Kirchen geworden. Könnte es nicht auch zum Leitsatz der »bewohnten Welt«, wie die Ursprungsbedeutung des Wortes »Ökumene« lautet, werden, zum Leitsatz also aller Menschen aller Religionen?

Für mich als römisch-katholischen Christen hat ein anderer Leitgedanke aus dem kirchlichen Kontext Bedeutung für die Arbeit, die vor uns liegt. Als Angelo Giuseppe Kardinal Roncalli noch Patriarch von Venedig war, hatte ihn ein Begriff bereits so beschäftigt, dass er für ihn 1962, als er Papst Johannes XXIII. war, zum Leitmotiv seiner Einberufung des Zweiten Vatikanischen Konzils wurde: »Aggiornamento« – wörtlich: »das auf den Tag Bringen«, sinngemäß: »auf Stand Bringen« oder »Heutigwerden«, wie es der Theologe Heinrich Fries ins Deutsche übertragen hat. Der Papst verstand darunter die notwendige Erneuerung der Katholischen Kirche von ihrem Ursprung her und damit verbunden ihre Öffnung. Er sprach davon, die Fenster zur Welt weit aufzureißen, um den Dienst der Kirche in der modernen Zeit besser leisten zu können.

Erneuerung von ihrem Ursprung her – das ist auch die immerwährende Aufgabe für die Bundesrepublik. Bundespräsident Horst Köhler fand dafür im Mai 2009 die passenden Worte: »Mit der Einheit ist es wie mit der Demokratie: Sie ist nie fertig. Sie muss gelebt, erprobt, im Alltag immer wieder neu erkundet und weiter vermittelt werden.«

Beim 75. Geburtstag im Jahr 2024 wird die Bundesrepublik ein verändertes Gesicht haben. Zu den dann jungen Erwachsenen zählen auch die Kinder, die seit dem Jahr 2000 geboren wurden oder damals zehn Jahre und jünger waren und somit von Geburt an die deutsche Staatsangehörigkeit besitzen. Gerade auch für sie sollten wir deswegen bis 2024 so viel wie möglich der dritten deutschen Einheit geschafft haben, auch wenn wir damit, im Sinne des Bundespräsidenten, nie fertig werden.

Bei der Erneuerung unseres Landes spielt nach meinem Verständnis eine »verheutigte« Politik eine wesentliche Rolle, insbesondere eine verheutigte Integrationspolitik. Dabei müssen beide zeitliche Dimensionen berücksichtigt werden. Verheutigung in der Politik behält immer sowohl die Vergangenheit als auch die Zukunft im Auge, um aus beiden Lehren für das Handeln in der Gegenwart zu ziehen.

Der »altdeutsche« Bundespräsident hat die Situation in unserem Land treffend analysiert: »Die Grenzen zwischen den sozialen Schichten in Deutschland sind durchlässiger geworden, auch durch die Bildungsrevolution der sechziger Jahre. Dass ein Arbeiterkind studiert, ist heute nicht mehr außergewöhnlich. Aber immer noch viel zu selten. Noch immer hängen die Entwicklungsmöglichkeiten eines Kindes zu stark vom sozialen Status und vom Geldbeutel der Eltern ab. Daran müssen wir weiter arbeiten.«

Und auch der »neudeutsche« Birand Bingül, in Wickede, Kreis Soest, geborener WDR-Redakteur, schreibt uns zum Jubiläum etwas ins (gemeinsame) Stammbuch: »Denn immer breitere Teile der Bevölkerung werden (oder fühlen sich) ausgegrenzt. Vom Ausbildungsmarkt und Arbeitsleben, von der vermeintlichen Chancengerechtigkeit des Bildungssystems, von Aufstiegschancen, von der Konsumwelt – ganz grundsätzlich also vom Gefühl, dazuzugehören zu diesem Deutschland des 21. Jahrhunderts. Kein Vaterland, nirgends, das ein echtes Wir-Gefühl erzeugte.«

Auch für mich ist die innere Einheit unseres Vaterlandes erst dann vollendet, wenn Boris aus Berlin, Chantal aus Chemnitz und Ahmet aus Aachen die gleichen Bildungschancen haben, die gleichen Chancen auf einen Ausbildungs- oder Studienplatz und auf eine Arbeitsstelle.

Die gute Nachricht ist, dass die dritte deutsche Einheit bereits begonnen hat. Ziemlich unbemerkt, gänzlich unspektakulär und doch mitten unter uns: im Kleinen, im Alltag, von Mensch zu Mensch.

Birand Bingül zügelt dabei auch die manchmal bei mir aufkeimende Ungeduld und mahnt zu Gelassenheit: »Überall ist zu hören und zu lesen, die Integration sei gescheitert, gerade die der Türken. Quatsch! Sie hat gerade erst begonnen. 40, 45 Jahre lang war so ziemlich alles dem Zufall überlassen. Jetzt geht's erst richtig los: Integrationskurse, Sprachförderung, Chancengerechtigkeit. Also, ein bisschen mehr Aufbruchsstimmung, bitte!«

Damit es aber richtig effektiv losgehen kann, brauchen wir, wie auch bei den vorangegangenen Einheiten – zusätzlich zur richtigen Stimmung auch die richtigen Instrumente und institutionelle Lösungen für das staatliche Handeln. Die Bundesrepublik hat sich durch das »Staatsangehörigkeitsgesetz« aus dem Jahr 1999 sowie durch das 2005 in Kraft getretene »Zuwanderungsgesetz« bereits auf die Situation eines Einwanderungslandes eingestellt.

Unser Bekenntnis, Einwanderungsland zu sein, kommt etwas später als in anderen europäischen Ländern, die sich auch schon deutlich früher einer systematischen staatlichen Zuwanderungs- und Integrationspolitik verschrieben haben. Deshalb wird der Blick über die Grenzen für uns sehr hilfreich sein, um im Sinne von »best practice« dort Bewährtes auch hier zu übernehmen. Manche haben die für sie richtige Lösung in Form eines eigenen Integrationsministeriums gewählt, so Schweden und unsere direkten Nachbarn Dänemark, Niederlande und Frankreich. Dort zum Beispiel, in Frankreich, finden sich die

Fragen von Entwicklungszusammenarbeit und Integration sogar sehr produktiv unter einem Dach vereint. Und auch bei uns gibt es Stimmen, die sich eine solche oder ähnliche Lösung für Deutschland vorstellen können.

Der Migrationsforscher und Politikberater Klaus J. Bade hatte die Idee bereits in den achtziger Jahren, Claus Leggewie, Politologe und heute Leiter des Kulturwissenschaftlichen Instituts in Essen, vertrat dieselbe Meinung schon 1990 in seinem Buch »Multikulti. Spielregeln für die Vielvölkerrepublik«.

Die Medien beginnen sich der Idee anzuschließen. So bezieht Hans-Ulrich Jörges im September 2008 im *stern* Stellung: »Es ist Zeit für einen entschlossenen Schritt: die Schaffung eines eigenständigen Integrationsministeriums nach der Wahl 2009.«

Die Verankerung der Integrationspolitik in einem Bundesressort wäre über die Gestaltungsmöglichkeiten von konkreter Politik hinaus auch ein wichtiges Zeichen der Anerkennung und politischen Wertschätzung für die Menschen mit Zuwanderungsgeschichte. Die Wirkung wäre vergleichbar mit der des eigenständigen Vertriebenenministeriums nach dem Krieg, das an der Spitze mit Ministern mit einer eigenen Vertreibungsgeschichte maßgeblich mithelfen konnte, Millionen Menschen erfolgreich zu integrieren. Warum nicht auch jetzt ein Zuwanderer an der Spitze? Bei der Frage, welche institutionelle Lösung auf Bundesebene die richtige Lösung ist, kann man unterschiedlicher Meinung sein. Die Diskussion allein ist für mich aber bereits Beleg dafür, dass das Thema Integration auf der politischen Agenda deutlich nach oben gerückt ist. Irgendwann war auch in der Vergangenheit für andere, damals nicht neue, aber neu entdeckte Themen die Zeit gekommen, dass sich ihre gewachsene politische Bedeutung auch im Zuschnitt des Bundeskabinetts abbildete. Bei den Querschnittsthemen Frauenpolitik und Umweltpolitik war es so, und bei der Integrationspolitik wird es auch einmal so sein.

Doch egal, wie wir unsere Integrations-, Bildungs- und Aufstiegspolitik auch organisieren und mit welchen Inhalten wir sie auch füllen – »Fakten, Fakten, Fakten« werden alleine nicht reichen. Birand Bingül hat ja den Nagel auf den Kopf getroffen: Es kommt auch darauf an, eine Aufbruchsstimmung zu entfachen. In den Politikfeldern, um die es geht, ist die Bedeutung der Psychologie nicht zu unterschätzen. Es wird darauf ankommen, ob wir in der Lage sein werden, zu einer Renaissance der alten Aufstiegsmentalität der fünfziger und sechziger Jahre zu kommen. Auch in der Aufsteigerrepublik gelten die Grundprinzipien der Katholischen Soziallehre: Personalität, Subsidiarität und Solidarität. Es kommt sowohl auf den Einzelnen und seine Haltung an als auch auf die Gesellschaft mit ihrer Haltung. Die selbstbewusste Aufstiegsmentalität und Aufstiegsorientierung des Einzelnen muss subsidiär und solidarisch von uns allen, von Staat und Zivilgesellschaft, begleitet und gefördert werden.

Das stellt hohe Anforderungen an beide Seiten: Die Aufsteigerrepublik lebt vom Mitmachen aller. Zum Erfolg wird keiner getragen. Alle müssen aktiv werden und mit anpacken. Aufstieg wird auch weiter niemandem einfach in den Schoss fallen, jeder muss nach Kräften seinen Eigenanteil leisten. Aber Aufstieg soll zukünftig schmerzfreier sein. Bisher nämlich bringen Aufsteiger ihre Erfahrungen so auf den Punkt: Aufstieg ist, wenn's wehtut! Als Gegenleistung für die eigenen Anstrengungen muss sich jeder dann aber auch darauf verlassen können, dass ihm zeitlebens immer wieder aufs Neue erste, zweite und dritte Chancen zum persönlichen Vorankommen eröffnet werden.

Konstitutiv für die Aufsteigerrepublik ist also dieses wechselseitige Aufstiegsversprechen von Individuum und Gesellschaft. Dies ist fürwahr keine neue Idee. Aber deswegen wird es höchste Zeit, uns an sie zu erinnern und sie, wie es mehrfach früher bereits geschehen ist, in die Tat umzusetzen.

Vor dreißig Jahren, als die Bundesrepublik dreißig wurde, ist der Gedanke des Aufstiegsversprechens schon einmal skizziert worden: »Wir müssen uns zu einer Leistungs-, Aufstiegs- und Bildungsgesellschaft entwickeln, in der die Vision der Freiheit für alle dadurch verwirklicht wird, dass jeder seine konkrete und persönliche Chance erhält.« Es war der gerade frisch im Amt vereidigte Bundespräsident Gustav Heinemann, der diese Worte am Ende seiner Antrittsrede vor der Bundesversammlung wählte.

Gustav Heinemann wusste, wovon er sprach. Er hatte in den fast siebzig Lebensjahren bis dahin auf allen Ebenen Politik gemacht. Er war, noch für die CDU, Oberbürgermeister in Essen, Abgeordneter und Justizminister in Düsseldorf und Innenminister in Bonn, und später, nun für die SPD, Bundestagsabgeordneter und dann Bundesjustizminister, bevor er 1969 zum Bundespräsidenten gewählt wurde. All seine Erfahrungen auf der Ebene der Kommune, des Landes und des Bundes hat der engagierte evangelische Christ in diesen einen Satz gepackt.

Hunderttausende von Arbeiterkindern, wie Hatice Akyün, Seyran Ateş und all die anderen mit oder ohne Zuwanderungsgeschichte, die innerhalb einer Generation den Sprung zu Akademikern und in die Mittelschicht der Gesellschaft geschafft haben, sind der Beweis für die zeitlose Gültigkeit der »Vision der Freiheit« Gustav Heinemanns. Für sie alle ist Realität geworden, was der Schwiegervater von Hatice Akyün seinem Sohn Ali prägend auf dessen Lebensweg mitgegeben hat: »Senim elin kalem tutsun! – Möge deine Hand bei der Arbeit immer einen Stift halten!«

Ich gebe zu, dass mein Nachdenken über die Aufsteigerrepublik und eine neue Aufstiegsmentalität natürlich auch motiviert ist durch die politische Entwicklung in den Vereinigten Staaten von Amerika. Im selbst ernannten Land der unbegrenzten Möglichkeiten schrieb 1985 eine 21-jährige junge Frau ihre Abschlussarbeit über die an ihrer Universität ausgebildeten Schwarzen. Darin blickt sie auch in die eigene Zukunft: »Der Weg, den ich durch mein Studium in Princeton gewählt habe, wird wahrscheinlich zu meiner weiteren Integration und/oder Assimilierung in eine weiße Kultur und soziale Struktur führen. Man wird mir aber nur erlauben, mein Leben am Rande einer Gesellschaft zu führen, deren vollwertiges Mitglied ich niemals werden kann.«

Michelle LaVaughn Robinson, wie sie damals hieß, lebt gute 25 Jahre später nicht am Rande der Gesellschaft, sondern als Mitglied der Präsidentenfamilie mitten im Weißen Haus. Eine unglaubliche Geschichte des »American dream«! Mit der Wahl ihres Mannes zum ersten Präsidenten, der eine ganz besondere Zuwanderungsgeschichte hat, und mit seinem das ganze Land mitreißenden Wahlkampf zuvor hat der Aufsteigermythos in den USA noch einmal eine ganz neue Qualität bekommen.

Als die schlimmste wirtschaftliche Krise seit Jahrzehnten den amerikanischen Horizont zu verdunkeln schien, zündete Barack Obama die Flamme der Hoffnung an: »Yes, we can!« So kurz, so schlicht, so typisch amerikanisch. Und so echt. Die Einheit zwischen dem Botschafter, seiner Biografie und seiner Botschaft, diese einhundertprozentige Deckungsgleichheit, macht Obama unverwechselbar. Weil die Amerikaner ihn für glaubwürdig halten, glauben sie auch seinen Worten. Und sie identifizieren sich damit. Jeder fühlt sich angesprochen und ist überzeugt davon, dass es auch auf ihn ankommt und dass er es selbst schaffen kann.

Auch bei seiner Antrittsrede Anfang des Jahres in Washington bemühte der Präsident die Erfahrungen, die Mentalität, ja den Mythos der Nation: »Wir bleiben eine junge Nation ... Es ist an der Zeit, unseren ausdauernden Geist zu bekräftigen; unsere bessere Geschichte zu wählen; unser wertvolles Geschenk weiterzugeben, diese erhabene Vorstellung, übermittelt von Generation zu Generation: Das von Gott gegebene Versprechen, dass alle gleich sind, alle frei sind und alle eine Chance verdienen, ihr volles Maß an Glück anzustreben.« Das göttliche Versprechen auf die freie und gleiche Glückschance, gepaart mit der menschlichen Antwort des Strebens danach – darin bündelt sich die amerikanische Aufsteigerrepublik. Von dieser Idee lassen sich nicht nur die vielen Minderheiten, sondern alle Amerikanerinnen und Amerikaner, woher sie auch stammen und wie lange sie auch schon im Land sind, immer wieder begeistern.

In Deutschland neigen wir eher, gerade in diesen Zeiten, zu einer konstanten, zwar nüchternen und sachlichen, gleichwohl ausgeprägten Krisenstimmung. Ich glaube daran, dass auch die Bundesrepublik – auf unsere eigene, angemessene deutsche Art – ein Land der unbegrenzten Möglichkeiten sein kann. Wir genießen doch die gleiche Freiheit, die gleiche Gleichheit und das gleiche Glücksversprechen. Wir haben doch auch unsere eigenen Gründungsmythen: Aufstieg, Integration und Wohlstand für alle. Und wir haben doch die gleichen Talente, das gleiche Potenzial, es schaffen zu können. Wir alle gemeinsam, die neuen und die alten Bundesbürger, die Neudeutschen und die Altdeutschen: Zusammen können wir alles in Deutschland erreichen. Und auch wir sind eine junge Nation, ein junger Staat. Und deswegen wird uns auch der Einstieg in die Aufsteigerrepublik glücken.

Natürlich stellte sich in Deutschland nach der Wahl von Barack Obama auch die Frage: Wann ist es denn hier möglich, dass ein Politiker mit einer Obama vergleichbaren Herkunft höchste politische Ämter bekleiden kann? Ich halte es für einen bemerkenswerten Fortschritt, mit welcher Entspanntheit die öffentliche Diskussion darüber geführt worden ist. Beispielsweise sagte Bundesinnenminister Wolfgang Schäuble dem *stern*, eine Bundeskanzler/in mit Zuwanderungsgeschichte »sei nur eine Frage der Zeit«. Die Nachfrage kam prompt: »Ein Türkischstämmiger als Regierungschef?« – »Ja, warum denn nicht?«, lautete die Antwort Schäubles, »in den jungen türkischstämmigen Deutschen der dritten Generation steckt großes Potenzial – wir müssen nur vernünftig damit umgehen.«

Es ist Aufgabe von vernünftiger und verantwortlich gestaltender Politik, diese gesellschaftliche Entwicklung zu ermöglichen und das ganze Land darauf vorzubereiten. Es wäre in der an Wunder vollen Geschichte der Bundesrepublik kein kleines Wunder.

Aber warum denn auch nicht? Wer hätte 1949 an »Wohlstand für alle« geglaubt – und wer freute sich nicht wenige Jahre später, nach den Zeiten des Mangels, über den am Bauch spannenden Anzug? Wer hätte im Sommer 1954 geglaubt, dass die ungarische Elf ein Fußballspiel verlieren könnte – und wer freute sich nicht wenige Wochen später, umso mehr nach dem 3:8 in der Vorrunde, über das »Wunder von Bern«? Wer hätte im Sommer 1989 gedacht, dass der vierzigste Geburtstag der DDR ihr letzter sein würde – und wer freute sich nicht Weihnachten desselben Jahres über den Spaziergang durch das Brandenburger Tor? Und wer hätte wohl im Einheitsjahr 1990 gedacht, dass nur 15 Jahre später nicht nur ein Westdeutscher Papst, sondern auch eine Ostdeutsche Bundeskanzlerin werden würde?

Als ich erst kurz im Amt des Integrationsministers von Nordrhein-Westfalen war, lernte ich Martin Hyun kennen, der ein Praktikum im Ministerium absolvierte. Auch er ist Bergmannskind, ein Sohn koreanischer »Gastarbeiter«. Seine Mutter, eine Krankenschwester, hat ihn vor dreißig Jahren in Krefeld geboren. Dort schrieb er Eishockeygeschichte, war er doch der erste deutsch-koreanische Profispieler bei den »Pinguinen«. Auch außerhalb des Sports ist er hoch qualifiziert: Er hat in England und den USA Politik und Internationale Beziehungen studiert und ein Jahr für das koreanische Parlament in Seoul gearbeitet. Zur Erinnerung an seinen Weg des Aufstiegs schenkte er mir mit einer persönlichen Widmung seinen Eishockeyschläger, mit dem er viele Bundesligaspiele gewonnen hat. Das war ein sehr persönliches und wertvolles Geschenk, das mich sehr gerührt hat.

Im letzten Jahr bat er mich dann, ein Vorwort zu seinem Buch »lautlos – ja, sprachlos – nein. Grenzgänger zwischen Korea und Deutschland« zu schreiben. Interessiert las ich sein Manuskript. Martin Hyun setzt darin insbesondere der Generation seiner Eltern ein Denkmal. Daneben ist es nicht nur eine mit feinem Humor geschriebene Biografie, sondern auch ein Kaleidoskop der bundesdeutschen Integrationsgeschichte.

Darauf ging ich in meinem Vorwort dann auch ein. Ich würdigte die heute rund 50 000 Menschen mit koreanischer Zuwanderungsgeschichte, die über die Jahre Teil unserer Gesellschaft wurden. Und dann schrieb ich: »Mehr noch: Viele von ihnen stehen für etwas, was man den ›deutschen Traum‹ nennen könnte. Sie kamen als ›Gastarbeiter‹, um jene Jobs zu übernehmen, die kein Einheimischer mehr machen wollte – unter Tage, in der Industrie oder in Krankenhäusern. Sie arbeiteten hart und schafften den sozialen Aufstieg. Ihre Kinder gingen in Deutschland zur Schule, absolvierten eine Berufsausbildung oder besuchten Universitäten. Mittlerweile gehören viele Deutsch-Koreaner der zweiten und dritten Generation zur Bildungselite unseres Landes. Daran ändert auch die Tatsache nichts, dass manche im Zivilleben oder am Arbeitsplatz noch immer benachteiligt werden. Dieses Buch berichtet von beidem – Diskriminierung und Geschichten mustergültiger Integration. Es zeigt damit ein Stück der integrationspolitischen Wirklichkeit unseres Landes.«

Martin Hyun träumt, so berichtet er in seinem Buch, einen ganz besonderen »deutschen Traum«: »Ich habe diesen Traum, dass meine Kinder ein weitaus toleranteres Deutschland einmal vorfinden werden, als es heute ist. Ich träume davon, dass sie in einer Gesellschaft aufwachsen, in der es selbstverständlich geworden ist, etwa asiatisch auszusehen und dennoch ›deutsch‹ zu sein und mit anderen die gemeinsamen Werte, die im Überlebenskampf oft in Vergessenheit geraten sind, zurück ins Gedächtnis zu rufen. Vieles haben wir doch gemeinsam: Hoffnungen und Träume, die uns alle vereinen.«

Nur ein Traum? Nein, wir können alle unseren Beitrag dafür leisten, dass dieser und die vielen anderen ungeschriebenen oder niedergeschriebenen Träume von Alt- und Neudeutschen in Erfüllung gehen und Realität in der Aufsteigerrepublik Deutschland werden.

Sprachkurs statt Moped?

Am 10. September 1964 wurde in Köln-Deutz ein »großer Bahnhof« für einen schmächtigen Mann vorbereitet. Empfangen werden sollte der 38-jährige Zimmermann Armando Rodrigues de Sá aus Portugal. Der saß derweil nichtsahnend in einem der beiden Sonderzüge Richtung Rheinland, gemeinsam mit über tausend anderen Spaniern und Portugiesen. Wie häufig in jener Zeit, wenn irgendwo im Land Nachschub an »Gastarbeitern« für die Firmen gebracht wurde, spielte auch an diesem Tag am Bahnsteig eine Blaskapelle deutsche Weisen – und »Auf in den Kampf, Torero!«.

An diesem Tag fiel das Empfangskomitee bedeutend größer aus. Schließlich sollte der millionste »Gastarbeiter« gefeiert werden. Und das Schicksal hatte dafür Armando Rodrigues de Sá auserkoren, durch »Blindtippen« auf einer Liste. Als er nach der langen, anstrengenden Fahrt übermüdet aus dem Zug stieg, wurde sein Name über Lautsprecher ausgerufen. Mit den Erfahrungen der portugiesischen Diktatur im Gepäck schwante ihm zunächst nichts Gutes, und so versuchte er in der Menge unterzutauchen. Doch Offizielle stürzten sich auf ihn, Fotografen, Kameraleute und Radioreporter umzingelten ihn und hielten ihm ihre Objektive und Mikrofone direkt vor die Nase. Herren mit Hüten hielten Reden, ein Priester übersetzte, ohne dass Armando Rodrigues de Sá wirklich verstehen konnte, wie ihm geschah. Unvermittelt bekam er noch in die eine Hand einen Blumenstrauß, in die andere einen Mopedlenker gedrückt, seine Willkommensgeschenke.

Die *Kölnische Rundschau* schrieb am nächsten Tag: »Der Mann aus Portugal machte während des turbulenten Empfangs ein Gesicht, als reute es ihn angesichts der Menschenmassen, aus seinem Heimatdorf in die Fremde gereist zu sein.« Die Bilder dieser verunglückten Inszenierung kennen wir alle, sie gehören zum kollektiven Gedächtnis der Bundesrepublik und haben deshalb – wie auch das Originalmoped – Eingang gefunden ins Haus der Geschichte in Bonn. Diese Episode gehört wie vielleicht keine andere zur Geschichte der Einwanderung in Deutschland. Sie ist in weiten Teilen eine unrühmliche.

Die Lebensgeschichte des »Millionsten« ist typisch und untypisch zugleich für die Ära der »Gastarbeiter«-Anwerbung. Armando Rodrigues de Sá bekam zwar als Einziger ein Geschenk als Willkommensgruß, und nur er geriet, wenigstens für einen Moment, ganz untypisch in den Fokus der Öffentlichkeit. Aber etwas verband ihn mit allen anderen 999 999, die vor ihm gekommen waren: Die deutsche Gesellschaft war zwar auf ihr Kommen, nicht jedoch auf ihr Bleiben eingestellt. Und sie selbst wollten ursprünglich ja auch gar nicht lange bleiben.

Armando Rodrigues de Sá war sogar einer von denen, die wieder gingen. In verschiedenen Firmen hatte er im Südwesten als Hilfsarbeiter auf dem Bau gearbeitet, dabei in bescheidensten Unterkünften gelebt, bis er 1970 nach gravierenden gesundheitlichen Problemen nach Portugal zurückkehrte. Dort verstarb er 1979 an Krebs. Sein Moped hatte er übrigens bereits in seinem ersten Weihnachtsurlaub per Bahn in seine Heimat transportiert.

Bis zum Anwerbestopp 1973 war Zuwanderung in der Bundesrepublik eine Geschichte des Kommens und Gehens. Es war zunächst keine Geschichte des »Bleibens«. Weder für Deutschland noch für die »Gastarbeiterinnen und Gastarbeiter«. Die wollten ganz überwiegend nach ein paar Jahren wieder in ihre Heimat zurück. Es waren Millionen, die kamen und auch wieder gingen. Auch die Deutschen dachten überhaupt nicht daran, ihre Gastgeberrolle länger als nötig zu spielen. Man hatte ja schließlich die Arbeitskräfte nur für eine absehbare, begrenzte Zeit gerufen. Danach würden sie nicht mehr gebraucht und dann natürlich auch wieder zurückkehren.

Es war eine verhängnisvolle stillschweigende Übereinkunft zwischen »Gastgebern« und »Gastarbeitern«. Es kam dann aber ganz anders, als beide Seiten gedacht hatten. Millionen andere, die kamen, gingen auf einmal nicht wieder zurück. Der Vater der Schauspielerin Renan Demirkan hat dafür eine ganz einfache Erklärung. Auf die Frage seiner Tochter, warum ihre Eltern denn nie in die Türkei zurückgekehrt seien, wo sie doch immer davon gesprochen hätten, antwortete der Ingenieur: »Ja, das haben wir gedacht. Aber nicht gemacht.«

Auf diesen langsam einsetzenden Prozess des Bleibens war niemand vorbereitet. Deutschland wurde Einwanderungsland, ohne es zunächst zu merken, ohne es überhaupt zu wollen und ohne daraus Konsequenzen zu ziehen. Das war vielleicht das Schlimmste!

Heute, mehr als fünfzig Jahre nach dem ersten Anwerbeabkommen, sind sich alle Fachleute aus Politik, Wissenschaft, Praxis und Publizistik einig: Bei der staatlich betriebenen und von der deutschen Wirtschaft vehement eingeforderten Anwerbung von Arbeitskräften handelt es sich um eine der einschneidenden politischen Entscheidungen, die die Bundesrepublik in den sechzig Jahren ihres Bestehens getroffen hat. Die Anwerbung hat das Gesicht Deutschlands ein für alle Mal verändert.

Was wäre gewesen, wenn die politische Ausgestaltung dieser Entscheidung anders verlaufen wäre? Oder ganz konkret: Was wäre passiert, wenn man damals auf dem Bahnhof Köln-Deutz, dem »Ellis Island« für die rund 500 000 spanischen und portugiesischen Zuwanderer, Armando Rodrigues de Sá anstelle des Mopeds einen Sprachkurs geschenkt hätte? Eine verrückte Idee? Für die damalige Zeit sicherlich. Aber wie sähe unser Land heute aus, wenn ihm ein großer symbolischer Gutschein über 900 Stunden Sprachkurs und 45 Stunden gesellschaftlicher Orientierung überreicht worden wären? Und er damit auch keine Ausnahme, sondern die Regel gewesen wäre? Nicht nur der millionste, sondern jeder »Gastarbeiter« hätte ein Willkommenspaket mit all den lebenspraktischen Dingen erhalten, die sowohl zum Einleben und zur Orientierung in Deutschland als auch für den längeren, vielleicht sogar dauerhaften Aufenthalt nützlich und hilfreich gewesen wären. Und mehr: In Gruppen und unter Anleitung hätten die Arbeiterinnen und Arbeiter aus dem Süden die Ämter des neuen Wohnortes besucht, die Vereine hätten sich vorgestellt, und Schulleiter hätten jungen Eltern bereits damals vermitteln können, dass die »Hauptschule« nicht so heißt, weil es die Schule für alle ist.

Die Botschaft einer solchen Willkommenskultur wäre eindeutig gewesen: Wir haben euch nicht nur als Arbeitskräfte, sondern als Menschen gerufen. Ihr seid uns willkommen! Öffnet euch für dieses Land, so wie wir uns auch für euch öffnen! Wir bieten euch Arbeit und eine neue Heimat. Ihr gehört dazu. Wenn ihr wollt, könnt ihr dauerhaft bei uns bleiben. Deshalb machen wir euch ein Angebot für eure Zukunft und die eurer Kinder: Aufstieg ist möglich! Nicht erst eure Kinder – schon ihr sollt es in eurem Leben einmal besser haben. Das könnt ihr aus eigener Kraft schaffen. Und dabei unterstützen wir euch.

Sprachkurs statt Moped? 1964? Ich weiß, dass sich die Vergangenheit nicht mehr ändern lässt. Aber sie ist wichtig, um das Heute zu verstehen und das Morgen zu planen. Die offenkundigen Probleme, die es heute noch im Zusammenleben zwischen Altdeutschen und Neudeutschen gibt, sind letztlich überwiegend verursacht durch den Nachholbedarf der Zuwanderer bei Bildung. Und zwar, weil wir ihnen Bildung nicht angeboten und nicht, weil sie sich Bildung nicht genommen haben. Wir haben ihnen sozusagen nur die Aussicht auf Mopeds – und Autos –, aber keine Sprachkurse vermittelt.

Wir bekommen heute die Quittung für unseren Umgang in den letzten fünfzig Jahren mit der Einwanderung und den Einwanderern präsentiert. So viel Ignoranz wird bestraft. Wenn wir aus Fehlern der Vergangenheit für die Zukunft lernen wollen, müssen wir sie erst einmal sorgfältig analysieren.

Und dabei fällt dann auf, dass es in den sechziger Jahren nur verschwindend wenige gab – immerhin aber gab es sie –, die erkannten, dass die Menschen, die in Folge der Anwerbeabkommen kamen, kein vorübergehendes Phänomen darstellen würden. Jeder, der nämlich genauer hinguckte – aber das wollten viele ja gar nicht –, konnte eindeutige Parallelen erkennen zwischen dem Auftauchen der ersten Italiener, Spanier, Portugiesen, Griechen und Türken und der weiter zurückliegenden Einwanderungs- und sich daraus entwickelnden Integrationsgeschichte der Polen im Ruhrgebiet.

Ich bin vor Kurzem bei einer Veranstaltung, die die Aachener WDR-Redakteurin Angela Maas moderiert hat, von ihr gefragt worden, ob bei mir im Kindergarten eigentlich Türken gewesen seien. Ich musste kurz überlegen, wann ich in den Kindergarten gekommen bin – es war 1966 für das letzte Jahr vor der Grundschule. Nein, damals gab es dort keine türkischen Kinder. Das mag aus heutiger Sicht verwundern, damals war es normal.

Aus mehreren Gründen: Die allerersten türkischen »Gastarbeiter« waren zumeist Männer, und sie kamen überwiegend allein. Falls sie verheiratet waren und Kinder hatten, blieben diese bei der Mutter in der Heimat. Erst später kamen die ersten Frauen zum Arbeiten nach Deutschland. Als Hatun Ateş, die Mutter von Seyran, ein Jahr vor ihrem Mann, 1968 nach Berlin kam, blieben auch ihre Kinder zunächst selbstverständlich beim Vater in der Großfamilie in der Türkei. Und selbst in den Fällen, in denen schon so etwas wie Familienzusammenführung stattfand, kamen weder die Eltern noch die deutsche Gesellschaft auf den Gedanken, dass es sinnvoll sein könnte, dass die Kinder in der Gemeinschaft mit anderen Kindern, deutschen und anderen ausländischen, zum Beispiel schon vor der Schule systematisch die deutsche Sprache lernen.

Aus heutiger Sicht, wo wir um den Wert dieser frühkindlichen Bildung wissen und sie nach Kräften ausbauen, wurde damals eine große Chance vertan. Die Frage sei aber erlaubt, wie lange wir denn gebraucht haben, bis wir durch die Bank und über alle Parteigrenzen hinweg neben den Vorzügen der Erziehung in der Familie auch die Vorzüge der Kitas zu schätzen begonnen haben?

Wir können nicht unser heutiges Wissen als Maßstab zur Bewertung der damaligen Zeit anlegen. Das würde keinem gerecht, erst recht nicht jenen, die – anders als so viele andere – bereit waren, aus der Tatsache der Anwerbung der ausländischen Arbeitnehmer den Schluss zu ziehen, dass Deutschland sich dauerhaft auf neue Mitbürgerinnen und Mitbürger einzustellen habe. Auf Menschen, die dann natürlich das Bedürfnis haben, zusammen mit ihrer Familie bei uns zu leben oder hier Familien zu gründen.

Wohnungsbauminister Paul Lücke war zum Beispiel einer von jenen. Er hatte sich schon 1962 als Präsident des Deutschen Katholikentages in Hannover Gedanken über den Familiennachzug gemacht. Das muss man ihm hoch anrechnen. Ihm schwebten dafür allerdings »Zentren« für »Gastarbeiter« in speziellen Wohngebieten vor, die für eine Zusammenführung der Familien geeignet seien. Das Bundeskabinett fürchtete eine »Ghettobildung« und lehnte seine Vorschläge – zu Recht – ab. Karen Schönwälder musste 2001 tief in den Akten der vorausgegangenen interministeriellen Kommunikation graben, um darin folgende Stelle zu finden: »Als Ziel wurde die Integration (nicht Assimilation) der Ausländer in Deutschland unter Wahrung ihrer Sprache und ihres Volkstums bezeichnet.« Angestrebt werden sollten, so die Meinung der Vertreter mehrerer Ministerien, Nachbarschaftsverhältnisse und eine Unterbringung der Kinder in deutschen Schulen.

Wer so wie diese Bonner Beamten der Realität in größeren Zusammenhängen ins Auge blickte, benutzte schon einmal mutig die Worte Integration oder Einwanderung. Das wollte aber sonst niemand hören.

Denn es zeichnete sich schon damals die Entwicklung eines ungeschriebenen Gesetzes des Zeitgeistes ab, das in den siebziger und achtziger Jahren allgemein gültig wurde: Es bestand aus zwei Paragrafen. Erstens: Die Realität eines Einwanderungslandes ist kollektiv zu verweigern! Und zweitens: Es ist alles zu unterlassen, was der Integration dient!

Die Selbsttäuschung eines ganzen Landes führte zwar zu Enttäuschungen auf allen Seiten, sie war aber derartig in Fleisch und Blut übergegangen, dass sie sogar über Generationen vererbt wurde. Es war leider kein Märchen: Der deutsche Michel verhielt sich über Jahrzehnte so, als habe er eine Dauerrolle in Andersens »Des Kaisers neue Kleider«, wo sich alle gegen jede Vernunft daran beteiligen, den Schein zu wahren, und behaupten, der Kaiser sei bekleidet, obwohl jedes Kind sehen kann, dass er in Wahrheit splitternackt ist. Bis die damit vergleichbare Scheinwelt des Selbstbetrugs bei der Zuwanderung erste Risse erhielt, verging viel Zeit. Zu viel.

Zwischen dem ersten Anwerbeabkommen mit Italien 1955 und dem Inkrafttreten des Zuwanderungsgesetzes lagen fünfzig Jahre! Auf das bereits erwähnte »Kühn-Memorandum« von 1979, das aufseiten des Staates erstmals den Mut hatte, von einer Einwanderungssituation zu sprechen, folgten weitere bittere Jahrzehnte, die von einer einzigen Grundhaltung geprägt scheinen: »Es kann nicht sein, was nicht sein darf.« Nicht nur für die Menschen mit Zuwanderungsgeschichte, auch für die Gesamtentwicklung der Bundesrepublik waren das leider verlorene Jahre.

Wie könnte es heute um unser Land bestellt sein, wenn die Zuwanderer, ihre Kinder und Kindeskinder bereits seit Jahrzehnten vollständigen Anschluss an unsere Gesellschaft und unser Bildungssystem erlangt hätten? Wenn »Aufstieg durch Bildung« bereits gelebte Praxis für zwei Generationen und nicht Theorie oder erst Versuchsstadium wäre?

Durch das Ringen um das Zuwanderungsgesetz ausgelöst, sind aufseiten des Staates die Erkenntnis und die Bereitschaft dafür enorm gewachsen, Versäumtes endlich nachzuholen. Bei den Anstrengungen des Staates verwenden wir heute den Ausdruck von Klaus Bade: »nachholende Integrationspolitik«. Nach meinem Verständnis gehört jedoch auch immer der Aspekt der »nachholenden Integration« dazu, also der zu leistenden Anstrengungen der Zuwanderer selbst. Eine Integrationsmedaille hat immer beide Seiten: Fördern und Fordern. Die Notwendigkeit des beiderseitigen Nachholens ist genauso wenig zu bestreiten wie die Tatsache, dass der Aufwand dafür heute um ein Vielfaches höher ist, als wenn damals schon rechtzeitig gehandelt worden wäre.

Denn auch rein ökonomisch betrachtet, war es vollkommen widersinnig, kein Geld in die neu hinzugekommenen Menschen, ihre Bildung, ihren Aufstieg und damit in ihre Integration zu investieren. Es leuchtet dem gesunden Menschenverstand unmittelbar ein, dass Handeln besser als Nichthandeln ist und Prävention billiger als Reparatur. Die (Milchmädchen-) Rechnung der Verantwortlichen in Staat und Gesellschaft sah anders aus. Weil die Zuwanderer ja als Erwachsene kamen, seien Deutschland keine Kosten zum Beispiel für ihre Schulausbildung entstanden. Deswegen sprach man sogar von »Migrationsgewinnen«. Für diese Zahlenakrobatik zahlen wir alle einen hohen Preis, das damals eingesparte Geld beschert uns heute höhere Kosten: Menschen mit Zuwanderungsgeschichte haben im Schnitt deutlich schlechtere Bildungsabschlüsse, sie verdienen wesentlich weniger, sie tragen ein größeres Risiko, arbeitslos zu werden, sie erhalten staatliche Transferleistungen, partizipieren aber ansonsten politisch und kulturell nur sehr wenig.

Weil wir damals versäumt haben, in Bildung zu investieren, können die Zuwanderer im Schnitt deutlich weniger zum Steueraufkommen beitragen, müssen hingegen deutlich mehr mit Transferleistungen unterstützt werden. Deswegen ist es ein Gebot politischer, gesellschaftlicher und ökonomischer Klugheit, radikal umzusteuern und das Geld in Köpfe zu stecken, angefangen mit den kleinsten Köpfen. Jetzt Bildung zu fördern, bringt auf lange Sicht sogar Zinsen: mehr Steuern, weniger Transferleistungen.

Wie schwer dies politisch durchzusetzen ist, habe ich selbst 2007 erlebt. Mit unserem neuen Gesetz zur frühen Bildung und Förderung von Kindern (KiBiz) stellten wir die Finanzierung auf den Bedarf des einzelnen Kindes ab: mehr Geld für ein Kind unter drei Jahren, mehr Geld für ein Kind mit Sprachförderbedarf, mehr Geld für Kindergärten in sozialen Brennpunkten, mehr Geld für ein Kind mit Behinderung. Der Aufstand der Organisierten, die sich an ein System gewöhnt hatten, das nach Gruppentypen und nicht nach dem Bedarf des Kindes unterschied, war vorprogrammiert. Die Gewerkschaft ver.di betonte in einem internen Papier, das öffentlich wurde, jetzt müsse nicht mehr »sachlich argumentiert«, sondern nur noch »emotional eskaliert« werden. 15 000 Demonstranten folgten dem Aufruf gegen die »Kopfpauschale«, die nichts anderes war als ein individuelles Förderinstrument für jedes einzelne Kind.

Zurück zum millionsten »Gastarbeiter«: Sollte sich 1964 überhaupt jemand Gedanken bei der Auswahl des Geschenks für Armando Rodrigues de Sá gemacht haben, dann konnte die Zündapp als Auto des kleinen Mannes – während ironischerweise viele Deutschen bereits auf ein kleines Auto umgestiegen waren – vielleicht ein Symbol dafür sein, dass auch die »Gastarbeiter« als Gegenleistung für ihre harte Arbeit an den Segnungen des Wirtschaftswunderlandes teilhaben konnten. Und für den einen ausgewählten Portugiesen war das Moped sogar, wie wir wissen, ein ganz praktisches Fortbewegungsmittel, das er im Urlaub voller Stolz durch sein Heimatdorf steuerte.

Wer ein Moped schenkte, ermöglichte also physische Mobilität. Die immerhin, aber nicht mehr. Mittlerweile ist dieses Symbol aus den sechziger Jahren längst in mehrfacher Hinsicht museumsreif. Was wir hingegen heute für alle Menschen mit Zuwanderungsgeschichte erreichen müssen, ist soziale Mobilität. Die bei den Neudeutschen doch nicht geringer als bei den Altdeutschen ausgeprägte Aufstiegsorientierung muss wahrgenommen, anerkannt, aufgegriffen und gefördert werden. Jeder muss die Möglichkeit bekommen, seine Chancen nutzen zu können.

Und das kann am besten durch Bildungsangebote unterstützt werden. Bildung ist das neue Symbol für Anerkennung, Teilhabe, Aufstieg und Integration. Wer Bildung »schenkt« im Sinne von fördern, ermöglicht soziale Mobilität. Bildung ist die neue Währung, ein Zahlungsmittel mit Zukunft. Bildung ist – und das will was heißen – noch stabiler als D-Mark und Euro. Sie kennt keine Inflation. Und keinen Wertverfall, wenn lebenslang die Möglichkeit besteht, sich immer wieder neues Wissen und Können aneignen und anwenden zu können. Gerade in wirtschaftlich unsicheren Zeiten gibt uns die Perspektive der Bildungs- und Aufsteigerrepublik eine feste Orientierung.

Der Sprachkurs für jeden statt des Mopeds für den einen – wir hätten wahre Wunder wirken können. Als die neue Bundesregierung unter Helmut Kohl 1982 stattdessen begann, über Rückkehrprämien zu diskutieren und die Pläne später umzusetzen, schrieb ein Landsmann von Armando Rodrigues de Sá, Manuel Campos, sein Gedicht »Blumen«. Aus ihm klingt all die Bitternis, die sich seit dem 18 Jahre zurückliegenden Bahnhofsempfang von Deutz angesammelt hatte:

Ich habe vor mir das Bild des – betrogenen – millionsten
Gastarbeiters.
In Köln ein ängstlicher Mann neben vielen lächelnden
Deutschen.
Er bekam damals: einen Blumenstrauß und ein Motorrad.
Erst jetzt bemerke ich, dass schon damals die Weichen
der heutigen Ausländerpolitik gestellt wurden:
– Blumen waren die Bezahlung für unsere Arbeit.
– Das Motorrad war die Rückkehrprämie für den
ermüdeten Gastarbeiter.
Wir sollten mobil bleiben und stets geschmückt.
Sag mir, wo die Blumen sind!

Maria Emilia Pais de Sá, Witwe von Armando Rodrigues, schrieb 2001 einen Brief an Veit Didczuneit vom Berliner Museum für Kommunikation. Dieser hatte mehrere Jahre nach dem Schicksal des millionsten »Gastarbeiters« und dem Verbleib seines Mopeds gefahndet und stand dadurch schon länger in Kontakt mit der Familie. In ihrem Brief heißt es: »Es ist eine sehr wichtige Arbeit, indem Sie Artikel über die vielen Menschen publizieren, die auf der Suche nach einem besseren Schicksal in Länder emigrierten, die nicht die ihren waren, wo weder die Sprache noch die Gebräuche die ihren waren, wo sie aber zu überleben wussten (…), ein besseres Leben suchten und gleichzeitig die Wirtschaft in Deutschland bereicherten.«

Die Menschen, die zu uns kamen, waren auf der Suche nach einem besseren Schicksal. In unseren Augen jedoch sollten sie vorrangig unsere Wirtschaft bereichern. Unser gemeinsames Missverständnis war, dass sie und wir glaubten, sie blieben nicht bei uns. Als es dann anders kam, waren weder sie noch wir darauf vorbereitet. So hat sich unser gemeinsames Schicksal verschlechtert, und den Zuwanderern blieb manchmal nicht viel mehr als der von Frau de Sá formulierte Stolz, dass sie »zu überleben wussten«, also irgendwie über die Runden kamen und vielleicht sogar das Ersparte zu Hause »für ein kleines Glück« genügte, wie Udo Jürgens in »Griechischer Wein« textet. An diese harten Zeiten der Millionen von »Gastarbeiterinnen und Gastarbeitern« will ich in Respekt und in Dankbarkeit erinnern.

Deutschlands Weg zum Einwanderungsland

4 | Mythos »Gastarbeiter«
1955–1975

Die dritte deutsche Einheit hat keinen zentralen Bezugspunkt, an den das kollektive Gedächtnis unserer Gesellschaft anknüpfen kann. Das war bei der ersten und zweiten deutschen Einheit anders. Die erste deutsche Einheit hatte die gemeinsame Erfahrung von Not und Elend im durch den Krieg zerstörten Deutschland. Für die zweite deutsche Einheit war der Fall der Mauer das Sinnbild dafür, dass die Trennung der zwei deutschen Staaten jetzt überwunden ist. Ein solch initiales Ereignis gibt es für die notwendige dritte Einheit nicht. Das macht die Sache schwerer oder, wie wir Politiker es lieber formulieren, die Herausforderung größer. Denn wenn die Bilder fehlen, dann fehlt auch das Bewusstsein für die Aufgabe, die unsere Gesellschaft lösen muss. Und an diesem Bewusstsein hat es von Anfang an gefehlt. Die Zugewanderten aus Italien, Spanien, Portugal, Griechenland, Jugoslawien, Marokko, Tunesien und der Türkei, die in der Zeit des wirtschaftlichen Aufschwungs als »Gastarbeiter« nach Deutschland geholt wurden, waren irgendwann da, aber sie waren nie im Blick. Dabei hat die deutsche Aufstiegsgeschichte nach dem Zweiten Weltkrieg unmittelbar mit ihnen zu tun.

Das »Wirtschaftswunder« erforderte so viele zusätzliche Arbeitskräfte, dass die Bundesregierung auf Drängen der Wirtschaft bereits 1955 mit Italien ein Anwerbeabkommen für Arbeitsmigranten schloss. Am 5. Januar 1956 trafen die ersten Italiener im rheinischen Siersdorf bei Aldenhoven im Kreis Düren ein. Im wirtschaftlichen Aufschwung fehlten vor allem Arbeitskräfte für die Stahl- und Automobilindustrie, aber auch für gering qualifizierte Tätigkeiten etwa in der Stadtreinigung. Anders als bei der Anwerbung von Polen für die Ruhrzechen im 19. Jahrhundert wurde den neuen »Gastarbeitern« keine neue Heimat geboten: Das Wort »Gast« sagt es bereits –

gedacht war an einen vorübergehenden Aufenthalt. Auch die ersten Italiener, Spanier und Jugoslawen, die allein und ohne Familie zur Arbeit nach Deutschland kamen, verstanden sich selbst als Gäste: Sie kamen nicht in der Absicht, lange oder gar für immer zu bleiben.

Ganze Werbekolonnen aus Deutschland zogen damals aus und warben zunächst in Italien um Menschen, die bereit waren, für einen begrenzten Zeitraum zum Arbeiten nach Deutschland zu kommen. Mit dem Slogan »Duisburg ist schöner als Florenz« hätte man kaum locken können – die Deutsche Mark war das zugkräftigere Argument. Die Italiener, die sich überzeugen ließen, in das nicht nur klimatisch kühle Deutschland jenseits der Alpen zu gehen, wollten nur wenige Jahre dort arbeiten, Geld für die Familie verdienen und bald wieder zurückkehren. Diese Vorstellung teilte die bundesdeutsche Gesellschaft, teilten Wirtschaft und Gewerkschaften. Für »Gäste«, die bald wieder gehen, braucht man keine Integrationspolitik zu betreiben. Integration war allenfalls Sache des Arbeitgebers und bedeutete nicht viel mehr, als die »Gastarbeiter« mit den Arbeitsabläufen im Betrieb vertraut zu machen.

Anfangs funktionierte die beabsichtigte Rotation der ausländischen Arbeitskräfte: Nach wenigen Monaten kehrten sie in ihre Heimatländer zurück, und andere traten an ihre Stelle. Doch schon bald entsprach diese Praxis weder den Interessen der Angeworbenen noch denen der Betriebe, die nicht ständig neue Kräfte anlernen, sondern die bereits eingearbeiteten Stelleninhaber behalten wollten. Aus kurzfristig angeforderten wurden langfristig unverzichtbare Arbeitnehmer. Je länger ihr Aufenthalt wurde, umso stärker wurde der Wunsch, die Familien bei sich zu haben. Viele »Gastarbeiter« holten nach und nach ihre Frauen und Kinder zu sich nach Deutschland. Verstärkt wurde dieser Trend durch den 1973 beschlossenen Anwerbestopp, der die Mobilität zwischen Deutschland und den Anwerbeländern begrenzen sollte, aber faktisch zu einem Anstieg des Familiennachzugs führte. Spätestens jetzt hätte der Gesellschaft klar werden müssen, was der Schweizer Schriftsteller Max Frisch prägnant auf die Formel gebracht hat: »Wir haben Arbeitskräfte gerufen, aber es kamen Menschen.« Die menschliche Seite des arbeitsmarktpolitischen Instruments »Gastarbeiteranwerbung« war von Anfang an zu kurz gekommen. Spätestens in diesem Jahr wurde der »arbeitende Gast«, der alsbald wieder in seine Heimat zurückkehren würde, zum »Mythos Gastarbeiter«. Mit der Realität hatte diese Vorstellung nichts mehr zu tun.

Schon in den sechziger Jahren wurde die Zahl der Anwerbeländer ausgeweitet, die Belegschaften auf den Baustellen, in den Fabriken und Zechen wurden bunter und vielfältiger. Als nach 1957 die Europäische Wirtschaftsgemeinschaft (EWG) auch Italien steigenden Wohlstand bescherte, nahm die Zahl der italienischen Zuwanderer ab. Der Bedarf an Arbeitskräften in Deutschland musste anderswo gedeckt werden. Die Anwerbeabkommen wurden auf immer mehr Staaten ausgedehnt, auch auf solche außerhalb der damaligen EWG. Mit Ländern wie Spanien und Griechenland (1960), der Türkei (1961), Portugal (1964), Marokko (1963) und Tunesien (1965) wurde man einig. Aus dieser Zeit stammt übrigens auch das Assoziierungsabkommen mit der Türkei, das einen Beitritt zu der damals reinen Wirtschaftsgemeinschaft der Sechs in Aussicht stellte.

Deutschland erhielt durch die Abkommen weiterhin billige Arbeitskräfte, und den Entsendeländern bot sich die Chance, den eigenen Arbeitsmarkt zu entlasten und Devisen einzunehmen. Angeworben wurden übrigens nicht nur Männer, sondern zu einem erheblichen Teil auch Frauen, insbesondere für die Elektroindustrie. Hinzu kamen die Frauen, die in den späten fünfziger Jahren, als immer weniger deutsche Frauen den Beruf der Krankenschwester ergreifen wollten, in Südkorea oder auf den Philippinen – auch bereits vor den offiziellen Abkommen – angeworben wurden. Allein in Berlin leben und arbeiten heute noch 3000 Krankenschwestern aus Südkorea.

Anders als bei den Krankenschwestern aus Asien wurde bei den »Gastarbeiterinnen« und »Gastarbeitern« aus den Ländern rund ums Mittelmeer nicht auf die formale Qualifikation geachtet. Gesucht wurden nicht hoch qualifizierte Menschen, insbesondere nicht die Elite des Landes, sondern Menschen, die körperlich anstrengende Arbeiten leisten konnten: im Bergbau, in der Stahlindustrie, auf dem Bau und im produzierenden Gewerbe. Das gilt in besonderer Weise für die Zuwanderer aus der Türkei. Die Berichte über das damalige Vorgehen der Auswahlbüros zeigen immer wieder, dass nicht Schulabschlüsse und Berufsausbildung interessierten, sondern in erster Linie die körperliche Verfassung. Angeworben wurden nicht Ingenieure oder Akademiker aus Istanbul, sondern einfache Arbeiter aus den bildungsfernsten Schichten des Landes. In vielen Fällen waren die Eltern und Großeltern kaum oder gar nicht zur Schule gegangen, viele waren Analphabeten.

Nun war die Geschichte der Industrialisierung immer schon auch eine Geschichte der Zuwanderung. Dort, wo neue Industrien entstehen, werden stets Arbeitskräfte gebraucht. Zuerst kommen Menschen vom Land in die Stadt, von ärmeren Regionen in Wachstumsgebiete, schließlich aus den Nachbarländern über die Grenze. In kaum einer anderen Region Deutschlands lässt sich das so gut nachverfolgen wie im Ruhrgebiet. Mitte des 19. Jahrhunderts lockte die Industrialisierung an der Ruhr Tausende von Menschen aus einfachen Verhältnissen an, die unter Tage oder in den Stahlwerken Arbeit fanden. Rasant wuchsen die Städte: Noch im Jahr 1871, vor weniger als 140 Jahren, lebten in Essen nur 142 422 Menschen, in Dortmund 44 420 und in Gelsenkirchen sogar nur 7825. Heute haben die drei Großstädte zusammen fast 1,5 Millionen Einwohner. Nahezu alle Menschen, die heute im Ruhrgebiet leben, sind in irgendeiner Form zugezogen. Vor allem polnische Arbeiter aus den deutschen, aber auch österreichischen und russischen Teilungsgebieten Polens zog es zu den Zechen an der Ruhr. Junge Arbeiter aus Ostpreußen, Westpreußen, der Provinz Posen und Oberschlesien versuchten ihr Glück in Bottrop, Herne oder Gelsenkirchen. In manchen Kohleschächten machten junge Polen mehr als die Hälfte der Arbeitskräfte aus. Bereits 1905 arbeiteten rund 400 000 Polen im Ruhrgebiet. Ihr Wohnviertel in Bochum hieß bei den Einheimischen »Klein-Warschau«. Noch heute weisen viele polnische Namen in den Telefonbüchern der Ruhrstädte auf diese polnischen Wurzeln hin. Wenn früher Tomasz Waldoch und Tomasz Hajto bei Schalke 04 auf den Platz liefen, wurden die Spiele live im polnischen Fernsehen übertragen, und auch von den Schalke-Fans in Gelsenkirchen wurden die Spieler verehrt. Das Ruhrgebiet hat also schon einmal vorgemacht, dass Integration gelingen kann. Gleichzeitig ist es aber auch einer der Orte, wo die Dringlichkeit weiterer Integration täglich und an vielen Stellen sichtbar ist – wo die dritte Einheit Deutschlands erst noch gelingen muss.

Denn im Ruhrgebiet und vielen anderen Regionen Deutschlands ging nach dem Zweiten Weltkrieg die Entwicklung aus Industrialisierung und Zuwanderung weiter – nun mit »Gastarbeitern« aus Süd- und Südosteuropa anstelle der polnischen Arbeitskräfte. Sie kamen in ein wirtschaftlich florierendes Land. Die Zeit zwischen 1950 und 1970 war in ökonomischer Hinsicht von zwei Begriffen geprägt: Wirtschaftswunder und Vollbeschäftigung. Die Einwanderung von Arbeitskräften war erwünscht und trug zum wirtschaftlichen Erfolg bei. Selbst auf die erste Delle in der Wirtschaftsentwicklung – die Rezession von 1966 – folgten bereits 1968 und 1969 Wachstumsraten von heute kaum vorstellbaren 7,3 und 8,2 Prozent. Das spiegelte auch der Arbeitsmarkt wider: 1965 kamen auf 648 000 offene Stellen nur 147 000 Arbeitslose. 1961 waren rund 80 Prozent aller Zuwanderer in Deutschland erwerbstätig. Zehn Jahre weiter, 1971, betrug die Arbeitslosenquote der Einheimischen nur 1,2 Prozent, die der Zugewanderten fiel mit 0,8 Prozent noch niedriger aus. Es herrschte Vollbeschäftigung, bei den deutschen ebenso wie bei den ausländischen Arbeitskräften. Der Arbeitsmarkt wurde allerdings in gewisser Weise auch dadurch »bereinigt«, dass viele der »Gastarbeiter«, die in der Rezession 1966 ihren Arbeitsplatz verloren hatten, zurück in ihre Herkunftsländer gingen.

Die wirtschaftliche Dynamik führte auch zu höherer sozialer Mobilität. Die ersten drei Jahrzehnte nach dem Zweiten Weltkrieg waren Zeiten des Aufbruchs und der Veränderung. Die Verhältnisse waren noch nicht verfestigt; eine hohe soziale Flexibilität bot vielen Bundesbürgern die Chance zum sozialen Aufstieg, die viele auch tatsächlich nutzten: Zwischen 1960 und 1970 schafften etwa 2,3 Millionen Deutsche den Sprung vom Arbeiter zum Angestellten. Eine wesentliche Voraussetzung dafür waren die »Gastarbeiterinnen« und »Gastarbeiter«. Sie übernahmen die frei werdenden Stellen in den unteren sozialen Schichten, die die deutschen Aufsteiger räumten.

Die Zuwanderer ermöglichten den Aufstieg der Deutschen, die nicht länger gering bezahlte und wenig qualifizierte Tätigkeiten ausüben mussten. Mit anderen Worten: Der gesellschaftliche Aufstieg, der für Millionen Deutsche die Erfolgsgeschichte der Sozialen Marktwirtschaft ausmacht, wäre ohne Zuwanderung überhaupt nicht möglich gewesen.

Vergleichbare Aufstiegschancen für die Zuwanderer gab es in der bundesdeutschen Gesellschaft nicht. Für die meisten von ihnen war der Arbeitseinsatz in Deutschland als solcher schon das Versprechen auf den Aufstieg – aber eben nicht in der deutschen Gesellschaft, sondern im Heimatland. Von dem Gehalt, das sie in Deutschland erhielten (deutlich mehr, als sie in der Türkei oder in Italien verdienen konnten), überwiesen sie so viel wie möglich nach Hause, um ihren Familien in den Heimatländern den sozialen Aufstieg zu ermöglichen. In Deutschland dagegen gab es für sie keine Perspektive, als ungebildete, unqualifizierte Arbeiter in der deutschen Gesellschaft aufzusteigen.

Viele Dokumente und Geschichten aus der damaligen Zeit belegen, dass die deutsche Mehrheitsgesellschaft von den »Gastarbeitern« ein ausgesprochen negatives Bild hatte: An ihren sozialen Aufstieg oder auch nur ihre Integration in die Gesellschaft haben wohl nur die Allerwenigsten gedacht. Ein Karnevalslied, das die Aachener Karnevalsband »Die drei Atömchen« in meiner Kindheit veröffentlicht hat, verdeutlicht das ebenso eindrucksvoll wie bedrückend. Der Text spiegelt das für die damalige Zeit charakteristische Bild der Alteingesessenen auf die Zugewanderten wider. Schon aus der vermeindlich ironischen Ankündigung des Liedes als »Parodie über unsere Wirtschaftsstützen« hört man den negativen Grundtenor heraus. Zu Beginn und im Refrain spielt eine gewisse Carmen die Hauptrolle, die wie viele ihrer Landsleute bei der Aachener Schokoladenfabrik Trumpf arbeitet. Allerdings gibt diese Carmen jeden Abend ein Fest, sodass die »Caballeros« am nächsten Morgen stets »volltrunken vom Wein« zur Arbeit fahren. Der »Steiger Schmitz von der dritten Sohle« kommentiert, wohl aus der Perspektive der Aachener Urbevölkerung – aus dem Öcher Platt frei übersetzt –, dieses Verhalten: »(Er) hat kein Geld und (...) jetzt kapiert: (...) die Spanier, die können nichts als saufen; hätten wir lieber Koreaner engagiert.« Dieser aus heutiger Sicht unbegreifbar diskriminierende Blick schließt das Lied auch ab: »Wer sohlt deine Schuhe, wer flickt deinen Anzug, arbeitet in der Grube und fährt auch noch den Müll, ist bei deiner Frau, wenn du nicht zu Hause bist, hält beim Landvermesser die gestreifte Stange? Liebe Leute, was täten wir ohne Spanier? Wir müssten arbeiten ...«

An diesem Lied hat damals anscheinend niemand Anstoß genommen. Als mir die Schallplatte vor Kurzem wieder in die Hände fiel, war ich erschrocken darüber, wie damals die Stimmung unter den Deutschen offensichtlich war. Allzu lange sahen viele in dem Zugewanderten immer nur den »Gastarbeiter«, der für einen überschaubaren und begrenzten Zeitraum bei uns arbeitet und der vor allem die Arbeiten verrichtet, für die wir Deutschen uns zu schade sind. Dass der soziale Aufstieg vieler Deutscher nur durch ihn und seine Millionen Kolleginnen und Kollegen möglich war, wurde geflissentlich übersehen. Viele Deutsche konnten wohl gut damit leben, dass für die anderen der Aufstieg nicht möglich und auch nicht gewollt war.

Selbst als sich zwischen 1980 und 2000 unsere Wirtschaftsstruktur von der Industrie- in eine Wissensgesellschaft wandelte und ungelernte Arbeiter immer weniger gebraucht wurden, waren Qualifizierungs- und Aufstiegsstrategien für die »Gastarbeiter« kein Thema. Spätestens zu diesem Zeitpunkt aber hätte eine offensive Integrationspolitik beginnen müssen. Wie dramatisch der Wandel die Erwerbsgesellschaft traf, zeigt eine Untersuchung des Instituts für Arbeitsmarkt- und Berufsforschung in Nürnberg. Es hat errechnet, dass die sozialversicherungspflichtigen Arbeitsplätze im produzierenden Gewerbe allein zwischen 1991 und 2004 von 10,7 Millionen auf 7,2 Millionen zurückgingen. Im Baugewerbe schmolz die Zahl der Arbeitsplätze im gleichen Zeitraum von 2,45 auf 1,6 Millionen. Für Geringqualifizierte und Ungelernte gab es immer weniger Arbeit, weil Roboter und Automaten viele Jobs übernahmen.

Da Deutschland in erster Linie ungelernte Arbeitskräfte angeworben hatte, traf der Wandel des Arbeitsmarktes die zugewanderte Bevölkerung besonders hart. Vom Strukturwandel wie etwa im Ruhrgebiet, der nun schon seit vierzig Jahren andauert, sind sie besonders betroffen. Die Arbeitsmigranten, denen wir unseren Wohlstand und unseren sozialen Aufstieg zu einem guten Teil verdanken, haben wir in diesem Anpassungsprozess weitgehend alleine gelassen. Kein Wunder, dass viele von ihnen den Sprung aus der Industrie- in die Wissensgesellschaft noch nicht geschafft haben. Wenn Deutschland sich ernsthaft um seine später dazugekommenen Bürger gekümmert hätte, wäre mit ihrer Qualifikation bereits viel früher begonnen worden. Dass das Angebot zur Integration durch intensive Bildungsangebote für Zuwandererkinder ausblieb, führte die allermeisten Jugendlichen mit Zuwanderungsgeschichte in eine Außenseiterrolle, die bis heute von Chancen- und Perspektivlosigkeit geprägt wird.

Ohne wenigstens einen Hauptschulabschluss und ohne gute Kenntnisse der deutschen Sprache gibt es für sie so gut wie keine Perspektive auf dem Arbeitsmarkt. Die Statistik spricht eine klare Sprache: In Nordrhein-Westfalen ist die Arbeitslosenquote bei ausländischen Arbeitnehmern mehr als doppelt so hoch als bei Deutschen. In manchen Städten des Ruhrgebiets liegt sie bei knapp vierzig Prozent.

Während der Staat unverdrossen die Tatsache der Zuwanderung ignoriert hat und Integrationspolitik für ihn kein Thema war, waren es in erster Linie die Kirchen und Gewerkschaften, die sich um das Leben der Zugewanderten kümmerten. Die Zivilgesellschaft sprang dort ein, wo der Staat durch Untätigkeit eine Lücke entstehen ließ. Engagierte Männer und Frauen beider Konfessionen setzten sich aus Nächstenliebe und Fürsorge für die Zugewanderten und ihre Familien ein. Gewerkschafter zeigten sich solidarisch mit ihren ausländischen Kollegen. Das erklärt auch ein wenig, warum die Zugewanderten auf diese Gesellschaft, die ihnen Chancen vorenthielt, nicht mit Gewalt reagierten, wie es beispielsweise in den französischen Vorstädten der Fall war.

Die Aufgabenteilung zwischen den zivilgesellschaftlichen Akteuren zeigte Wirkung. In der katholischen Kirche boten muttersprachliche Seelsorger vielen Zugewanderten aus Italien, Spanien und Portugal ein Stück Heimat. Die kirchlichen Wohlfahrtsverbände und die Arbeiterwohlfahrt stimmten sich ab, wer welche Ausländergruppen betreut. Die katholische Caritas kümmerte sich um Italiener, Spanier, Portugiesen und Kroaten, das Diakonische Werk der Evangelischen Kirche um die »Gastarbeiter« aus Griechenland. Die Arbeiterwohlfahrt übernahm die Sorge für alle nichtchristlichen Gruppen, in erster Linie Türken und einen Teil der Jugoslawen. Die Mitarbeiterinnen und Mitarbeiter in den kirchlichen Einrichtungen und viele engagierte Christen in den Kirchengemeinden haben das, was im Alten Testament als Verhaltensgebot formuliert ist, in die Praxis umgesetzt. So heißt es im Buch Levitikus: »Wenn bei dir ein Fremder in eurem Land lebt, sollt ihr ihn nicht unterdrücken. Der Fremde, der sich bei euch aufhält, soll euch wie ein Einheimischer gelten, und du sollst ihn lieben wie dich selbst.«

Mindestens genauso wichtig für die Integration der Zugewanderten, vor allem in der Anfangszeit, war die Arbeit der Gewerkschaften. Die frühen »Gastarbeiter« hatten fast ausschließlich am Arbeitsplatz Kontakte zu Deutschen. Auch wenn man nach Feierabend häufig getrennte Wege ging, arbeiteten Deutsche und Ausländer in den Betrieben doch kollegial zusammen. Den Gewerkschaften ging es von Anfang an um gleiche Rechte für alle Beschäftigten – unabhängig von der Herkunft. Und sie hatten Erfolg: Schon 1972 wurden Ausländer im neuen Betriebsverfassungsgesetz den deutschen Beschäftigten rechtlich gleichgestellt. Dazu gehörte auch das aktive und passive Wahlrecht zum Betriebsrat für Arbeitnehmer mit ausländischem Pass. Das Gesetz verlangte, dass »alle im Betrieb tätigen Personen nach den Grundsätzen von Recht und Billigkeit behandelt werden«. Ganz ausdrücklich heißt es dort, dass »jede unterschiedliche Behandlung von Personen wegen ihrer Abstammung, Religion, Nationalität, Herkunft, politischen und gewerkschaftlichen Betätigung oder Einstellung oder wegen ihres Geschlechts unterbleibt«. Das Betriebsverfassungsgesetz von 1972 ermöglichte also erstmals die Gleichstellung der zugewanderten mit den deutschen Arbeiternehmern – lange bevor Deutschland sich selbst als Einwanderungsgesellschaft sah und so auch bezeichnete. Das Wort »Gastarbeiter« stand dabei immer im Wege.

»Gastarbeiter« – dieses Wort, setzte sich seit den fünfziger Jahren in der Alltagssprache und der Publizistik gegen den ›konterminierten‹ Begriff des »Fremdarbeiters« durch. Gastarbeiter – auf die Idee muss man erst einmal kommen: In den meisten Kulturen jedenfalls lässt man Gäste in der Regel nicht arbeiten. Bereits Anfang der siebziger Jahre nahmen immer mehr Autoren der deutschsprachigen Migrantenliteratur wie auch Soziologen Anstoß an dem schönfärberischen Begriff. Der *Westdeutsche Rundfunk* rief deswegen 1972 sogar einen Wettbewerb für Alternativen zum Wort »Gastarbeiter« aus. Durchschlagenden Erfolg hatten all diese Bemühungen aber nicht. Zwar traten im Laufe der Zeit Begriffe wie »ausländische Arbeitnehmer« und »Arbeitsmigranten« in Wissenschaft und Verwaltung mehr und mehr an die Stelle des Begriffs »Gastarbeiter«, was vielleicht weniger euphemistisch klang, doch im Allgemeinen blieben die zugewanderten Arbeiter – und übrigens auch ihre Familien und Kinder – für die allermeisten Deutschen die »Gastarbeiter«.

Doch nach meinem Empfinden lässt auch der Begriff »ausländische Arbeitnehmer« erkennen, dass in dem Zugewanderten vor allem das Arbeitspotenzial gesehen wird. Es geht aber nicht nur um Arbeitskräfte, sondern um Menschen, die sich mit ihrer ganzen Persönlichkeit in Deutschland niedergelassen haben: mit ihrer eigenen Geschichte, mit ihren Werten und Traditionen, kulturellen Prägungen und historischen Erfahrungen. Menschen, zu deren Lebensgeschichte auch die Erfahrung der Migration gehört, des Aufbruchs in ein fremdes Land, der Suche nach neuen Chancen und besseren Perspektiven.

Auf einen Begriff gebracht: Sie sind Menschen mit Zuwanderungsgeschichte. Ob dieser Begriff beim damaligen Wettbewerb des *WDR* eine Chance gehabt hätte?

Der Wandel im Sprachgebrauch steht für einen Wandel der Einstellungen und Mentalitäten. Die Gesellschaft, die sich über viele Jahre der Wirklichkeit verweigerte, indem sie von »Gastarbeitern« sprach und so die Tatsache einer dauerhaften Einwanderung nach Deutschland leugnete, hat sich auch begrifflich der Realität angenähert.

5 | Warum das Asylrecht kein Einwanderungsrecht ist
1975–1995

Deutschland soll ein Land werden, in das Flüchtlinge kommen, keines, aus dem Flüchtlinge fliehen. Deshalb schrieben die Väter und Mütter des Grundgesetzes in Artikel 16 den Satz hinein: »Politisch verfolgte genießen Asylrecht.« Klarer kann man es nicht formulieren. Es hieß nicht: »Politisch Verfolgte können Asylrecht beantragen« oder »Politisch Verfolgte genießen Asyl. Das Nähere regelt ein Bundesgesetz«. Nein, im Grundgesetz steht ohne Vorbehalt: »Politisch Verfolgte genießen Asylrecht.« Punkt.

Mit der Entscheidung, das Asylrecht in den Grundrechtskatalog aufzunehmen, zog das Grundgesetz die Lehren aus den Erfahrungen des Nationalsozialismus. Mehr als 800 000 Verfolgte hatten Deutschland verlassen müssen und im Ausland Zuflucht gesucht. Aber viele verfolgte Juden wurden an der Schweizer Grenze abgewiesen und direkt nach Auschwitz gebracht. Das sollte nie wieder geschehen. Die Bundesrepublik nahm damit 1949 eine Vorreiterrolle in der internationalen Asylrechtsentwicklung ein. Erstmals, so heißt es in einer Untersuchung der Verhandlungen im Parlamentarischen Rat, wurde »ein uneingeschränkter Rechtsanspruch auf Asylgewährung, und zwar als Recht des einzelnen Flüchtlings gegenüber dem Staat, auf Verfassungsebene festgeschrieben«. Dieses Asylrecht steht für das neue, das freie und rechtsstaatliche Deutschland nach den Schrecken des nationalsozialistischen Terrors.

In den Jahren nach 1949 – die Bundesrepublik hatte bereits Millionen deutscher Kriegsvertriebener und Heimatflüchtlinge aufgenommen – gab es zuerst nur wenige Menschen, die Asylrecht beantragten. Meist waren es Flüchtlinge aus dem kommunistischen Machtbereich in der Mitte und im Osten Europas. Nach dem Ungarnaufstand 1956 und dem Prager

Frühling 1968 gewährte die Bundesrepublik großzügig Zuflucht. Das war politisch vollkommen unumstritten. Der Kalte Krieg prägte die Weltpolitik. Jeder Flüchtling aus dem kommunistischen Machtbereich zeugte von der Überlegenheit der westlichen Demokratien. Diese Flüchtlinge passten in die politische Großwetterlage. Auch als Zehntausende vor und während der Revolution der freien Gewerkschaftsbewegung Solidarność aus Polen flohen, noch bevor General Jaruzelski am 13. Dezember 1981 das Kriegsrecht verhängte, konnte das Asylrecht – zumindest für europäische Flüchtlinge – auf breiten Rückhalt in der Bevölkerung zählen. Auch die »Boat-People«, die vor 30 Jahren nach dem Ende des Vietnamkrieges ins Südchinesische Meer flohen und dort von dem Schiff Cap Anamur gerettet wurden, flohen vor den Kommunisten und waren Verbündete im Kalten Krieg. Sie wurden freundlich in der Bevölkerung aufgenommen.

Dieser Rückhalt bröckelte jedoch merklich, als immer mehr Asylbewerber kamen. 1975 waren es 9627, 1978 schon 33 136. 1980 wurde dann mit 107 818 eine politisch-psychologisch wichtige Schallmauer durchbrochen. Die Unruhe in der Bevölkerung wuchs. Der Ton der politischen Auseinandersetzung wurde schärfer. Das Asylrecht wurde zum Streitthema in Wahlkämpfen und am Stammtisch. Hinzu kam: Plötzlich waren es nicht mehr nur weiße, christliche, europäische oder antikommunistische Flüchtlinge. In der Türkei hatte am 12. September 1980 das Militär geputscht. General Evren übernahm die Macht, verhängte das Kriegsrecht und verbot alle politischen Parteien. Mit Gewalt ging das Militär gegen die Opposition vor. Besonders die Kurden hatten darunter zu leiden. Viele suchten daraufhin Schutz in Deutschland, nicht zuletzt deshalb, weil hier Verwandte lebten, die als »Gastarbeiter« gekommen waren und auf deren Hilfe und Unterstützung sie bauten.

Je mehr Asylbewerber kamen, desto feindseliger wurde die öffentliche Stimmung. Der damalige bayerische Ministerpräsident Franz Josef Strauß, nie um eine krachlederne Aussage verlegen, sagte: »Es strömen die Tamilen zu Tausenden herein, und wenn sich die Situation in Neukaledonien zuspitzt, dann werden wir bald die Kanaken im Land haben.« Und Innenminister Friedrich Zimmermann warnte, dass eine immer größer werdende Zahl von Asylbewerbern »das Asylrecht als ein ›Sesam öffne dich‹ in das wirkliche oder manchmal auch nur vermeintliche Sozialparadies Bundesrepublik Deutschland« benutze.

Zur allgemeinen Unruhe und Polemik trug bei, dass es neben den schon als fremd genug empfundenen türkischen und kurdischen Asylbewerbern erstmals auch afrikanische und asiatische Flüchtlinge in nennenswerter Zahl gab. Die waren in den Jahrzehnten zuvor meistens in ihre ehemaligen Kolonialländer, nach Großbritannien, Frankreich, Belgien oder die Niederlande, gewandert. Jetzt landeten sie auf deutschen Flughäfen und wurden über das ganze Bundesgebiet verteilt. Die Sprachen der Flüchtlinge waren jetzt nicht mehr polnisch, tschechisch oder rumänisch, jetzt mischten sich Urdu und afrikanische Dialekte ein. Diese ersten »transkontinentalen« Flüchtlinge in Deutschland waren Vorboten der Globalisierung. Die Welt war kleiner geworden. Mit dem Flugzeug sind es von jedem Ort der Erde nur einige Stunden nach Deutschland. Politische Krisen in Äthiopien oder Afghanistan führten nicht mehr ausschließlich zu Wanderungsbewegungen in die Nachbarländer. Diese Flüchtlinge standen jetzt vor unserer Tür. Das war für viele Menschen ein Schock. Sie fragten sich: »Halten die Dämme? Werden wir überschwemmt?« Die Begriffe veränderten sich. Plötzlich wurde nicht mehr von »Asylbewerbern«, sondern von »Asylanten« gesprochen. Für viele Menschen war die Sache klar: Es muss endlich etwas getan werden gegen die »Scheinasylanten«, »Asylbetrüger«, »Asylschmarotzer« und »Wirtschaftsflüchtlinge«.

Ganz unschuldig am zunehmenden Unmut in der Bevölkerung waren die Gesetze und die Rechtsentwicklung in Deutschland nicht. Wer es als Asylbewerber geschickt anstellte und einen guten Rechtsanwalt hatte, der konnte nach der Ablehnung seines Antrags Widerspruch einlegen, die Verwaltungsgerichte anrufen, sogar bis vor das Bundesverfassungsgericht ziehen und so de facto zum Einwanderer werden. Für die deutschen Gerichte wurden die Asylverfahren zu einer enormen

Belastung. Ganze Kammern hatten nichts anderes zu tun, als über Asylanträge zu beschließen. Selbst offenkundig unbegründete Anträge konnten in jahrelangen Verwaltungs- und Rechtsverfahren mit immer neuen Einspruchsmöglichkeiten aufrechterhalten werden. Zum Teil zogen abgelehnte Asylbewerber aus unseren westlichen Nachbarländern zu, um dann in Deutschland das gesamte Verfahren noch einmal zu durchlaufen. Es kam zu einem regelrechten europaweiten »Asyltourismus«.

Es gibt noch einen weiteren Grund, warum die Asylbewerberzahlen in den siebziger und achtziger Jahren so stark zunahmen. Es gab keine Einwanderungsalternativen! Die Grenzen waren dicht und der Arbeitsmarkt geschlossen. Da es nach dem Stopp der Anwerbung von »Gastarbeitern« noch zu Zeiten von Bundeskanzler Brandt 1973 nur wenige andere Möglichkeiten gab, legal nach Deutschland zuzuwandern, wurde das Asylrecht zu einer Art »Ersatz-Einwanderungsrecht«. Wer nach Deutschland wollte, um hier zu arbeiten, dem standen kaum andere Wege offen, als sich auf Art. 16 des Grundgesetzes zu berufen. Das führte dazu, dass Flüchtlinge eine politische Verfolgung vorschoben, ja erfinden mussten, um so wenigstens die Chance zu erhalten, während der Zeit der Asylverfahren in Deutschland leben zu können. Ein weiterer beliebter Weg war es, legal als Tourist zum Familienbesuch oder zu Urlaubszwecken einzureisen, und dann über die Dauer des Visums hinaus illegal in Deutschland zu bleiben, nur geschützt durch Freunde und familiäre Netzwerke. All das hat das Asylrecht über die Maßen belastet und überfordert.

Notwendig gewesen wäre ein mutiger Schritt, die moderate Abkehr vom Anwerbestopp und damit die Schaffung von Möglichkeiten der legalen Zuwanderung aus wirtschaftlichen Gründen. Noch besser: Deutschland hätte sich bereits damals zum Einwanderungsland erklärt und offen und klar aufgezeigt, unter welchen Voraussetzungen legal eingewandert werden kann. Das hätte den Druck auf die Asylverfahren mindern und zu einer Beruhigung der öffentlichen Debatte beitragen können. Aber dafür war die Zeit noch nicht reif. Die Zeichen standen auf Eindämmung und Abwehr.

Innerhalb weniger Jahre und mit immer neuen Änderungen

der Asylverfahren wurden die Rechtswege drastisch verkürzt, Einspruchsmöglichkeiten abgeschafft und ein fünfjähriges Arbeitsverbot eingeführt. Asylbewerber durften den Bezirk ihrer Ausländerbehörde nicht verlassen (die sogenannte Residenzpflicht), sie mussten in Gemeinschaftsunterkünften leben, oft mit Sozialhilfegewährung in Form von Sachleistungen. Durch das erzwungene Nichtstun in den Flüchtlingsunterkünften verfestigte sich in der Öffentlichkeit das Bild der »faulen Asylanten«, die dem Steuerzahler auf der Tasche liegen. Dass sie gar nicht arbeiten und so für ihren Lebensunterhalt selbst aufkommen durften, wurde oft nicht wahrgenommen.

Auch ganz offiziell war nun von einer »Anreizminderungspolitik« die Rede. Flüchtlinge sollten davor zurückschrecken, überhaupt noch in Deutschland einen Asylantrag zu stellen. Die Gerichte ließen sich von der negativen Stimmung anstecken und verweigerten selbst Menschen Asyl, die offenkundig Opfer von staatlicher Gewalt geworden waren. So galt zum Beispiel, wie Klaus J. Bade in seiner Geschichte der Migration in Europa schreibt, Folter dann nicht mehr als ausreichender Asylgrund, wenn sie im Verfolgerstaat als Strafe oder Verhörinstrument üblich war. Diese Rechtsprechung hatte bedauerliche, ja für den Einzelnen oft dramatische Effekte. Sie traf sehr oft die »echten« Flüchtlinge, während tatsächliche »Scheinasylanten«, Schleuser, Schlepper oder Menschenhändler dadurch kaum zu beeindrucken waren.

Mit dem Fall der Berliner Mauer am 9. November 1989 verschärfte sich die Zuwanderungssituation dann dramatisch. Hunderttausende von Ostdeutschen machten von ihrer neuen Freiheit Gebrauch und zogen in den Westen Deutschlands. Ihnen folgten die Spätaussiedler aus der früheren Sowjetunion, die sich auf Art. 116 des Grundgesetzes berufen konnten und als »deutsche Volkszugehörige« einen Rechtsanspruch auf Zuwanderung hatten. Das Ende des Kommunismus, den Zerfall der Sowjetunion und die Öffnung der innereuropäischen Grenzen nutzten allein von 1991 bis 1995 1,1 Millionen Spätaussiedler und ihre Familienangehörigen zur Einwanderung nach Deutschland. Hinzu kamen dann im Jahr 1991 durch den Zerfall des früheren Jugoslawien und des Bürgerkrieges auf dem Balkan mehrere Hunderttausend Bürgerkriegsflüchtlinge, die von Deutschland und anderen Ländern in der Europäischen Union aufgenommen wurden.

Die Neubürger aus Sachsen und Brandenburg, die Aussiedler aus Russland und Kasachstan, die Bürgerkriegsflüchtlinge aus dem ehemaligen Jugoslawien und die Asylbewerber aus der Türkei, Afrika und Asien mussten in den schon lange überforderten westdeutschen Städten und Gemeinden versorgt werden. Oft wurden sie mangels anderer Unterkünfte in Turnhallen und Schulen einquartiert. Ganze Hotels wurden angemietet, weil die Aufnahmekapazität für so viele Menschen nicht ausreichte. Besonders die Unterbringung der Asylbewerber bereitete Sorge. 1992 stellten 438 191 einen Asylantrag, so viel wie noch nie. Ein Jahr vorher waren es 256 112, ein Jahr später 322 600. Binnen dreier Jahre zogen über eine Million Asylbewerber nach Deutschland. Die Belastungsgrenze war überschritten. Das konnten auch reiche Städte und Gemeinden finanziell und personell nicht mehr schultern.

In dieser angespannten Lage stießen rechtsradikale Parteien in der Bevölkerung auf offene Ohren. Die politische Rechte wurde stark, weil der Staat schwach und handlungsunfähig wirkte. Mit unverhohlenem Rassismus und dem Schüren von Angst und Sozialneid zeichneten sie das Bild eines Landes, das von Fremden »überflutet« und in dem bald kein Platz und keine Arbeitsplätze mehr für »echte« Deutsche sein würden. Bei den Wahlen zum Berliner Abgeordnetenhaus 1989 erreichten die Republikaner 7,5 Prozent, bei den bayerischen Landtagswahlen 1990 4,9 und bei den Wahlen in Baden-Württemberg 1992 sogar 10,9 Prozent. Die rechtsextreme Deutsche Volksunion (DVU) konnte 1991 in Bremen 6,2 und 1992 in Schleswig-Holstein 6,3 Prozent der Wählerinnen und Wähler für sich gewinnen. Seit dem kurzen Aufflackern der NPD zu Zeiten der ersten Großen Koalition 1966–1969 hatte es vergleichbare Wahlergebnisse von Rechtsradikalen nicht mehr gegeben. Sie weckten Zweifel an der Stabilität der Demokratie in Deutschland.

Nicht ganz unschuldig an den Wahlerfolgen der Extremisten waren auch demokratische Politikerinnen und Politiker aller Parteien, die glaubten, die Themen Zuwanderungsangst und Asylmissbrauch gehörten in den Wahlkampf, da man sie angeblich nicht den Rechtsradikalen überlassen dürfte. Nicht nur Konservative wie Strauß und Zimmermann vergriffen sich in diesen unruhigen Zeiten in der Wortwahl. Auch gestandene Sozialdemokraten konnten zulangen, wenn es galt, vor dem aufgebrachten Wahlvolk nicht als asylpolitische Weichlinge dazustehen. So schlug der nordrhein-westfälische SPD-Politiker und langjährige Arbeits- und Sozialminister des Landes, Friedhelm Farthmann, vor: »Prüfung des Antrages so schnell wie irgend möglich, gegebenenfalls Überprüfung durch einen Einzelrichter an Ort und Stelle – und dann an Kopf und Kragen packen und raus damit.«

Angespornt und aufgestachelt durch die Wahlerfolge der Rechtsradikalen und eine zunehmend hysterischer werdende Berichterstattung in den Medien – der *Spiegel* titelte am 6. April 1992: »Asyl. Die Politiker versagen« –, zog eine Welle ausländerfeindlicher Gewalt über Deutschland. Dem Terror der RAF seit den siebziger Jahren folgte der Terror der Nazis und Rassisten in den frühen neunziger Jahren. Nachdem es schon vorher im gesamten Bundesgebiet Überfälle und Mordanschläge gegeben hatte (Hünxe, Hoyerswerda), kam es zwischen dem 22. und 26. August 1992 im Rostocker Stadtteil Lichtenhagen zu einem regelrechten Kesseltreiben. Ein Mob von bis zu 3000 Schaulustigen belagerte die Zentrale Aufnahmestelle für Asylbewerber und terrorisierte unter Gejohle und Geklatsche die dort untergebrachten Flüchtlinge, die um ihr Leben fürchteten. Polizei und Ordnungskräfte waren völlig überfordert. Nur wenige Wochen später, am 23. November 1992, kam es zum Mordanschlag von Mölln, bei dem drei Menschen starben und neun zum Teil schwer verletzt wurden. Es gab aber auch den Aufschrei der Anständigen. Lichterketten zogen durchs Land, es kam zu Demonstrationen, stillem Protest und breiter zivilgesellschaftlicher Gegenwehr. Den rechtsradikalen Hetzern sollte das Feld nicht überlassen werden. Viele Zuwanderinnen und Zuwanderer spürten trotz ihrer Angst in diesen Wochen und Monaten wohl zum ersten Mal, dass sie auf die Solidarität der großen Mehrheit der Deutschen bauen können.

In diesem aufgewühlten Klima einigten sich die Regierungsparteien CDU/CSU und FDP mit der SPD auf eine Änderung des Asylrechtsartikels im Grundgesetz. Lange Zeit hatte sich die SPD dagegen gesträubt. Während sozialdemokratische Kommunalpolitiker mit Blick auf ihre überfüllten Schulräume und Turnhallen für eine Änderung eintraten, hielt die Parteispitze dagegen, die Verfassung dürfe nicht vorschnell geändert werden. Anstatt konstruktiv über Zuwanderungsbegrenzung und -steuerung zu sprechen, verweigerten sich die Grünen und lange Zeit die SPD einer Grundgesetzänderung. Schließlich gab die sozialdemokratische Führung nach. Am 6. Dezember 1992 einigte man sich mit der Koalition auf den sogenannten »Asylkompromiss«. Am 26. Mai 1993 wurde das Gesetz im Deutschen Bundestag mit großer Mehrheit – 521 gegen 132 Stimmen – verabschiedet und trat schon am 1. Juli 1993 in Kraft.

An jenen 26. Mai 1993 erinnere ich mich noch sehr gut. In Bonn herrschte am Tag der Grundgesetzänderung eine Art Belagerungszustand. Das Regierungsviertel und die gesamte Bannmeile rund um den Bundestag waren von Tausenden Demonstranten blockiert. Die Abgeordneten hatten keinen freien Zugang zum Parlament. Eine solche Situation hatte es in der gesamten deutschen Nachkriegsgeschichte noch nicht gegeben. Die Bundestagsverwaltung, die für einen ordnungsgemäßen Zusammentritt des Deutschen Bundestages Sorge tragen musste, organisierte einen Schiffstransfer. Die Abgeordneten stiegen in Bad Godesberg auf Schiffe, um über den Rhein den Hinterausgang des Bundestags zu erreichen und zu ihrer regulären Parlamentssitzung zusammenkommen zu können. Doch das Parlament ließ sich von den Massenprotesten nicht mehr umstimmen. Der klare und nur vier Worte umfassende Art. 16, Abs. 2, Satz 2 Grundgesetz, »Politisch verfolgte genießen Asylrecht«, wurde zu Art. 16 a, Abs. 1 und erhielt einen langen, das Asylrecht einschränkenden Zusatz von heute 271 Worten, beginnend mit der bezeichnenden Formulierung: »Auf Absatz 1 kann sich nicht berufen, wer ...« Der Kern der Reform war das Konzept der »sicheren Drittstaaten«. Wer aus einem als »sicher« eingestuften Land nach Deutschland einreist, kann sich nicht mehr auf das Asylrecht berufen. Er wird an der Grenze zurückgewiesen. Da Deutschland ausschließlich von Ländern umgeben ist, die als »sicher« gelten, nahm die Asylmigration in den folgenden Jahren deutlich ab. Schon 1994, ein Jahr nach der Reform, hatte sich die Zahl der Asylbewerber gegenüber ihrem Höchststand 1992 um 71 Prozent auf 127 200 reduziert.

War die Änderung des Asylrechtsartikels im Grundgesetz notwendig? Keine Frage: Misst man die Reform an ihrem Ziel, den Asylbewerberzuzug zu begrenzen, so war sie ein voller Erfolg. Signalisiert wurde: Der Staat ist nicht hilflos, er kann Zuwanderung wirksam steuern. Das Asylrecht wurde, daran kommt niemand vorbei, in den achtziger und frühen neunziger Jahren hunderttausendfach zur Einwanderung missbraucht. Das konnte so nicht weitergehen. Die Städte und Gemeinden waren überfordert, die Belastungsgrenze überschritten. Es musste etwas geschehen. Deshalb war die Asylrechtsänderung richtig.

Misst man die Reform aber an den Idealen der Väter und Mütter des Grundgesetzes, die das Asylrecht als Antwort auf die Verfolgungen des Nationalsozialismus in die Verfassung aufnahmen, dann bleibt ein bitterer Nachgeschmack. Denn es sind gerade die wirklich Verfolgten, die heute kaum noch Chancen haben, nach Deutschland zu kommen und hier um Asylrecht nachzusuchen. Nicht wenige sprechen von einer »Festung Europa«.

Die Asylrechtsänderung war richtig, weil das Asylrecht kein Einwanderungsrecht ist. Aber sie muss ergänzt werden. Die heute niedrigen Asylbewerberzahlen erlauben uns mehr Großzügigkeit für die organisierte Zulassung von Flüchtlingsgruppen aus dem Ausland. Wenn immer weniger Asyl an den deutschen Grenzen beantragen, dann sollten wir – in Zusammenarbeit mit dem Hohen Flüchtlingskommissar der Vereinten Nationen (UNHCR) – mehr Flüchtlinge direkt aus den Verfolgerländern aufnehmen.

Das jüngste Beispiel dafür ist die Aufnahme der Flüchtlinge aus dem Irak in die Länder der Europäischen Union. Im November 2008 hat die EU beschlossen, 10 000 Flüchtlinge in Europa aufzunehmen. Deutschland hat zugesichert, 2500 besonders schutzbedürftigen irakischen Flüchtlingen aus Syrien und Jordanien eine neue Heimat zu geben. Gemeinsam mit dem stellvertretenden Vorsitzenden der CDU/CSU-Bundestagsfraktion, Wolfgang Bosbach, reiste ich im Januar 2009 nach Damaskus und Amman, um ein Bild von der Situation der Flüchtlinge vor Ort zu bekommen. Allein in Syrien und Jordanien leben nach Schätzungen des UNHCR über zwei Millionen Flüchtlinge. Die beiden Länder erbringen eine – gemessen an ihrer Gesamtbevölkerung – enorme Aufnahmeleistung. Dennoch stoßen sie an ihre Grenzen. Hier ist ohne jeden Zweifel die internationale Gemeinschaft gefragt, einen Teil der besonders schutzbedürftigen Flüchtlinge im Rahmen der »Resettlement«-Programme aufzunehmen. Als schutzbedürftig gelten Angehörige von im Irak verfolgten Minderheiten, vor allem religiöser Minderheiten. Darüber hinaus Menschen, die besonderer medizinischer Hilfe bedürfen, darunter auch Traumatisierte und Folteropfer. Ebenso alleinstehende Frauen mit Kindern. Insbesondere die Lage der Christen im Irak ist oft prekär: Während sie zu Beginn des Irakkriegs ca. 3 Prozent der irakischen Bevölkerung ausmachten, ist der Anteil der Christen an der Gesamtzahl der irakischen Flüchtlinge (inklusive Binnenflüchtlinge) im zweistelligen Bereich. Die größte Gruppe sind Chaldäer, aber auch Angehörige der syrisch-orthodoxen und der assyrischen Kirche des Ostens. In vielen Gesprächen haben mir Christen in Damaskus und Amman geschildert, dass sie nach dem Krieg im Irak nirgendwo sicher leben können. Während Sunniten und Schiiten in bestimmten Regionen des Iraks Schutz finden können, bleibt den Christen im Irak, die überall verfolgt werden, oft nur ein Weg – Flucht aus dem Land. Darum war es richtig, dass in den Aufnahmekriterien der Bundesrepublik Deutschland die religiösen Minderheiten – in diesem Fall Christen – vorrangig berücksichtigt wurden. Mit einem solchen »Resettlement«-Programm nimmt Deutschland erstmals Flüchtlinge auf, mit dem erklärten Ziel eines dauerhaften Aufenthaltes in der Bundesrepublik. Dies ist ein Novum. Die ausgewählten Personen erhalten zunächst eine Aufenthaltserlaubnis für drei Jahre mit der Perspektive eines

dauerhaften Bleiberechts. Sie sind im Gegensatz zu den Asylbewerbern unmittelbar berechtigt, eine Erwerbstätigkeit auszuüben. Im Übrigen sind die irakischen Flüchtlinge, die seit
Frühjahr 2009 nach Deutschland kommen, überdurchschnitt-
lich gut ausgebildet, sprechen oft mehrere Sprachen und sind
entschlossen, sich schnell in Deutschland zu integrieren. Vor
Ort konnte ich erleben, wie die Vertreter des Bundesamts für
Migration und Flüchtlinge mit ausgewählten Kandidaten Interviews führten. Dabei war nicht nur Schutzbedürftigkeit,
sondern erstmals auch die Integrationsfähigkeit fest in den
Aufnahmekriterien verankert. Sicher sind 2500 Flüchtlinge
von insgesamt über zwei Millionen ein Tropfen auf dem heißen
Stein. Ich kann mir gut vorstellen, dass wir im Falle positiver
Erfahrungen mit den ersten Flüchtlingen weitere aufnehmen
sollten. Die Kommunen und viele christlichen Gemeinden haben mit viel Engagement, begleitet durch den rührigen und
ideenreichen Integrationsbeauftragten des Landes, Thomas
Kufen, die Menschen bei den ersten Integrationsschritten unterstützt.

Die geregelte Zuwanderung irakischer Kriegsflüchtlinge
im Frühjahr 2009 war ein richtiger Schritt, dem weitere folgen müssen. Ergänzen müssen wir das Asylrecht aber auch um
eine mutige Einwanderungspolitik. Deutschland braucht qualifizierte Einwanderer, die unserem älter werdenden Land helfen, international konkurrenzfähig zu bleiben. Die Stimmung
des Jahres 1993 und die parteipolitischen Kämpfe haben die
folgenden Jahre der Integrationsdebatte negativ geprägt. Das
Empfinden eines quantitativen Zuwanderungsproblems wirkt
bis heute nach.

Bei den Zuwandererfamilien, insbesondere denen mit türkischen Wurzeln, haben diese Jahre zugleich zu einer Entfrem-
dung gegenüber dem Land, in dem sie leben, geführt. Obwohl
die Debatte eher um das Asylrecht ging, dass sie ja gar nicht
betraf, waren »Gastarbeiter« der ersten Generation die Opfer
von Brandanschlägen.

Drei Tage nach der aufgeladenen Asylentscheidung des Bundestages, am Pfingstsamstag 1993, verübten Rechtsradikale den
Brandanschlag auf das Haus der Familie Genç in Solingen.

Hülya Genç (9), Gülüstan Öztürk (12) und Hatice Genç (18) kamen in den Flammen ums Leben. Gürsün İnce (27) und Saime Genç (4) erlagen ihren Verletzungen nach einem Sprung aus dem Fenster. Viele weitere Familienmitglieder erlitten zum Teil schwerste Verletzungen. Das Wohnhaus der Familie in der Unteren Wernerstraße in Solingen wurde völlig zerstört. Die vier Attentäter wurden am 13. Oktober 1995 nach mehr als 120 Verhandlungstagen vom Oberlandesgericht Düsseldorf wegen fünffachen Mordes, vierzehnfachen Mordversuchs und besonders schwerer Brandstiftung zu Haftstrafen zwischen 10 und 15 Jahren verurteilt.

Heute ist am Mahnmal für die Opfer eine Inschrift angebracht. Darauf steht: »Mahnmal Solinger Bürger und Bürgerinnen. Wir wollen nicht vergessen. Wir wollen nicht wegsehen. Wir wollen nicht schweigen. Viele Menschen in dieser Stadt trauern und erinnern an den Brandanschlag vom 29. Mai 1993, bei dem fünf türkische Mädchen und Frauen um ihr Leben kamen. Verbunden wie diese Ringe wollen wir miteinander leben.«

Der schreckliche Brandanschlag von Solingen machte überdeutlich, wie sehr die Integrationspolitik von Stimmungen und Gefühlen beeinflusst wird. Vor allem mit Blick auf die Türken in Deutschland und die türkeistämmigen Bürgerinnen und Bürger war das Jahr 1993 ohne jeden Zweifel ein Tiefpunkt in der emotionalen Beziehung zur Bundesrepublik.

Vor allem der Brandanschlag auf das Haus der Familie Genç in Solingen ist zur Metapher für rechtsradikale Gewalt gegen Zuwanderer geworden. Der 29. Mai 1993 hat sich tief ins Bewusstsein der Zuwanderer eingegraben, der Tag, an dem Mevlüde Genç zwei Töchter, eine Nichte und zwei Enkelinnen verlor. Es konnte daher niemanden überraschen, dass die Zeitung *Hürriyet* nach dem tragischen Brandunglück in Ludwigshafen am 3. Februar 2008, bei dem neun Menschen mit Wurzeln in der Türkei ums Leben kamen, fragte: »Ist das etwa ein zweites Solingen?«

Weniger als drei Jahre nach der Wiedervereinigung Deutschlands wurden in Ost- und Westdeutschland Brandanschläge auf Häuser verübt, in denen Türken lebten – und starben.

Mussten die Türken das nicht als Signal verstehen, in Deutschland unerwünscht zu sein, als Botschaft, dass sie in dem Land, in dem sie seit Jahrzehnten zum Hause waren, ihres Lebens nicht mehr sicher sein könnten?

Angela Merkel hat nach der Rede des türkischen Ministerpräsidenten Erdogan in Köln im Februar 2008 bekräftigt, dass sie auch die »Bundeskanzlerin der Zuwanderer« sei. Das war eine einfache, aber starke Botschaft. Hätte nicht auch Helmut Kohl in den Tagen nach dem Anschlag in Solingen einen solchen Satz sagen müssen? Vielen Zuwanderern ist im Gedächtnis geblieben, dass er einen solchen Satz nicht gesagt hat. Zur Trauerfeier nach Köln schickte er den Außenminister Klaus Kinkel. Und er schickte ein Beileidstelegramm an den türkischen Staatspräsidenten. Protokollarisch und diplomatisch korrekt. Aber war es auch richtig? War das nicht auch das Signal, das die allesamt in Deutschland geborenen Kinder der Familie Genç nicht Kinder unserer Gesellschaft sind, sondern Kinder der Republik Türkei? Hätte man nicht der Familie beistehen und kondolieren müssen statt dem fernen und fremden Staatschef? Integriert sich jemand in unser Land, dem nicht das Gefühl vermittelt wird, dass der Bundeskanzler der Bundesrepublik Deutschland auch sein Bundeskanzler ist?

Helmut Kohl hat nicht so gehandelt. Nicht um den Rechten nach dem Mund zu reden. Im Gegenteil, er war derjenige, der gerade in den Jahren der Wiedervereinigung nicht national dachte, sondern europäisch: Er hat – von Anfang an, beharrlich und konsequent – die deutsche mit der europäischen Einheit verknüpft. Er war ein Visionär, der die Chance zu Deutschlands Einheit 1989/1990 erkannte und sie – mit dem Beschluss über die Einführung des Euro im Jahr 1991 – europäisch einbettete. Innenpolitisch hat er aber die dringenden Notwendigkeiten einer Integrationspolitik nicht erkannt, so wie die Mehrheit der Deutschen auch zur damaligen Zeit.

Dass sein Fernbleiben von Solingen mit dem Satz verbunden wird, er halte nichts von »Beileidstourismus«, ist zwar historisch falsch. Zur historischen Wahrheit gehört aber doch, dass es viele verletzt hat. Mevlüde Genç hat mir später zwar einmal erzählt, dass ihr damals Kohls Verhalten relativ egal war. Aber das Helmut Kohl zugeschriebene Wort vom »Beileidstourismus« hat auf andere gewirkt.

Wie tief diese Verletzung bei der türkeistämmigen Gemeinde in Deutschland reichte, spürte ich 15 Jahre später. Im November 2008 war ich im Kölner Theater am Bauturm, um das Buch »Septembertee« der Schauspielerin und Schriftstellerin Renan Demirkan vorzustellen. Vor dem versammelten Publikum bekannte die Autorin, sie habe der CDU bis heute nicht verziehen, dass sich die Partei nie für Helmut Kohls Wort vom »Beileidstourismus« entschuldigt habe. Ich war über die Emotionalität dieser Aussage überrascht, doch eigentlich ging es ihr darum, dass bei den Zugewanderten in Deutschland und insbesondere bei den Türken und Türkeistämmigen Anfang der neunziger Jahre der Eindruck entstanden ist, bei uns im Land nicht gewollt und erst recht nicht willkommen zu sein. Als ich hörte, was Renan Demirkan sagte, war mir vollkommen klar: Hier spricht nicht eine Frau, die vielleicht Helmut Kohl nicht besonders gut leiden kann – sondern hier kommt das kollektive Gedächtnis einer ganzen Zuwanderergeneration zur Sprache. Es war für mich eine Lehrstunde darüber, wie wichtig Emotionen, Mitgefühl, Anteilnahme und Empathie in der Integrationspolitik sind. Wenn an der Börse fünfzig Prozent Psychologie sind, dann sind es in der Integrationspolitik eher achtzig oder neunzig Prozent.

Es wäre so einfach gewesen, gerade gegenüber der Familie Genç, die so großes Leid erfahren hat, Anteilnahme und Solidarität im Leid zu signalisieren. Mevlüde Genç macht es einem leicht, weil sie ein Vorbild an Versöhnungsbereitschaft und Großherzigkeit ist. Noch in der Nacht nach dem Anschlag rief sie zur Mäßigung und Versöhnung auf. Jahre später sagte sie einmal: »Der Tod meiner Kinder soll uns dafür öffnen, Freunde zu werden.« Obwohl sie ihre engsten Verwandten verloren hatte, unterschied sie von Anfang an zwischen den Tätern und ihrem Land: Nicht »die Deutschen« hätten den Brandanschlag verübt, sondern einzelne Täter.

Diesen Mut zu differenzieren wünsche ich auch denen, die bei Gewalttaten von Muslimen irgendwo auf der Welt gleich auch die bei uns lebenden Muslime in Mithaftung nehmen. Gerade nach dem 11. September 2001 stellten so manche Deutsche alle Muslime unter Generalverdacht. Den Menschen, die so reagieren, wünsche ich die großartige Haltung von Mevlüde Genç. Denn Hass und Zorn gesteht man jedem zu, dessen Kinder durch Mord ums Leben kamen. Mevlüde Genç hat dieses Zugeständnis nicht gebraucht. Sie hat den Hass erst gar nicht in ihr Herz gelassen.

Einer meiner ersten Besuche als Integrationsminister des Landes Nordrhein-Westfalen galt deshalb der Familie Genç in Solingen. Ich wollte damit auch ein Zeichen setzen. Mevlüde Genç ist eine Symbolfigur, der ich meine Aufwartung machen wollte – um damit der türkeistämmigen Gemeinschaft insgesamt zu signalisieren, dass ich mich für sie und ihre Belange interessiere.

Ich war unsicher vor diesem Besuch. Es war mein erster Besuch in einer türkischen Familie. Auch sprach Mevlüde Genç nur wenig Deutsch. So half mir Cem Özdemir, mein früherer Kollege aus dem Europäischen Parlament, Kontakt zur Familie aufzunehmen. Er sagte mir auch zu, mich bei diesem ersten Besuch zu begleiten. Für Özdemir war der Brandanschlag auf das Haus der Familie Genç übrigens auch ein Signal: Er hat daraus die Konsequenz gezogen, als Sohn türkischer Einwanderer ins Parlament zu gehen. Ein Jahr später zog er in den Deutschen Bundestag ein.

Die Aufnahme bei der Familie Genç war von so großer Gastfreundschaft und Herzlichkeit geprägt, dass sie mich bis heute beschämt. Ich bin danach immer wieder nach Solingen gefahren, um die Familie zu treffen. Auch den Heimatort in der Türkei, das Dorf Mercimek, habe ich besucht. Es war Mevlüde Genç, die darum bat, dass am Grab der Opfer neben der türkischen Fahne auch eine deutsche aufgehängt werden sollte. Das haben wir dann gerne ermöglicht. Und noch etwas hat mich damals bewegt: Ihr Sohn Bekir, der mir vorausgefahren war und mich dann vor Ort in der Türkei begleitet hatte, freute sich, endlich wieder nach Hause zu kommen – und meinte damit den Rückflug nach Solingen!

Solingen ist heute eine Stadt, die eine bundesweite Vorreiterrolle in der kommunalen Integrationspolitik übernommen hat.

Oberbürgermeister Franz Haug weiß, dass der Name Solingen für viele Menschen mit dem Brandanschlag als dunklem Tag der Integrationsgeschichte verbunden ist. Aber die Stadt Solingen und Haug selbst haben aus der kommunalen Integrationspolitik ein Vorbild fürs ganze Land gemacht.

15 Jahre nach dem Brandanschlag in Solingen nahm Bundesinnenminister Wolfgang Schäuble an der Gedenkfeier am 29. Mai 2008 teil, zu der ich eingeladen hatte. 1993 war Schäuble Vorsitzender der CDU/CSU-Bundestagsfraktion gewesen. Schäubles Teilnahme am Solinger Gedenken im vergangenen Jahr war für mich ein Hinweis darauf, dass sich in der deutschen Integrationspolitik vieles gegenüber 1993 verändert hat. Heute käme niemand auf die Idee, den Außenminister dort sprechen zu lassen. Wolfgang Schäuble hat als Innenminister in Solingen den Menschen mit türkischen Wurzeln signalisiert: Ihr seid Teil der deutschen Gesellschaft, eine »innere Angelegenheit« und keine außenpolitische; deshalb ist der für »Inneres« der Gesellschaft zuständige Minister euer Minister.

Daran wird noch etwas Zweites deutlich: Die Gefühle der Zuwanderer werden nicht mehr als Nebensächlichkeiten abgetan, die zugunsten des politischen Kalküls auch mal unter den Tisch fallen können. Die psychologischen Auswirkungen der Äußerungen und Taten von Politikern sind mindestens ebenso wichtig wie die konkreten Ergebnisse ihres Handelns.

Auf Psychologie hatte auch die eigentlich nüchterne Naturwissenschaftlerin Angela Merkel gesetzt, die als erste Bundeskanzlerin zweihundert früher sogenannte »Gastarbeiterinnen und Gastarbeiter« der ersten Generation ins Kanzleramt einlud. Man muss sich das einmal vorstellen: 1955 schließt Deutschland ein Anwerbeabkommen mit Italien, und erst im Jahr 2008 kommt man in der Bundesregierung auf die Idee, wenigstens einigen der Millionen »Gastarbeiter« gegenüber Dankbarkeit zu signalisieren. Ein ganz anderes, ein verheerendes Signal hatte die Bundesregierung 1983 ausgesandt, als sie den türkischen »Gastarbeitern« eine »Rückkehrprämie« anbot. Ich erinnere mich gut daran, dass mir die Idee der Bundesregierung damals durchaus einleuchtete. Warum sollte man nicht denen, die als »Gastarbeiter« kamen und inzwischen arbeitslos oder frühverrentet waren, mit einer finanziellen Unterstützung helfen, in der Heimat eine neue Existenz aufzubauen? Was mir nicht einfiel und auch die Bundesregierung nicht beachtete, war etwas anderes: Wollten die »Gastarbeiter« nach mehr als zwanzig Jahren in Deutschland überhaupt zurück? Waren sie in ihrer früheren Heimat nicht auch zu Fremden geworden?

Die »Gastarbeiter« aus Deutschland waren in der alten Heimat nämlich keineswegs uneingeschränkt willkommen. Nicht wenige Türken, die in ihrem Land geblieben sind, fürchten, dass Heimkehrer sie vom Arbeitsmarkt verdrängen könnten, weil sie als qualifizierter, aber auch disziplinierter galten. Irgendwie schienen sie durch die Jahre in Deutschland anders geworden zu sein.

Eins ist aber sicher: Die Diskussion über Rückkehrprämien empfanden gerade die Zuwanderer aus der Türkei als ein deutliches Signal, dass man sie loswerden wollte. Vor allem bei den in Deutschland geborenen Kindern der Zugewanderten sorgte die »Rückkehrprämie« für Verbitterung. Wie die Botschaft bei ihnen ankam, schilderte mir einer von ihnen so: »Ihr gehört nicht zu uns. Wir geben euch Geld, wenn ihr geht. Hier ist das Geld. Überlegt nicht lang. Geht, möglichst bald.«

Norbert Blüm und Friedrich Zimmermann, die beiden zuständigen Minister im Kabinett Kohl, haben das Rückkehrprämienprogramm schnell wieder zurückgenommen. Aber auch hier sind die emotionalen Verletzungen, die Auswirkungen auf die Gefühle der Zugewanderten, lange geblieben.

Zwanzig Jahre später sind einige Türkeistämmige ganz freiwillig und ohne Rückkehrprämie in die Türkei gegangen. Allerdings waren es nicht die Arbeitslosen und Frühverrenteten, die gingen, sondern junge, leistungsbereite Akademiker, die in Deutschland geboren waren und hier einen Hochschulabschluss erworben hatten. Mit ihrer interkulturellen Kompetenz und ihren deutschen, türkischen und größtenteils auch noch englischen Sprachkenntnissen erhielten sie in der Boomphase der türkischen Wirtschaft Chancen, die sich ihnen in Deutschland nicht boten. Deutschland hat dadurch Begabungen, Fähigkeiten, Know-how und vor allem junge Menschen verloren – das können wir uns angesichts des demografischen Wandels nicht weiter leisten.

Ironisch könnte man fast formulieren, dass wir das Gegenteil einer »Rückkehrprämie« bräuchten: eine »Prämie fürs Hierbleiben« für die gut ausgebildeten Kinder aus Zuwandererfamilien, die wir in Deutschland brauchen, weil sie unsere Gesellschaft einmal tragen müssen. Ich rede deshalb in letzter Zeit häufig davon, dass Deutschland eine echte »Willkommenskultur« entwickeln muss. Ich meine damit das klare Signal an die Zugewanderten, dass sie in Deutschland willkommen sind. Meine Botschaft lautet: »Wir brauchen euch hier in Deutschland. Ihr gehört zu uns. Bleibt in Deutschland und nutzt eure Aufstiegschancen.«

Wenn ich von der »Willkommenskultur« spreche, dann sind es meistens die Altdeutschen, die zustimmend nicken. Diejenigen von uns aber, die eine Zuwanderungsgeschichte haben, schütteln mit dem Kopf, so wie eine junge türkeistämmige Frau, die mir ganz entschieden sagte, sie brauche keine Willkommenskultur: »Ich bin ja nicht von irgendwoher hierhin gekommen, ich bin hier geboren.« Aber in einem Punkt waren wir uns einig: dass Gefühle ein wichtiger Schlüssel zur Integration sind. Dass wir vieles falsch gemacht haben, und dass Deutschland es nun besser machen muss. Für mich steht fest: Jeder Mensch, der in Deutschland geboren ist, soll die besten Chancen haben, sein Leben erfolgreich zu gestalten – unabhängig von der Herkunft seiner Eltern. Dieses Signal muss die Mehrheitsgesellschaft in Deutschland den Zugewanderten und ihren Kindern geben. Nicht ausgrenzen, sondern einbeziehen, zum Vorteil der gesamten Gesellschaft in der Bundesrepublik.

6 | Auf dem Weg zum modernen Staatsbürgerschaftsrecht 1995–2005

1995 war ein Jahr des historischen Gedenkens: Fünfzig Jahre Befreiung des Vernichtungslagers Auschwitz, fünfzig Jahre Ende des Zweiten Weltkrieges und fünf Jahre Deutsche Einheit. Bei diesen Anlässen gedachten die Deutschen in Ost und West zum ersten Mal gemeinsam des Schreckens der NS-Herrschaft und auch der Befreiung durch die Alliierten. Der Blick in Vergangenheit und Zukunft prägte die Gedenkveranstaltungen mit den Siegermächten des Zweiten Weltkrieges. In zahlreichen Reden und Beiträgen wurde die Debatte um die besondere deutsche Identität geführt.

Innenpolitisch lag gerade das sogenannte Superwahljahr 1994 hinter uns. Vorbei war die Zeit des Dauerwahlkampfs mit der Wahl des Bundespräsidenten, des Europäischen Parlaments, mit allein acht Landtagswahlen, dazu noch Kommunalwahlen in einigen Bundesländern und schließlich mit der Bundestagswahl am 16. Oktober. Dabei wählten mich die Bürger meiner Heimatstadt Aachen erstmals direkt in den Deutschen Bundestag. Die Mehrheit für CDU/CSU und FDP war hauchdünn. Bei seiner Wiederwahl zum Bundeskanzler erhielt Helmut Kohl nur eine Stimme mehr als die erforderliche Kanzlermehrheit. Heiner Geißler hat in seinem Buch »Gefährlicher Sieg« die Gefahren vorausgesagt, die der durch die Wahl gerade so eben bestätigten Koalition drohten: »Machen wir eine Politik des ›Weiter so‹, oder packen wir die großen innenpolitischen Reformvorhaben an?«, so fragte er und prophezeite eine Wahlniederlage 1998, falls aus den Lehren des knappen Wahlergebnisses von 1994 keine Konsequenzen gezogen, d. h. Reformen angepackt würden.

Nach dem jahrelangen erbitterten Streit um das Asylrecht, der 1993 mit der Grundgesetzänderung beendet wurde, wäre es jetzt an der Zeit gewesen, mit einer realistischen Integrationspolitik zu beginnen. Der Koalitionsvertrag sah Perspektiven für die Überarbeitung des Staatsbürgerrechts vor, aber der damalige Innenminister Manfred Kanther lehnte jede Veränderung ab und setzte auf die »Kinderstaatszugehörigkeit«. Nach diesem Rechtskonstrukt sollten Kinder hier geborener Zuwanderer einen Personalausweis erhalten, in dem die Staatsangehörigkeit vermerkt wäre, nicht aber einen Reisepass. Mit 18 Jahren sollten die Kinder dann die deutsche Staatsangehörigkeit erleichtert beantragen können.

Alles andere lehnte neben Kanther insbesondere die CSU ab. Der damalige CSU-Generalsekretär Bernd Protzner »appellierte« in der *Welt* an die Eltern, sie sollten sich um Einbürgerung bemühen: »Dann stellt sich für Ihre Kinder überhaupt nicht diese Frage. Ich bin nicht bereit, dass wir alles staatlicherseits lösen, wenn Eltern hier ihren Pflichten gegenüber ihren eigenen Kindern unzureichend nachkommen.« Protzner war es übrigens auch, der das erste Treffen von jungen Abgeordneten aus CDU und Grünen im Restaurant Sassella in Bonn-Kessenich mit dem Spruch begleitete: »Wir werden die ›Pizza-Connection‹ aufmerksam beobachten!« Was leicht mafiös klingen sollte, entwickelte sich zu einer Art Ehrentitel für unsere vierteljährlich stattfindenden Begegnungsabende, bei denen sich trotz politischer Unterschiede persönliche Freundschaften entwickelten.

Protzner vertrat eine eigenartige Auslegung des Kindeswohls: Eltern, die als Gastarbeiter kamen, sollten in einer Gesellschaft, die sich nicht als Einwanderungsgesellschaft verstand und eher das Signal aussandte, dass Rückkehr in die Herkunftsländer staatlicherseits gewünscht sei, aus Pflichtgefühl gegenüber ihren Kindern ihre alte Staatsangehörigkeit abgeben, um eine bessere Integration für die Kinder zu ermöglichen.

Diese Argumentation hatte nicht zum Ziel, Integration voranzubringen, sie war vielmehr geprägt von der Vorstellung, dass der, der etwas will, es zu beantragen habe und die Mehrheitsgesellschaft dies dann nach Prüfung großzügigerweise bewillige. Anderenfalls bleibe er oder sie draußen.

Wie in vielen Fragen der Integrationspolitik spielen auch

hier Emotionen eine große Rolle. Bei einer im Ruhrgebiet geborenen türkeistämmigen jungen Akademikerin, die ich in einer Diskussion kennenlernte, war ich ziemlich sicher, dass sie deutsche Staatsangehörige ist. Als ich sie darauf ansprach, verblüffte sie mich mit ihrer Antwort: »Nein, ich bin türkische Staatsbürgerin, auch weil ich überhaupt nicht einsehe, wieso ich, die ich nie woanders als in Deutschland gelebt habe, einen Antrag auf die deutsche Staatsangehörigkeit stellen müsste.«

Ich weiß nicht, wie viele türkeistämmige junge Leute ebenfalls so denken. Umso wichtiger ist es deshalb, dass Staat und Gesellschaft jedem Kind, das in Deutschland geboren wird, signalisieren: Du bist Teil dieses Landes, du gehörst zu uns. Und dies nicht nur auf Antrag.

Im Staatsangehörigkeitsrecht haben die Länder Europas unterschiedliche Traditionen. Die einen kennen das »ius soli«, das jedem, der auf dem Boden eines Landes geboren wird, die Staatsangehörigkeit dieses Landes verleiht. Das deutsche Reichs- und Staatsangehörigkeitsrecht von 1913 hingegen war von dem anderen grundlegenden Staatsbürgerprinzip getragen, dem »ius sanguinis«: Deutscher ist, wer vom Deutschen abstammt. Das im 4500 km entfernten Kasachstan geborene Kind deutschstämmiger Vorfahren ist deutsch, das in Aachen geborene Kind bleibt Türke. Schon im Jurastudium hatte mich fasziniert, wie ein Reichsgesetz aus der Kaiserzeit am Ende des 20. Jahrhunderts noch immer Geltung haben konnte. Es stach ins Auge im »Sartorius«, der Gesetzessammlung des öffentlichen Rechts.

Spätestens Mitte der neunziger Jahre wurde überdeutlich, dass dieses Gesetz nicht mehr zu einem Land passte, das längst Einwanderungsland geworden war. Die FDP, unser damaliger Koalitionspartner in Bonn, drängte auf eine Reform. Und auch bei uns in der CDU formierte sich eine Gruppe, die das Staatsbürgerrecht modernisieren wollte. Wir 26 Abgeordnete fragten uns, mit welcher Strategie wir aus dem Parlament diese Reform wohl am besten voranbringen könnten, wo doch der fachlich zuständige Innenminister jede substanzielle Veränderung ablehnte. Wir entschieden uns im August 1995 dafür, die Einrichtung einer fraktionsoffenen Arbeitsgruppe anzuregen, an der jedes Mitglied der Bundestagsfraktion teilnehmen und sich an der Erarbeitung der Reform beteiligen konnte. Der damalige Fraktionsvorsitzende Wolfgang Schäuble und der Erste Parlamentarische Geschäftsführer Hans-Peter Repnik ermöglichten die Gründung der Gruppe.

Und tatsächlich fand nur einen Monat später bereits die erste Sitzung statt, geleitet vom damaligen stellvertretenden Fraktionsvorsitzenden, dem Staatsrechtler Professor Rupert Scholz. Wir tagten fortan regelmäßig, nicht nur fraktionsintern, sondern auch mit Experten, die uns verfassungsrechtlich begleiteten. Federführend bei uns waren der heutige Staatssekretär im Bundesinnenministerium, Peter Altmaier, der heutige außenpolitische Sprecher der Bundestagsfraktion, Eckart von Klaeden, und deren heutiger Erster Parlamentarischer Geschäftsführer, Norbert Röttgen.

Parallel zu diesem Prozess im Parlament starteten wir im Juni 1996 dann eine »Initiative in der CDU für ein zeitgemäßes Staatsangehörigkeitsrecht«, der sich über 150 Christdemokraten, neben uns aus der »jungen Gruppe« auch Heiner Geißler, Christian Schwarz-Schilling und Rita Süssmuth aus dem Bundestag, Abgeordnete der Landtage und des Europaparlaments sowie CDU-Oberbürgermeister wie Petra Roth aus Frankfurt und Landräte aus ganz Deutschland anschlossen. In unserem zweiseitigen Papier hieß es: »Die soziale und rechtliche Integration der in Deutschland lebenden ausländischen Mitbürger ist eine moralische Verpflichtung gegenüber den Betroffenen und unverzichtbar für die dauerhafte Bewahrung des gesellschaftlichen Friedens. Der Schaffung eines zeitgemäßen Staatsangehörigkeitsrechts kommt damit eine zentrale Bedeutung zu.«

Unter »zeitgemäß« verstanden wir dabei folgende Eckpunkte: Kinder ausländischer Eltern sollten mit der Geburt die deutsche Staatsangehörigkeit erhalten, wenn ein Elternteil dauerhaft und rechtmäßig in Deutschland lebt. Nach Erreichen der Volljährigkeit müssten sie sich für eine entscheiden, die deutsche oder ihre andere. Außerdem sollten nach unseren Vorstellungen Ausländer bereits nach zehn Jahren (statt bisher 15) einen Rechtsanspruch auf Einbürgerung erhalten. Die sollte nicht erfolgen, wenn »der Antragsteller die Grundwerte unserer Verfassungsordnung erkennbar ablehnt, wegen eines Verbrechens rechtskräftig verurteilt worden ist oder die deutsche Sprache nicht hinreichend beherrscht«.

Vergleicht man unseren Vorschlag vom Juni 1996 mit dem im Mai 1999 mit rot-grüner Mehrheit (plus 25 FDP-Stimmen bei 22 CDU-Enthaltungen) im Bundestag und zusammen mit der sozialliberalen Regierung von Rheinland-Pfalz im Bundesrat beschlossenen und dann am 1. Januar 2000 in Kraft getretenen »Staatsangehörigkeitsgesetz«, sind die Übereinstimmungen überdeutlich.

Während uns im Sommer 1996 FDP, SPD und die Grünen Unterstützung signalisierten, bissen wir innerhalb unserer eigenen Fraktion auf Granit. Gar nicht mal so sehr beim Fraktionsvorsitzenden Wolfgang Schäuble. Er hat sich zwar nie für unsere Initiative starkgemacht, ihr aber viel Raum gegeben und durch seine Mitarbeiter auch begleiten lassen. Der Kopf der Verhinderer war Manfred Kanther. Seine Äußerungen kamen für uns aus der integrationspolitischen Steinzeit. Kurz vor der Wahl 1994 hatte er beispielsweise im *Focus* Folgendes gesagt: »Mit mir gibt es kein Einwanderungsgesetz. Der Begriff ›Einwanderungsland‹ ist keine Zustandsbeschreibung, sondern eine Zielangabe, die für Deutschland nicht gilt. Wir haben keine Einwanderung, sondern Freizügigkeit in der Europäischen Union, daneben legale Asylbewerber und illegale Zuwanderung.«

Als wir unsere Reformpläne für das Staatsbürgerrecht präsentierten, wetterte er gegen das Optionsmodell, sich bei Volljährigkeit für eine Staatsbürgerschaft entscheiden zu müssen: »Wie soll das denn gehen? Soll dann der junge Türke unter dem Brandenburger Tor seinen deutschen Pass verbrennen?« Auf dieses Bild, auf diese Sprache muss man erst mal kommen. Je dünner die Argumente, desto überzogener die Metaphorik. Dabei spielten die Urelemente und damit vorhandene Urängste immer eine Rolle: das volle Boot, das zu kippen drohte, oder eben das Feuer der Passverbrennung unter dem Brandenburger Tor.

Mancher Fraktionskollege überbot Kanther noch in der

Rhetorik. Den innen- und rechtspolitischen Sprecher der CSU-Landesgruppe trieben unsere Ideen regelmäßig zu derbsten Wutausbrüchen. Mitten in der Diskussion über unsere Initiative ließ er sich in der *Zeit* in Bezug auf Peter Altmaier und Norbert Röttgen zitieren: »Man sollte euch mit der Gartenschere die Eier abschneiden!« Das war noch geradezu filigran formuliert im Vergleich zu einem anderen Zitat in *Die Woche:* »Wenn ich mich heute Nacht mit einer Negerin ins Bett lege, und ein Kind kommt dabei heraus, was ist das dann: ein Deutscher, ein Mischling, oder was?«

Cem Özdemir bezog zu diesen Sätzen am 21. Juni 1996, zwei Tage nach Veröffentlichung unseres Appells, vom Rednerpult des Deutschen Bundestages klar Stellung: »Erstens, auf gut Neudeutsch: Das war ›politically absolutely not correct‹. Zweitens: Ich will Ihnen die Frage gern beantworten. Es ist ein deutscher Staatsbürger erster Klasse, so wie auch 300 000 schwarze Deutsche, die in diesem Lande leben.«

Kein Wunder also, dass in diesem Klima die von uns angeschobene Reform des Staatsangehörigkeitsrechts in jener Legislaturperiode letztlich nicht mehr zustande kam. Kanther wusste dies zu verhindern, indem er einfach auf Zeit spielte. Er spekulierte darauf, dass es bei dem Konflikt innerhalb der Koalition und Lafontaines Blockademehrheit im Bundesrat immer unwahrscheinlicher werden würde, zu einer Einigung zu kommen, je näher es Richtung Bundestagswahl im Herbst 1998 ging. Damit sollte er recht behalten.

Vor der parlamentarischen Sommerpause 1997 machten Peter Altmaier, Eckart von Klaeden und Norbert Röttgen noch einmal den – heute fast schon verzweifelt anmutenden – Versuch, den Druck auf Kanther zu erhöhen. Wir wollten, dass die Fraktion in einer Sondersitzung über die vorliegenden Konzepte abstimmt. Altmaier und Röttgen erklärten öffentlich, dass die Union nach jahrelanger Diskussion jetzt Farbe bekennen und zeigen müsse, ob sie die »Blockade und Bewegungsunfähigkeit« überwinden wolle. Der Innenminister habe »kein Vetorecht«, attackierten sie ihn. Manfred Kanther aber erhielt für seinen Kurs weiter die volle Rückendeckung von Partei- und Fraktionsführung. CSU-Generalsekretär Bernd Protzner glänzte diesmal mit dem Satz, man werde sich nicht länger »von grünen Jungs in der CDU auf der Nase herumtanzen lassen«. Kanther verschleppte daraufhin das Verfahren weiter und rettete sich ins Wahljahr.

Ende März 1998 kam es dann zur Abstimmung über einen Gesetzentwurf des SPD-dominierten Bundesrates zum Staatsangehörigkeitsrecht. Die Opposition hoffte, ihren wenige Tage zuvor erzielten Sieg beim »Großen Lauschangriff« nun abermals mithilfe von Abweichlern der FDP wiederholen zu können. Für diesen Fall hatten unsere Parteispitzen der FDP mit dem Ende der Koalition gedroht. Die Drohung wirkte, auch auf uns. Nur drei Liberale trauten sich eine Enthaltung: Bundestagsvizepräsident Burkhard Hirsch, die Ausländerbeauftragte der Bundesregierung, Cornelia Schmalz-Jacobsen, und die ehemalige Bundesjustizministerin Sabine Leutheusser-Schnarrenberger. Wir anderen 338 Abgeordneten von Union und FDP votierten dagegen.

Peter Altmaier, Heiner Geißler, Norbert Röttgen und Rita Süssmuth erklärten schriftlich für uns, dass unserer Auffassung nach die automatische Erteilung der deutschen Staatsbürgerschaft der beste Weg sei, die in Deutschland geborenen Ausländerkinder zu integrieren. Weil die Abstimmung aber zu einem »Votum über die Mehrheitsfähigkeit der Koalition« gemacht worden sei, lehnten wir den SPD-Antrag ab und hofften auf eine Regelung nach der Bundestagswahl. Horst Eylmann, Vorsitzender des Rechtsausschusses, äußerte sich im Plenum im selben Sinne. Er bedauerte außerordentlich, dass die Reform nicht gelungen sei, zeigte sich aber davon überzeugt, dass unabhängig vom Ausgang der Bundestagswahl in der nächsten Legislaturperiode die zeitlich begrenzte doppelte Staatsbürgerschaft beschlossen werde. Damit wiederum sollte er, sehr zum Ärger des nun einfachen Abgeordneten Manfred Kanther, recht behalten.

Am 11. Februar 2009 erlebte ich beim Freundschaftsspiel Deutschland gegen Norwegen in Düsseldorf ein besonderes Debüt: In der 78. Spielminute wurde Mesut Özil eingewechselt und bestritt sein erstes Länderspiel für die deutsche Fußballnationalmannschaft. Özil, der 1988 in Gelsenkirchen zur Welt gekommen war, hatte sich dafür entschieden, in der Mannschaft seines Geburtslandes zu spielen. Zuvor war um den talentierten Mittelfeldmann sowohl vom deutschen als auch vom türkischen Fußballverband heftig geworben worden, denn Mesut Özil hatte fußballerisch beide Optionen.

Weil der Weltfußballverband es nicht zulässt, dass jemand, der schon ein Spiel für ein Nationalteam absolviert hat, noch einmal für ein anderes Land aufläuft, stand Mesut Özil nun vor einer für seine weitere Karriere sehr wichtigen und wegweisenden Entscheidung. Er war hin- und hergerissen, sprach darüber viel mit seinen Freunden und seiner Familie. Der Co-Trainer der türkischen Elf glaubte, dass Özil empfänglich war für die Avancen aus der Heimat seiner Eltern, und gab sein Werben erst auf, nachdem der Bremer Spieler die Einladung der türkischen Nationalmannschaft zum Länderspiel gegen die Elfenbeinküste ausgeschlagen hatte, das am selben Tag wie das deutsche Spiel gegen Norwegen stattfand.

Als bekannt wurde, dass Mesut Özil stattdessen die Einladung von Bundestrainer Jogi Löw annehmen würde, musste seine Internetseite nach diffamierenden Äußerungen geschlossen werden. Einige Türken warfen ihm Egoismus vor und beschimpften ihn als Nestbeschmutzer. Özil selbst sagte, seine Wahl sei ihm nicht leichtgefallen, »aber ich bin in Deutschland geboren und wurde hier ausgebildet. Ich bekenne mich zu meinen türkischen Wurzeln, hoffe aber, dass sich durch meine Entscheidung viele Deutsche mit Migrationshintergrund mehr mit der deutschen Nationalmannschaft identifizieren«.

Cem Özdemir nannte Özil einen Eisbrecher, weil zuvor viele andere türkeistämmige Spieler, die in Deutschland geboren wurden, für die Türkei optiert hatten, beispielsweise die wie Özil in Gelsenkirchen geborenen Zwillingsbrüder Halil und Hamit Altintop, Nuri Sahin aus Lüdenscheid oder Yildiray Bastürk aus Herne. Auch wenn die FIFA inzwischen ihre Regularien von Freundschafts- auf Pflichtspiele veränderte, war die Entscheidung von Mesut Özil vom Winter 2009 für die deutsche A-Nationalmannschaft und der Gewinn der U21-Europameisterschaft im Sommer 2009 mit einer Elf, bei der in manchen Spielen neun Spieler eine Zuwanderungsgeschichte hatten (»die Multikulti-Kicker«), Vorbild für eine ganze Generation von Jugendlichen. Özil wurde zum Star des deutschen Teams.

Weil die Kickerelite unseres Landes unabhängig von ihrer Herkunft für den Adler auf der Brust optiert hat, wird es den »Optionskindern« des neuen Staatsbürgerrechts nicht nur leichter fallen, die deutsche Nationalmannschaft auch als ihre Nationalmannschaft anzunehmen. Diese Kinder werden sich, wenn es um die Option für die mit der Geburt erhaltene deutsche Staatsangehörigkeit geht, hoffentlich ebenfalls leichter für ihr Geburtsland entscheiden können. Die innere Zerrissenheit, die Özil erlebte, ist aber auch ihre Zerrissenheit.

Um die alten Denk- und Handlungsblockaden aus der in Sachen Integration bleiernen Zeit der achtziger und neunziger Jahre zu überwinden, bedurfte es für CDU und CSU erst der Erneuerung in der Opposition nach der deutlich verlorenen Bundestagswahl 1998. Wir – nicht nur in CDU und CSU – sind dabei fast zu spät gekommen. Denn das wahre Leben im Land, in den Schulen und in den Stadtteilen hatte bereits begonnen, gleichermaßen diejenigen zu bestrafen, die, wie große Teile der Union, solche Tatsachen wie »Einwanderungsland« oder »multikulturelle Gesellschaft« über Jahrzehnte geleugnet hatten, aber auch die, vorrangig bei den Grünen, für die »Multikulti« nur ein nicht enden wollendes fröhliches Straßenfest ohne Anforderungen zu sein schien. Auf allen Seiten des politischen Spektrums haben Scheuklappen den Blick auf die tatsächliche Situation verhindert.

Claus Leggewie hat im Juni 2009 bei einer Veranstaltung in Düsseldorf, bei der ich mit Navid Kermani ein Gespräch führte, erklärt, wie er auf die verkürzte Form »Multikulti« und damit auf den Titel seines 1990 erschienenen Buches gekommen sei. »Ich habe den Begriff Multikulti nicht erfunden, aber ich habe ihn importiert. 1988 bereitete ich ein Buch vor, in dem es um die multikulturelle Gesellschaft gehen sollte. Ich hatte zu tun mit Daniel Cohn-Bendit und dem in Frankfurt am Main entstehenden Amt für multikulturelle Angelegenheiten. Den Namen gab es bereits oder er war doch in Planung. Für das Buch suchten wir noch nach einem Titel. In New York kam ich drauf. Im ›Sounds of Brazil‹, einem Jazz-Lokal, spielte eine Gruppe um Don Cherry namens Multikulti. In der Pause sprach ich den Bassisten an, einen freundlichen Afroamerikaner. ›Woher der Name?‹ ›I don't know‹, antwortete er. Da trat Don Cherry hinzu und erklärte: ›In dieser Gruppe sind Koreaner, Südamerikaner, US-Bürger. Darum Multikulti.‹ Ich rief mitten in der Nacht meinen Freund und damaligen Rotbuch-Lektor Otto Kallscheuer an: Wir haben einen Titel: Multikulti.«

In dieser Zeit hatte sich auch Heiner Geißler, noch als CDU-Generalsekretär, den Begriff in seiner Langform bereits längst zu eigen gemacht. Flankiert vom Politikwissenschaftler Dieter Oberndörfer brachte er ihn damit wenigstens schon einmal in die Nähe der politischen Agenda. In der *Zeit* vom 28. Oktober 1988 sagte Geißler: »Für ein Land in der Mitte Europas ist die Vision einer multikulturellen Gesellschaft eine große Chance. Deshalb müssen wir das Land offen halten für Ausländer und für Aussiedler. Das sind zumeist mutige, dynamische Menschen, die Risiken auf sich nehmen und anpassungsbereit sind.« Wie so oft, war der Generalsekretär seiner Zeit voraus.

Auch der Begriff »multikulturell« war importiert worden, und zwar acht Jahre zuvor. 1980 hatte die »multikulturelle Gesellschaft«, von vielen unbemerkt, auch sprachlich in Deutschland Einzug gehalten. Das Land aber war mit ganz anderen Dingen beschäftigt.

Die Bundestagwahl in diesem Jahr war die erste, an der ich als Wähler teilnehmen konnte. Das Duell Franz-Josef Strauß gegen Helmut Schmidt elektrisierte und polarisierte das Land. Auch an unserer Schule, in unserem Abiturjahrgang, ging es hoch her. »FJS«-Aufkleber gegen »Stoppt-Strauß«-Anstecker. Viele Aachener CDU-Sympathisanten fremdelten dem Bayern gegenüber. Mit dem Norddeutschen Helmut Schmidt konnten sie mehr anfangen und glaubten gar, dass er eigentlich in der falschen Partei sei. Die *FAZ* sprach von einem »Nord-Süd-Konflikt auf deutsch« und bescheinigte der Republik einen »noch immer nicht gelösten oder erlösten deutschen Seelen- und Gesellschaftszustand zwischen Nord und Süd, evangelisch und katholisch, ›Preußen‹ und ›Bayern‹. Der Wettbewerb zwischen SPD/FDP und CDU/CSU mag manchen an eine Fortsetzung des 30-jährigen Krieges mit halbwegs friedlichen Mitteln erinnert haben«.

Es war also im Herbst 1980 wie so oft davor und danach: Die Deutschen drehten sich um sich selbst, und die Parteien und mit ihnen die Medien lagen in den verbalen Schützengräben. Es wurde heftig Stimmung gemacht und ausgeteilt. Und nicht nur gegen Preußen oder Bayern: Friedrich Karl Fromme, langjähriger Leiter des Innenpolitik-Ressorts der *FAZ*, kommentierte einen FDP-Vorstoß zur Integration folgendermaßen: »Schon das Wort von den ›ausländischen Mitbürgern‹, das in den Parteiforderungen vorkommt, führt auf einen falschen Weg. Die Ausländer sind Gäste, waren willkommen, haben Anspruch, nicht ohne Weiteres ihrer Wege geschickt zu werden, wenn sie eines Tages weniger willkommen sind, müssen sich den Regeln des Gastgebers fügen, wie Gäste das überall zu tun haben. ›Mitbürger‹ aber sind sie nicht.«

Es ist klar, dass in solch einem Klima politischer und medialer Lautsprecherei die eher leisen Töne untergehen: Schon 1975 hatten die evangelische, die katholische und die griechisch-orthodoxe Kirche erstmals zur gemeinsamen Gestaltung eines Tages des ausländischen Mitbürgers in Deutschland aufgerufen. 1980 fand er Ende September statt, also unmittelbar vor der Bundestagswahl. Unter dem Motto »Verschiedene Kulturen – gleiche Rechte. Für eine gemeinsame Zukunft« wurden neun Thesen veröffentlicht. Die erste stellt ganz lapidar fest: »Wir leben in der Bundesrepublik in einer multikulturellen Gesellschaft.«

Jürgen Micksch, evangelischer Theologe und Soziologe, hatte den Begriff aus den USA und Australien auf unser Land übertragen. Rückblickend sagt er: »Mir ging es damals darum, davon wegzukommen, dass ständig nur von ›Ausländerproblemen‹ gesprochen worden ist. Ausländer sollten auch in den Zusammenhang mit einer Bereicherung unseres kulturellen und gesellschaftlichen Lebens gestellt werden. Allerdings hat damals niemand geahnt, dass diese Thesen eine so große und heftige Debatte auslösen würden. Für mich war die multikulturelle Gesellschaft 25 Jahre nach Unterzeichnung der ersten Anwerbeverträge eine schlichte Realität.«

So klug, weitblickend und zeitlos gültig auch die weiteren Thesen heute, fast dreißig Jahre später, erscheinen – damals können sie außerhalb der Kirchen wohl nur exotisch und verstörend gewirkt haben:

»2. Für das künftige Zusammenleben ist eine gegenseitige Integration erforderlich.

3. Im Miteinander der Kulturen sollte die Mehrheit die Ansprüche der Minderheiten respektieren.

4. Gegenseitige Isolierung und Gettos fördern nicht die gemeinsame Zukunft.

5. Bevorzugte Orte, interkulturelles Leben und dabei vor allem Toleranz zu lernen, sind Kindergarten und Schule.

6. Kulturelle Angebote sollten die Verschiedenheiten, aber auch die Gemeinsamkeiten des jeweiligen kulturellen Erbes vermitteln.

7. Den Kirchengemeinden fällt aufgrund des nationalitätenübergreifenden Glaubens eine besondere Aufgabe für die Förderung einer multikulturellen Gesellschaft zu.

8. Erforderlich für eine multikulturelle Gesellschaft sind neue Programm- und Vermittlungsstrukturen der Medien.

9. Das Zusammenleben verschiedener Kulturen in einer multikulturellen Gesellschaft ist eine neue Chance für die Zukunft der Bundesrepublik.«

Herbert Leuninger, damals Migrationsreferent des Bischofs von Limburg und später Gründer von Pro Asyl, griff die Thesen schon im November 1980 bei einem Vortrag im Katholischen Büro Bonn auf: »Ich vertrete die Auffassung, dass der Kindergarten eine multikulturelle Gesellschaft en miniature ist bzw. sein sollte. Die Kinder verschiedenster ethnischer, sprachlicher und religiöser Herkunft, die später konfliktarm miteinander leben möchten, müssen dies in der entscheidenden Prägephase ihres Lebens lernen. Daher wäre es verhängnisvoll, wenn sich Tendenzen durchsetzen sollten, Kinder aus religiösen, nationalen oder bildungsmäßigen Gründen voneinander zu trennen.«

Die Kirchen hatten 1980 die Situation des Landes nüchtern

und treffend beschrieben und daraus auch die richtigen Schlüsse gezogen. Leider erst einmal ohne Folgen. War die Zeit noch nicht reif dafür? Oder war die Generation der Verantwortlichen in Staat und Gesellschaft dafür einfach noch unreif?

Ich lese die Sätze von Jürgen Micksch und Herbert Leuninger von damals heute mit einer Mischung aus ein wenig Genugtuung und viel Unverständnis. Einerseits sehe ich unseren 2005 in Nordrhein-Westfalen eingeschlagenen Kurs bestätigt, nun endlich den Hebel bei den ganz Kleinen anzusetzen, für frühe Bildung vor der Schule zu sorgen und auf eine gemeinsame deutsche Sprache zu achten. Andererseits aber schüttele ich den Kopf darüber, wie ein Vierteljahrhundert ohne derartige Weichenstellungen vergehen konnte.

Mir ist dabei wohl bewusst, dass auch unser politisches Handeln in 25 Jahren auf den Prüfstand gestellt und hinterfragt werden wird. Natürlich ist man hinterher immer schlauer. Und dennoch sei meine Frage erlaubt: Hätten die Sozialdemokraten diese 25 Jahre von 1980 bis 2005, die Johannes Rau, Wolfgang Clement und Peer Steinbrück ununterbrochen in unserem Bundesland regierten, wahrlich nicht schon zur Gestaltung des Zusammenlebens von Alt- und Neudeutschen und für bessere Aufstiegschancen für jedermann nutzen müssen? Hätten wir Christdemokraten, die 16 Jahre davon in Bonn regiert haben, nicht auf die Stimme der Kirchen hören sollen?

Jede Partei hat in der Vergangenheit ihren Teil zu den Versäumnissen und Verirrungen, aber auch zur sprachlichen und politischen Verkrampfung beigetragen – auch prominente Sozialdemokraten. So polterte im medialen Sommerloch 1997 der damalige niedersächsische Ministerpräsident Gerhard Schröder in der *Bild am Sonntag:* »Beim organisierten Autodiebstahl sind Polen nun mal besonders aktiv, das Geschäft mit der Prostitution wird dominiert von der Russen-Mafia, Drogenkriminelle kommen besonders häufig aus Südosteuropa und Schwarzafrika. Man schützt die hier lebenden Ausländer nicht, indem man Ausländerkriminalität totschweigt. Wir dürfen nicht mehr so zaghaft sein bei ertappten ausländischen Straftätern. Wer unser Gastrecht missbraucht, für den gibt es nur eins: raus, und zwar schnell!«

Schröders verbale Kraftmeiereien oder auch die Otto Schilys (»Die Grenzen der Belastbarkeit Deutschlands durch Zuwanderung sind überschritten«, 1998) reihen sich ein in die schlechte Tradition Helmut Schmidts (»Die Bundesrepublik soll und will kein Einwanderungsland werden«, 1981). Ich glaube, es ist nur dem Respekt vor seinem Alter und seiner sonstigen Lebensleistung geschuldet, dass seine über Jahrzehnte immer wieder auftauchenden Ausfälle gegen Ausländer nahezu unwidersprochen bleiben und höflich ignoriert werden.

Das *Hamburger Abendblatt* zitierte Schmidt noch im November 2004: »Mit einer demokratischen Gesellschaft ist das Konzept von Multikulti schwer vereinbar. Vielleicht auf lange Sicht.« Die Zeitung gibt dann das Gespräch mit ihm wie folgt wieder: »Insofern sei es ein Fehler gewesen, ›dass wir zu Beginn der sechziger Jahre Gastarbeiter aus fremden Kulturen ins Land holten‹, betonte Schmidt. Die damit entstandenen Probleme seien in Deutschland, aber auch in ganz Europa vernachlässigt worden. Bislang funktionierten multikulturelle Gesellschaften nur dort friedlich, wo es einen starken Obrigkeitsstaat gebe. Als Beispiel nannte er Singapur.«

Wie müssen seine Sätze – gerade der Bezug zur Pseudodemokratie Singapur – jene von uns mit Zuwanderungsgeschichte verletzen, die sich aktiv in unserer demokratischen Gesellschaft engagieren? Was soll die Alternative sein? Eine homogene Volksgemeinschaft mit einer einzigen Kultur? Gibt es nicht auch mangelnde Integration bei Menschen der gleichen Kultur?

Derartige Haltungen, die auf eine Spaltung vom Alt- und Neudeutschen hinauslaufen, sind also weder eine Generationenfrage noch nach der üblichen »politischen Gesäßgeografie« (Heiner Geißler) einseitig links oder rechts zu verorten. Der Anteil der Union daran war leider jedoch kein geringer in den zurückliegenden Jahrzehnten. Ich glaube, das hängt auch damit zusammen, dass diejenigen, die in CDU und CSU die Realität am standhaftesten verweigerten, allesamt schon in der Oppositionszeit der siebziger Jahre in mehr oder weniger bedeutsamen Positionen miterlebt haben, welche Bedeutung die politische Semantik für die Parteistrategen gewann.

Es ist eine besondere Ironie der (Partei-)Geschichte, dass Biedenkopf und Geißler bei den Themen Integration und Zuwanderung schon an der Spitze der Reformer zu finden waren, während andere mit der Besetzung von Begriffen die Integrationsnotwendigkeit einer vielfältig gewordenen Gesellschaft ignorierten.

Ich bin überzeugt davon, dass wir im Jahr 2009 endlich und endgültig herausgefunden haben aus den semantischen Schützengräben und dass wir dahinein auch nicht mehr zurückfallen können.

Eine Politik, die in Inhalt und Sprache auch nur ansatzweise gegen den – auch in Bezug auf sein Wahlverhalten – immer bedeutsameren neudeutschen Teil unserer Bevölkerung gerichtet ist, ist ganz einfach nicht mehr mehrheitsfähig. Auch bürgerliche Wähler sind nicht mehr durch Polarisierungen in der Integrationspolitik zu gewinnen.

Deshalb war es mir auch ein besonderes Anliegen, auf den in der *Zeit* am 24. Januar 2008, drei Tage vor der hessischen Wahl, erschienenen offenen Brief von 21 Prominenten, darunter Hatice Akyün, Renan Demirkan, Cem Özdemir und Feridun Zaimoglu, eine Woche später ebenso öffentlich im selben Blatt zu antworten, zusammen mit 16 anderen prominenten CDU/CSU-Mitgliedern, unter ihnen Peter Altmaier, Ole von Beust, Adolf Sauerland, Rita Süssmuth, Bülent Arslan und Ruprecht Polenz.

Die 21 türkeistämmigen Autoren hatten Roland Koch scharf kritisiert und gefordert, auf »an Fremdenfeindlichkeit grenzende Wahlkampfrhetorik« und »rechtspopulistische Äußerungen« zu verzichten und stattdessen die Diskussion über Jugendgewalt »sachlich, konstruktiv und lösungsorientiert« und mit Blick darauf zu führen, dass das Problem kein ethnisches, sondern ein soziales sei. Wir »17« reagierten mit dem – ausdrücklich nicht als Kritik an Roland Koch gemeinten – Hinweis, dass sich in der Vergangenheit nicht nur die Union, sondern alle politischen Parteien überboten hätten »in der Kampfrhetorik, die der Integrationspolitik nicht dienlich war«.

Wir erkannten an, dass Gewalt keine Frage der Herkunft, sondern der Bildung ist, und zogen daraus folgenden Schluss:

»Deshalb muss ein ganzheitliches Bildungskonzept zentraler Baustein der Integrationspolitik sein: Frühe Sprachförderung ab dem vierten Lebensjahr, damit schon bei Schulbeginn gleiche Startchancen erreicht werden. Mehr Ganztagsangebote, bessere Durchlässigkeit der Schulzeiten, mehr Lehrer und Sozialpädagogen an Hauptschulen, damit kein Kind ohne einen Abschluss die Schule verlässt. Ein besserer Übergang von der Schule in die Ausbildung, damit jedes Kind eine solide Grundlage für seinen weiteren Berufsweg bekommt. Auch an den Hochschulen muss sich die Bevölkerungsstruktur widerspiegeln. All das kann nur gemeinsam gelingen – wir brauchen einen neuen parteienübergreifenden Konsens für die Integrationspolitik zusammen mit Migranten und der Mehrheitsgesellschaft, der auch über Wahlkämpfe hinweg hält und trägt.«

Wir »17«, die wir in Kommunen, in Ländern und im Bund Verantwortung tragen, hatten Anfang 2008 nicht nur die Absicht, die Fehler der Vergangenheit offen zu benennen und angemessen auf den aktuellen Disput zu reagieren, sondern wir wollten auch eine Perspektive für die Zukunft der Gesellschaft im Einwanderungsland Deutschland entwickeln: Die Skizze unseres ganzheitlichen Bildungskonzeptes ist nichts anderes als die Skizze zentraler Bausteine der Aufsteigerrepublik.

Ich halte die Entwicklung dahin mittlerweile auch auf der politischen Ebene für unumkehrbar. Dafür spricht auch das bemerkenswerte Zeichen von Roland Koch, nach der diesjährigen gewonnenen Landtagswahl ein Ministerium der Justiz, für Integration und Europa geschaffen zu haben. Mit dem hessischen Integrationsministerium wird in einem weiteren Bundesland übernommen, was Jürgen Rüttgers – der 2001 eine alle vier Landtagsfraktionen einende Integrationsoffensive initiiert hatte, die bis heute, auch über den Regierungswechsel, hält – 2005 in Nordrhein-Westfalen begonnen hat.

7 | Das Integrationsministerium 2005

Als Jürgen Rüttgers mich wenige Tage vor seiner Wahl zum Ministerpräsidenten des Landes Nordrhein-Westfalen im Juni 2005 anrief und fragte, ob ich »Generationenminister« in seiner neuen Landesregierung werden wolle, habe ich spontan zurückgefragt: »Was ist das denn, ein Generationenminister?« Er erklärte mir, die Themen Jugend und Senioren in einem Haus vereinen zu wollen. Ebenso überraschend waren für mich die Pläne des Regierungschefs, das neue Ministerium um die Bereiche Familie, Frauen und Integration zu erweitern. Auch dies war ein Novum. Ein derart zugeschnittenes Ressort hatte es in Deutschland noch nie zuvor gegeben. Klaus J. Bade erzählte mir, er habe über Jahre hinweg ein Integrationsministerium gefordert, aber niemand habe bis Mitte 2005 diese Idee aufgegriffen.

Welche Stimmung herrschte nun aber in jener Zeit? Seit dem 1. Januar 2005 galt das neue Zuwanderungsgesetz, genauer: das »Gesetz zur Steuerung und Begrenzung der Zuwanderung und zur Regelung des Aufenthalts und der Integration von Unionsbürgern und Ausländern«. Es war nach langem parteipolitischen Hickhack verabschiedet worden. Innenminister war Otto Schily – formal zwar für Integration zuständig, doch trat er mit markigen Worten eher als innenpolitischer Hardliner auf. Zu seiner Ausländerbeauftragten, der couragierten Grünen-Politikerin Marieluise Beck, hatte er, positiv gesprochen, ein Nicht-Verhältnis. Rückblickend hat man insgesamt den Eindruck, dass das Thema Integration seinerzeit sowohl innerhalb der Politik als auch der Gesellschaft niemanden mehr interessierte. Die Kämpfer von einst schienen ermattet.

Das änderte sich nach dem »Ehrenmord« an der 23-jährigen Berlinerin Hatun Sürücü in der Nacht des 7. Februar 2005 an einer Bushaltestelle in Tempelhof. Die Tat löste in der Öffentlichkeit, den Medien und der Politik eine wochenlange Debatte über die Integration türkischer Zuwanderer und eine Reform des deutschen Rechtssystems aus. Letzteres schütze, so meinten viele, muslimische Männer, wenn diese ihre Familien mit ihrer speziellen Vorstellung von Ehre in Schach zu halten versuchten. Auch Bücher wie »Die fremde Braut« der türkeistämmigen Soziologin Necla Kelek lenkten den Blick auf die Unterdrückung der Frauen in traditionell islamischen Lebenszusammenhängen.

Im Landtagswahlkampf von Nordrhein-Westfalen spielte das Thema indes keine Rolle mehr. Es wurde – aus verständlichen Gründen – von der Diskussion um die hohe Arbeitslosigkeit an Rhein und Ruhr sowie den gravierenden wirtschaftlichen Problemen des Landes überlagert. Die Bedeutung der Integration für die Zukunft einer kulturell vielfältigen Gesellschaft war zumindest vorübergehend wieder im Bewusstsein der Öffentlichkeit verblasst.

Der Regierungswechsel am 22. Mai 2005 schuf eine neue Situation. Die Notwendigkeit zu größeren Anstrengungen in der Integration wurde nun als ein eigenes Kapitel im Koalitionsvertrag von CDU und FDP aufgenommen – das hatte es in der Geschichte der Bundesrepublik bisher nicht gegeben. Die Anerkennung und Wertschätzung einer kulturell vielfältigen Gesellschaft, die Förderung unserer gemeinsamen Sprache Deutsch sowie die Bedeutung der Integration als politische Querschnittsaufgabe sind im Vertrag verankert. Besonders hervorgehoben werden zudem die Chancen, die eine bunter werdende Gesellschaft allen Teilen dieser Gesellschaft bietet. So heißt es gleich zu Beginn des Kapitels Integration: »Nordrhein-Westfalen ist ein Land mit einer großen Integrationstradition. Es ist für unzählige Menschen unterschiedlicher Herkunft und Kultur zur Heimat geworden. Wir wollen diese Tradition lebendig halten und fortentwickeln.«

Zum Zeitpunkt dieser Absichtserklärung waren wichtige inhaltliche Vorarbeiten für die künftige Integrationspolitik in Nordrhein-Westfalen bereits geleistet worden. Auf Initiative von Jürgen Rüttgers, damals noch Oppositionsführer, war bereits 2001 die »Integrationsoffensive Nordrhein-Westfalen«, getragen von allen vier Fraktionen (CDU, SPD, Grüne und FDP), ins Leben gerufen worden. Selbige hatte allerdings jahrelang kaum Beachtung gefunden, obwohl – oder vielleicht gerade weil – sie ihrer Zeit voraus war. Denn schließlich hatte die alte Landesregierung die Integration an Rhein, Ruhr und Weser als eigenes Politikfeld nie wirklich ernst genommen, sondern diese immer als ein Anhängsel anderer Politikbereiche betrachtet. Das Thema Integration war bis 2002 im »Ministerium für Arbeit und Soziales, Qualifikation und Technologie« angesiedelt und später, von 2002 bis 2005, im »Ministerium für Gesundheit, Soziales, Frauen und Familie«. Als ich mein Amt antrat, gewann dieses frühere Nebenthema immer stärker an Bedeutung. Und es gelang dementsprechend schnell, die Mitarbeiter davon zu überzeugen, dass sie an einer spannenden Entwicklung beteiligt sind.

Die genannte Integrationsoffensive hatte schon den hohen Stellenwert einiger unserer Ziele betont, wie zum Beispiel die Notwendigkeit einer besseren Sprachförderung im frühen Kindesalter: »Sprach- und Entwicklungsdefizite« sollten bei allen Kindern bis spätestens zum vierten Lebensjahr erkannt werden. Für diejenigen mit entsprechenden Defiziten sah die Initiative besondere Fördermaßnahmen vor. Als Oppositionsführer Rüttgers dies allerdings durch eine Gesetzesinitiative verbindlich festlegen wollte, zeigte sich, dass der Moment hierfür noch nicht gekommen war: Sein Entwurf eines »Gesetzes zur Verbesserung der Integration in NRW«, kurz Integrationsgesetz, der am 10. Juli 2002 der Öffentlichkeit vorgestellt wurde, scheiterte an der damaligen rot-grünen Mehrheit im Landtag.

Doch blicken wir wieder ins Jahr 2005. Richtig in Fahrt kam die Integrationsdebatte in Deutschland nach der Veröffentlichung der »Mohammed-Karikaturen« in der dänischen Zeitung *Jyllands-Posten* am 30. September 2005 – und schließlich im Zuge jener Ereignisse, die der Nacht des 27. Oktober 2005 folgten. In dieser Nacht machte die Polizei im Pariser Vorort Clichy-sous-Bois eine Ausweiskontrolle und verfolgte mehrere flüchtende Jugendliche. Drei von ihnen überwanden in Panik die Absperrungen zu einer Transformatorenstation. Dabei kamen zwei Jugendliche durch Stromschläge ums Leben. Dies war der Auslöser für die Pariser Vorstadtunruhen. Nacht für Nacht tobten gewaltsame Ausschreitungen. Die Polizei bekam die Lage nicht unter Kontrolle, und die Unruhen griffen auf das Umland über, auf die Region Seine-et-Marne und Val d'Oise, später auch auf andere französische Städte wie Lille, Rouen, Rennes, Dijon, Toulouse, Marseille und Straßburg. Die Bilanz: mehr als 8800 verbrannte Fahrzeuge, zahlreiche zerstörte Gebäude und ein Gesamtschaden von 200 Millionen Euro.

Kann etwas Vergleichbares auch in Deutschland passieren? So lautete die häufigste Frage in diesen Wochen. Sie war nach dem Mord an dem niederländischen Filmemacher Theo van Gogh am 2. November 2004 zum ersten Mal aufgetaucht. Van Gogh hatte sich die frauenfeindlichen und fundamentalistischen Zweige des Islam als bevorzugtes Ziel seiner Polemik ausgesucht. Als er umgebracht wurde, begannen in den toleranten Niederlanden, die als Musterbeispiel einer liberalen Ausländerpolitik galten, Menschen plötzlich nachts Moscheen und Kirchen anzuzünden. Das Ereignis eines Mords auf offener Straße war jedoch so spektakulär, dass die Frage nach Nachahmern hierzulande gesellschaftspolitisch nicht ausführlicher erörtert wurde. Im Gegensatz dazu erschienen Vorfälle wie in Frankreich, bei denen aus dem Nichts heraus plötzlich Nacht für Nacht Autos brannten, eher in Deutschland vorstellbar.

Doch der Funke sprang nicht von Straßburg aus über den Rhein nach Kehl, nach Freiburg, nach Mannheim, nach Köln oder ins Ruhrgebiet über. Die Debatte jedoch setzte sich bis nach Deutschland fort. So wuchs das mediale Interesse am Thema Integration von Tag zu Tag, von Woche zu Woche, wie sich an bekannten deutschen TV-Talkshows gut zeigen lässt. In der ARD etwa lief am 29. Januar 2006 eine *Sabine-Christiansen*-Sendung mit dem Titel »Wie kann man aus Ausländern gute Deutsche machen?«. Am 5. Februar 2006 folgte »Atom-Bomben und Karikaturen – Droht jetzt ein neuer Glaubenskrieg?!« und am 19. Februar 2006 »Glaubenskrieg und Terrorismus – Sitzen wir auf einem Pulverfass?«. Ähnlich reißerisch titelte das ZDF. So ging *Berlin Mitte* mit Maybrit Illner am 6. April

2006 zum Thema »Schule der Gewalt – Ist Multikulti endgültig gescheitert?« auf Sendung.

Denn inzwischen hatte sich auch hierzulande Außergewöhnliches ereignet: Die Lehrer der Rütli-Schule in Berlin-Neukölln hatten von der Senatsverwaltung Berlin am 28. Februar 2006 in einem Brief die Auflösung ihrer Schule »in dieser Zusammensetzung« verlangt, weil sie der Gewalt durch Schüler nicht mehr Herr wurden. Zu jener Zeit betrug der Anteil von Jugendlichen nichtdeutscher Herkunft an dieser Schule fast 85 Prozent, wobei die meisten von ihnen eine arabische Zuwanderungsgeschichte hatten. Die öffentlich dokumentierte Hilflosigkeit der Pädagogen führte zu einer innenpolitischen Debatte über das Schulsystem in Deutschland, über Gewalt an Schulen und die Integration von Kindern mit Zuwanderungsgeschichte.

Plötzlich hatte man in der Bundesrepublik die Integrationspolitik entdeckt. Viele der zuvor formulierten Argumente fielen nun auf fruchtbaren Boden. Auf nicht wenig von dem, was jetzt allgemein beklagt und gefordert wurde, hatte die bis dato kleine Schar der Integrationspolitiker schon seit Langem aufmerksam gemacht. Dazu gehörte neben der notwendigen vermehrten frühkindlichen Sprachförderung auch eine verbesserte Integration der älteren Zuwanderinnen und Zuwanderer. Auf einmal wurden unsere im Grundgesetz verankerten freiheitlich-demokratischen Rechte als verbindliche Wertegrundlage für alle in Deutschland lebenden Menschen diskutiert. Es freute mich damals sehr, dass diese integrationspolitischen Themen jetzt die ihr zustehende öffentliche Aufmerksamkeit bekamen.

In diesem Zusammenhang war es eine wichtige Entwicklung, dass sich auch meine Partei, die CDU, immer weiter für die Notwendigkeiten in der Integrationspolitik öffnete.

Zunehmend setzte sich unter Christdemokraten ebenso wie unter Christsozialen die Erkenntnis durch, dass Deutschland spätestens mit der Ankunft der ersten »Gastarbeiter« aus Italien zu einem Einwanderungsland geworden war. Der Einfluss der nordrhein-westfälischen CDU auf die Bundespartei hat diesen Prozess gewiss unterstützt. Schließlich fühlt sich dieser Landesverband, dem fast ein Drittel aller CDU-Mitglieder entstammt, traditionell dem sozialen Flügel der CDU verbunden und in besonderer Weise der christlichen Gesellschaftslehre verpflichtet.

Der Lauf der Dinge bot gute Voraussetzungen für die Umsetzung der integrationspolitischen Pläne Angela Merkels. Nachdem sie am 22. November 2005 zur Bundeskanzlerin gewählt worden war, wertete sie das Amt der Ausländerbeauftragten auf, indem sie das Amt der »Beauftragten für Migration, Flüchtlinge und Integration« schuf und der neuen Inhaberin Maria Böhmer den Titel einer Staatsministerin bei der Bundeskanzlerin verlieh. Dies nennt man landläufig: ein Thema zur Chefsache machen.

Als Wolfgang Schäuble dann in einem Interview mit der *Süddeutschen Zeitung* am 25. September 2006 betonte, »der Islam ist inzwischen Teil Deutschlands«, und zur deutschen Islamkonferenz einlud, war vollends klar: Das Thema ist kein Randthema mehr. Die Politik setzte an zur »nachholenden Integrationspolitik«. Das bedeutet, sie holt jetzt in der Förderung der Potenziale der älteren Zugewanderten nach, was fünfzig Jahre lang versäumt wurde – seit dem Eintreffen der ersten »Gastarbeiter«, die Bundeskanzler Adenauer 1955 angeworben hatte.

Ich bin überzeugt: Die politische Initiative für die Versöhnung unserer Gesellschaft musste von der CDU ausgehen. Nur die Union war in der Lage, ein politisches Geschehen voranzutreiben, das sich inzwischen als unumkehrbar erwiesen hat. Das hat übrigens der frühere Außenminister Joschka Fischer im Sommerinterview 2009 mit WDR-Chefredakteur Jörg Schönenborn ähnlich analysiert. Ein bedeutender Grund ist die Glaubwürdigkeit dieser Partei, die eine Veränderung durchgemacht hat. Lange wollten ihre Anhänger die Realität nicht wahrhaben. Sie traten beim Zuwanderungsgesetz meist auf die Bremse und neigten in früheren Debatten über »Ausländer« mitunter zu unzulässigen Polarisierungen. Schlussendlich musste man innerhalb der Partei aber erkennen, dass die Lebenswirklichkeit in unserem Land eine andere ist und man dem gesellschaftlichen Miteinander auf diese Weise keinen guten Dienst erweist. Die aus diesem Erkenntnisprozess resultierenden Handlungen wirken in besonderer Weise vertrauenerweckend. Zugespitzt könnte man es auch so sagen: Was die Agenda 2010 für die SPD bedeutet und der Kosovo-Einsatz der Bundeswehr für Bündnis 90/Die Grünen, das sind der Integrationsgipfel der Bundeskanzlerin und die Islamkonferenz des Innenministers für die Union – deutliche Signale nämlich, sich parteipolitisch neu orientieren zu wollen und die Gesellschaft mit den Realitäten zu versöhnen. So wie die erforderlichen Arbeitsmarktreformen für die Sozialdemokraten oder ein militärischer Kampfeinsatz der Bundeswehr für die einst pazifistischen Grünen-Anhänger ein großer Schritt waren, so ist es Aufgabe der Union, ihre Stammwählerschaft mit der Einwanderungsrealität Deutschlands zu versöhnen. Bei vielen Diskussionen und neuen Initiativen hatte ich allerdings häufig den Eindruck, dass Mitglieder und Wählerschaft der Union längst weiter waren als die praktische und programmatische Politik von CDU und CSU.

Dennoch braucht eine solche Neupositionierung auch bildstarke Symbole. Dies zeigte sich ganz klar am 14. Juli 2006: Berlin, Bundeskanzleramt, großer Kabinettsaal. Zum ersten Mal in der Geschichte der Bundesrepublik lädt eine Bundeskanzlerin zum Integrationsgipfel ein. Und zum ersten Mal seit Gründung der Bundesrepublik sitzen Migrantenorganisationen, Wirtschaft, Kirchen und Gewerkschaften, Vertreter der Medien und des Sports sowie der Bundesregierung und der Landesregierungen an einem Tisch, um mit Angela Merkel über die Zukunft der Integrationspolitik nachzudenken. Es hatte schon viele Gipfel im Kanzleramt gegeben: Rentengipfel, Autogipfel, doch einen Integrationsgipfel noch nie.

Ein weiterer bedeutender Schritt wurde am 27. September 2006 getan: Berlin, Schloss Charlottenburg, Große Orangerie. Dort, wo einst Friedrich der Große residierte, eröffnet Bundesinnenminister Wolfgang Schäuble die Deutsche Islamkonferenz. Es war der Beginn eines strukturierten Dialogs des Staates mit den Muslimen über den Islam in Deutschland.

Integrationsgipfel und Islamkonferenz – mit diesen herausragenden Initiativen gaben kurz hintereinander zwei prominente Christdemokraten den Startschuss für einen kollektiven Bewusstseinswandel, mehr noch: für eine neue Selbstwahrneh-

mung der deutschen Gesellschaft, die sich in einer Aufbruchstimmung befindet. Die Anzeichen für die parteiübergreifende
Erkenntnis, dass die Bundesrepublik ein Einwanderungsland
mit einer multikulturellen Realität ist, mehrten sich. So wurden
fortan programmatische Schritte und neue Denkrichtungen
möglich. Deutschland steuert seitdem auf ein neues Integrationsmodell zu. Ein Modell, das das Resultat von langjährigen
gesellschaftlichen Auseinandersetzungen ist. Und es bleibt sozusagen ein gemeinschaftliches »work in progress«, gezeichnet
von Vorstößen und Rückschlägen, von Illusionen und harter
Wirklichkeit.

Das Ziel dieser Arbeit kann jedoch nicht nur ein besseres
Miteinander sein. Es geht auch um die Chancen unseres Landes in einer schnelllebigen und globalisierten Welt, um günstige
Perspektiven für eine Gesellschaft, die einem raschen strukturellen Wandel unterworfen ist. Für diesen Wandel stehen besonders die demografischen Verschiebungen. Auch der Mangel
an qualifizierten Fachleuten in der Wirtschaft macht die Integration der bei uns lebenden Menschen mit Zuwanderungsgeschichte immer wichtiger, da daraus neue Kräfte erwachsen.

Nicht umsonst sind in Nordrhein-Westfalen die Integrationspolitik und die Generationenpolitik seit 2005 in einem
Ministerium miteinander verbunden. Diese Institution setzt
ein Zeichen und macht sichtbar: Wir wollen Verhältnisse, wie
sie vor einigen Jahren in den französischen Vororten herrsch-
ten, verhindern. Wir wollen rechtzeitig gegensteuern, damit die
Gesellschaft nicht auseinanderbricht. Wir wollen dabei alle mit
einbinden: Einheimische und Zuwanderer, jüngere und ältere
Generationen, Männer und Frauen.

Am Anfang waren wir mit dem Integrationsministerium allein. In der Zwischenzeit habe ich eine Reihe von Kollegen bekommen: In Niedersachsen gibt es ein Ministerium für Inneres
und Integration, der Berliner Senat hat eine Senatorin für Integration, Arbeit und Soziales, und in Hessen nennt man das Ministerium der Justiz auch »für Integration und Europa«. Daran sieht man, wie wichtig die Politiker der Länder das Thema
nehmen. Sie gründen Institutionen, um es fester im Bewusstsein zu verankern.

Deutschland wandelt sich

8 | Ein Katholik als Moscheebauer

In der *Süddeutschen Zeitung* vom 16. September 2008 war in einer Meldung zu lesen, dass im Jahre 2008 weniger Muslime in Deutschland während des Ramadan gefastet haben als im Vorjahr. Ist das eigentlich integrationspolitisch eine gute oder eine schlechte Nachricht? Soll sich ein gläubiger Christ freuen oder es bedauern, dass immer weniger Muslime religiös sind? Würde ein frommer, bärtiger Muslim im Flugzeug vor dem Start beginnen, auf dem Platz neben uns zu beten: Wären wir nicht beunruhigt? Hätten wir nicht sofort das Bild der Flugzeuge vor Augen, die am 11. September 2001 in das World Trade Center flogen?

Ohne jeden Zweifel: Die Frage des Islam in unserer Gesellschaft ist eine Frage, die wie kaum eine andere bei vielen Menschen Ängste und Befürchtungen weckt. Der Islam wird als Bedrohung empfunden. Das hat sicher viele Ursachen, und eine davon ist, dass viele Menschen in Deutschland immer noch zu wenig über diese Religion wissen. Die klare Hierarchie der katholischen Kirche wird zwar oft kritisiert, aber jedenfalls weiß jeder, wer welche Verantwortung trägt. Man weiß, woran man ist. Beim Islam sind wir uns da nicht ganz so sicher. Deswegen frage ich mich manchmal, ob es uns lieber wäre, wenn die Muslime in Deutschland nicht allzu religiös wären? Denn gerade dort, wo der Islam sichtbar wird, wo repräsentative Moscheen errichtet werden, kommt häufig Streit auf. Es herrscht eine verbreitete Sorge vor Überfremdung, die sich vor allem am Islam festmacht.

Für manchen mag es überraschend sein, aber vor Überfremdung, vor dem Verlust der eigenen Identität sorgen sich nicht nur die Einheimischen. Den Zuwanderern geht es genauso. Deshalb haben beispielsweise die deutschen Auswanderer in aller Welt ihr »Little Germany« gegründet und heimisches

Brauchtum und die deutsche Sprache gepflegt – Reste davon finden wir noch heute beispielsweise in den USA.

Ein Mitarbeiter unseres Integrationsministeriums berichtete mir, dass seine Tochter einen jungen Marokkaner heiraten wollte. Vor der Hochzeit sollten sich die beiden Familien begegnen, also reiste er mit seiner Frau nach Marokko zur Familie seines künftigen Schwiegersohns. Der Vater des Marokkaners war ein gläubiger Mann, der noch ganz erfüllt war von seiner Pilgerfahrt nach Mekka; als eine der fünf Säulen des Islam ist sie jedem Muslim vorgeschrieben. Als Teilnehmer der so bezeichneten Hadsch wurde er in seiner Heimat besonders verehrt.

Das marokkanische Elternpaar wollte besonders gastfreundlich sein und hatte zu Ehren der deutschen Besucher die Satellitenschüssel so eingestellt, dass deutsches Fernsehprogramm empfangbar war. Als nach dem Abendessen das Fernsehgerät eingeschaltet wurde und die gesamte Familie sich um den Bildschirm versammelt hatte, strahlte RTL II gerade eine Reportage über einen Swingerclub aus. Man kann sich vorstellen, dass das Entsetzen der marokkanischen Eltern groß war. Sie fragten sich und die peinlich berührten Gäste, in was für eine Gesellschaft, in was für ein Land sie ihren Sohn nun verheirateten. Nur mühsam war ihnen zu vermitteln, dass es nicht zu den ganz alltäglichen Gepflogenheiten von 80 Millionen Deutschen gehört, Swingerclubs zu besuchen, wo Partnertausch und freie Sexualität praktiziert werden.

Wenn man sich diese wahre Geschichte anschaut, kann man die Überfremdungsängste gläubiger Eltern aus Zuwandererfamilien durchaus verstehen. Ich kann nachvollziehen, warum sie in der Fremde ihren Glauben und ihre Kultur bewahren wollen, warum sie sich um ihre Kinder sorgen. Ein Blick ins Fernsehprogramm, ein paar Musikvideos oder eine Stunde im Internet genügen, um zu erkennen, dass jugendgefährdende Inhalte im wahrsten Sinne des Wortes kinderleicht zu finden sind. Dass das nicht ohne Folgen für die Entwicklung der Kinder und Jugendlichen bleibt – unabhängig von ihrer Herkunft –, belegen zahlreiche Studien über das Sexualverhalten von Kindern und die Bereitschaft von Kindern und Jugendlichen zur Gewalt.

Dieser Teil der Überfremdungsangst ist zumeist nicht gemeint, wenn die deutsche Gesellschaft von Überfremdung spricht. Aber auch sie gehört zur Realität in einer Einwanderungsgesellschaft. Übrigens bin ich mir sicher, dass meine gläubigen katholischen Eltern solche Berichte gleichermaßen beunruhigt hätten, wenn wir in ein Land ausgewandert wären, wo dies anscheinend zur gesellschaftlichen Realität gehört.

Wir beobachten ein wachsendes Unbehagen auf beiden Seiten: Die einen fürchten sich vor Überfremdung in einer Mehrheitsgesellschaft, die verdorben und entehrt erscheint, die anderen vor der Dominanz einer als restriktiv und abweisend wahrgenommenen Religion. In dieser Situation werden selbst Menschen, die mit den christlichen Kirchen längst abgeschlossen haben, zu Kulturkämpfern und empören sich darüber, dass christliche Kirchengebäude verkauft werden müssen, gleichzeitig aber neue Moscheen gebaut werden. Natürlich kann es einen gläubigen Christen nicht freuen, wenn Kirchen geschlossen werden müssen; allein im Bistum Essen 96 im Zeitraum zwischen 2007 und 2010. Mich selbst ärgert das auch. Doch kann man dafür nicht die gläubigen Muslime verantwortlich machen. Die Kirchen werden ja nicht wegen Überfüllung geschlossen, sondern weil katholische und evangelische Christen ihre Bindung an den Glauben aufgegeben haben und am Sonntag die Kirchenbänke leer bleiben.

Im sogenannten Moscheestreit, der sich insbesondere an der geplanten Moschee in Köln-Ehrenfeld entzündete, hat es leider viele Polemiken und Pauschalverurteilungen gegeben. Die Diskussion um die Gestaltung der gemeinsamen Zukunft von Alteingesessenen und Zugewanderten, von Christen, Juden, Muslimen und Atheisten sollte in gegenseitigem Respekt und unter Verzicht auf Polemik und Pauschalurteile geführt werden. Was wir stattdessen brauchen, ist eine seriöse Debatte. Gerade die Ernsthaftigkeit dieser notwendigen Auseinandersetzung wird relativiert, wenn Aussagen mit Absolutheitsanspruch, Verunglimpfungen und gezielte Provokationen ins Feld geführt werden.

Übrigens ist Paul Böhm, der Architekt der Moschee in Köln-Ehrenfeld, der sie »eine Kölsche Moschee« nennt, der

Kirchenbaumeister des Erzbistums Köln. Ein Katholik als Moscheebauer! Ja, auch das gibt es und gehört heute zur Realität in Deutschland.

Besondere Aufregung löste der sogenannte Karikaturenstreit aus, der im Jahre 2006 auch die deutsche Integrationsdebatte erreichte. Am 30. September 2005 veröffentlichte die dänische Tageszeitung *Jyllands-Posten* und am 17. Oktober die ägyptische Zeitung *Al-Fager* eine Serie von zwölf Karikaturen mit dem Titel »Das Gesicht Mohammeds«. Da Mohammed nach muslimischer Lehre nicht abgebildet werden darf, war dies in den Augen vieler Muslime eine Herabwürdigung ihres Propheten.

Diese geschmacklose und überhaupt nicht witzige Aktion löste zunächst keinerlei Aufregung aus, und sie wäre mit guten Gründen auch besser ignoriert worden. Als aber Anfang 2006 die dänischen Imane Ahmad Abu Laban und Ahmad Akkari ein Dossier veröffentlichten, in dem neben den ursprünglichen zwölf Karikaturen aus der *Jyllands-Posten* noch weitere abgebildet wurden, die beleidigend und obszönen Inhalts waren, setzte eine weltweite Empörungswelle ein. Unter anderem wurde ein betender Muslim dargestellt, der während des Gebets von einem Hund bestiegen wurde. Was folgte, waren Demonstrationen in aller Welt, es wurde zum Boykott dänischer Produkte aufgerufen, in gewaltsamen Auseinandersetzungen kamen weltweit 140 Menschen ums Leben.

Dieser Fall ist ein typisches Bespiel, wie politischer Missbrauch einer Religion zu antiwestlichen Ressentiments führen kann und Rückwirkungen hat auf das Verhältnis der Religionen zueinander. Zum einen waren die dänischen Karikaturen ein willkommener Anlass für jene Regimes, die sich islamisch nennen, vor allem aber Unrechtsregimes sind, antiwestliche Stimmungsmache zur Herrschaftssicherung zu betreiben. Denn dass Zehntausende in Teheran oder Damaskus mit dänischen Fahnen in der Hand durch die Straßen ziehen – in einem Land, in dem sonst jegliche Demonstration verboten und vom Staat kontrolliert wird –, macht deutlich, dass dies inszenierte staatliche Kampfmaßnahmen waren. Zehntausende Syrer oder Iraner haben ja nicht zufällig dänische Fahnen in ihren Kellern liegen, die sie bei Gelegenheit herausholen, um dann die Botschaft des kleinen EU-Mitgliedstaates zu stürmen.

Auch in Deutschland hat der Karikaturenstreit eine intensive Debatte ausgelöst, die viele auf die Intoleranz des Islam zurückgeführt haben. In der Tat hat es völlig überzogene Forderungen vonseiten muslimischer Vertreter gegeben: Selbstverständlich muss sich der dänische Ministerpräsident nicht für das Handeln der Medien entschuldigen, die alle Spielräume der Pressefreiheit nutzen. Und ihn deshalb, wie dies der türkische Ministerpräsident Erdogan tat, als Nato-Generalsekretär infrage zu stellen, ist ebenfalls absurd. Es muss in einem Land mit freier Presse möglich sein, dass auch Karikaturen eine Religion kritisieren, ja mit dem Stilmittel der Überzeichnung provozieren. Das kann man falsch finden, dagegen kann man bei uns vor den Gerichten klagen. Aber man darf niemanden mit dem Tode bedrohen. Das macht den entscheidenden Unterschied. Denn erinnern wir uns: Auch bei uns protestieren die Kirchen, wenn religiöse Symbole verächtlich gemacht werden. So war es bei einem Auftritt von Madonna im Rahmen ihrer vorletzten Deutschlandtournee, als sie sich ans Kreuz schlagen ließ und die katholische Kirche gegen diesen Auftritt protestierte. Auch mich trifft es, wenn das, was mir heilig ist, verunglimpft wird. Empörung in Bozen löste der gekreuzigte Frosch von Martin Kippenberger aus, dessen Abhängung als Kunstwerk Papst Benedikt XVI. forderte, der im August 2008 Urlaub in Südtirol machte. Er schrieb einen empörten Brief, in dem er in diesem Kunstwerk die Verletzung religiöser Gefühle all derer sah, »die im Kreuz ein Geschenk der Liebe Gottes und unserer Rettung sehen«.

Die Beispiele zeigen: Die Grenzen der Kunstfreiheit und der Respekt vor religiösen Gefühlen sind ein Thema, das jede Religion in einer freiheitlichen Gesellschaft herausfordert. Die richtige Balance zu finden, ist bisweilen eine schwierige Aufgabe. Es kommt einerseits darauf an, den Wesensgehalt der Presse- und Kunstfreiheit gegen alle religiösen Fundamentalismen zu verteidigen. Und gleichzeitig ist es wichtig, religiöse Gefühle anderer zu achten, auch wenn man sie nicht teilt. Wer die Kritik aus muslimischen Kreisen an den dänischen

Mohammed-Karikaturen einseitig als fundamentalistisch und gegen die Werte des Westens gerichtet interpretiert, lässt Sensibilität und Respekt vor den religiösen Überzeugungen anderer vermissen. Gegenüber dem Judentum beispielsweise haben wir dieses Feingefühl längst entwickelt: Es wäre undenkbar, eine Karikatur zu veröffentlichen, die einen jüdischen Rabbi in gleicher Weise darstellt wie den Muslim im oben beschrieben Beispiel. Diesen Respekt hat auch der Islam verdient. Dabei geht es gerade nicht darum, den Islam besonders zu schonen, oder gar zu »kapitulieren«, wie es Hendrik M. Broder nennt, sondern es geht darum, eine Basis für das Zusammenleben unterschiedlicher Religionen in Deutschland zu schaffen.

Spätestens seit 1961, seit dem Anwerbeabkommen mit der Türkei, ist der Islam Teil der deutschen Gesellschaft. Dementsprechend genießen auch die Muslime in Deutschland den Schutz und die Freiheiten des Grundgesetzes. Das schließt das Recht ein, eine Moschee zu bauen, um die Religion frei auszuüben. Im Verfassungstext heißt das: »Die ungestörte Religionsausübung wird gewährleistet« (Art. 4 Abs. 2 GG).

Die freie Religionsausübung gehört zu den Grundrechten, die dieses Land gewährt, unabhängig davon, ob im Herkunftsland dessen, der die Grundrechte in Anspruch nimmt, gleiches möglich ist. Das Grundrecht auf körperliche Unversehrtheit oder Meinungsfreiheit differenzieren wir ja auch nicht nach Nationalitäten, sondern gewähren es jedem, der in Deutschland lebt. Deshalb wäre es unsinnig, ein Junktim zwischen den Rechten der Christen in der Türkei und den Rechten der Muslime in Deutschland herzustellen, wie es manche fordern. Im Gegenteil: Ministerpräsident Jürgen Rüttgers bekannte bei der Eröffnung der Moschee in Duisburg-Marxloh: »Wir brauchen mehr Moscheen, nicht in Hinterhöfen, sondern sichtbar.« Und er fügte hinzu: »Für unsere Demokratie, für unser Land, für unsere Heimat ist es am Ende nicht entscheidend, ob jemand Christ ist, Jude oder Muslim. Für unser Land ist entscheidend, was Zukunft gibt. Was uns trägt. Was uns verbindet. Was unser Gemeinwesen im Innersten zusammenhält. Unser Grundgesetz ist eine wunderbare Einladung. Mitzutun. Mitzugestalten. Miteinander – nicht gegeneinander.« Auch die katholischen deutschen Bischöfe haben in einer Erklärung im Oktober 2008 deutlich gemacht: »Als grundgesetzlich geschütztes Gut darf das Recht auf religiöse Freiheit und das damit verbundene Recht auf den Bau von Moscheen auch nicht daran geknüpft werden, dass Christen in islamischen Ländern gleichfalls individuelle und korporative Religionsfreiheit genießen.« Vielmehr müsse es das »gemeinsame Anliegen« von Christen und Muslimen sein, dass beide Religionen überall auf der Welt frei bezeugt und ungehindert praktiziert werden können.

Dennoch könnte es die Akzeptanz des Islam in Deutschland erhöhen, wenn beispielsweise die türkische Religionsbehörde Diyanet gleichermaßen für die Rechte der Christen in der Türkei eintreten würde, wie sie es für die Rechte der Muslime in Deutschland tut. Von einem modernen säkularen Staat darf man das durchaus erwarten. Die türkische Religionsbehörde sollte aktiv für die Eröffnung der Pauluskirche im Tarsus und die Wiedereröffnung des seit Jahrzehnten geschlossenen orthodoxen Priesterseminars in Chalki eintreten.

Der Rat der Evangelischen Kirche in Deutschland hatte seine generelle Position zum Moscheebau in einer Handreichung mit dem Titel »Klarheit und gute Nachbarschaft – Christen und Muslime in Deutschland« Ende 2006 so formuliert: »Der Bau einer Moschee signalisiert einerseits die öffentliche Präsenz einer anderen Religion und kann daher ein Zeichen gelungener Integration sein. Andererseits aber können Moscheen auch zu kulturellen Rückzugsräumen und damit zu einem Ort der Distanz der Minderheit von der Mehrheitsgesellschaft werden.« Auch in den Debatten um den Moscheebau in Köln wurde immer wieder entgegnet, es gehe ja gar nicht um ein Gotteshaus im eigentlichen Sinne, nicht um einen Gebetsraum für Muslime, sondern um ein Gemeindezentrum, in dem auch Jugendarbeit und Altennachmittage stattfinden sollten. Man habe nichts gegen ein Gotteshaus, aber so bilde sich mitten in Köln eine Parallelgesellschaft heraus.

Parallelgesellschaft? Wenn das, was in Köln geplant ist, parallelgesellschaftliche Strukturen darstellt, dann ist ein Großteil der Protestanten und Katholiken in Deutschland ebenfalls in einer Parallelgesellschaft aufgewachsen – mich eingeschlossen! So fand und findet etwa für viele Katholikinnen und Katholiken noch heute die Sozialisation in konfessionell geprägten Institutionen statt. Mein eigener Lebenslauf bezeugt das: Meine Geburt fand in einem katholischen Krankenhaus, dem Marienhospital in Burtscheid, statt. Ein anderes Krankenhaus wäre für meine Eltern überhaupt nicht in Betracht gekommen. Die Vorbereitung auf die Geburt erfolgte in Kursen der katholischen Familienbildungsstätte, die damals noch Mütterschule hieß und in die wir auch als Kinder mit meiner Mutter regelmäßig gingen. Mein Kindergarten war natürlich der katholische Clara-Fey-Kindergarten, der von katholischen Ordensschwestern geführt wurde. In den Sommerferien nahmen wir ab dem dritten Lebensjahr an den Ferienspielen meiner Pfarrgemeinde teil, aus denen man wie selbstverständlich in die Kinder- und Jugendarbeit der Pfarre hineinwuchs. Nach der Erstkommunion wurden meine Brüder und ich Messdiener. Die Grundschule war eine katholische Grundschule, in der zum Teil Schwestern des nahe liegenden Klosters unterrichteten, selbstverständlich in Ordenshabit. Viele Freundschaften, die bis heute bestehen, sind in dieser Kinder- und Jugendzeit entstanden. Dass man dabei zumeist mit solchen Kindern und Jugendlichen Freundschaft schloss, die eine ähnliche Kindheit durchlebten, versteht sich von selbst.

Natürlich war man auch sportlich aktiv und wurde Mitglied in einem Leichtathletikverein: Die DJK Frankenberg, eine katholische Vereinsgründung, in die in den ersten Jahrzehnten zu Beginn des 20. Jahrhunderts nur katholische Christen aufgenommen wurden. Abitur machte ich auf einem Bischöflichen Gymnasium, während des Studiums trat ich wie viele meiner Kommilitonen in eine katholische Studentenverbindung ein – nichtschlagend versteht sich. In allen Lebensstationen bleiben viele Katholiken den Institutionen ihrer Religion verbunden. Als Kunde der Pax Bank in Aachen, einer kirchlichen Bank, bekam ich neulich eine neue EC-Karte zugeschickt. Sie trug die Aufschrift: »die katholische Bank für Christen«.

Ich frage mich, was eigentlich jemand sagen würde, wenn es in Deutschland eine muslimische Bank für Muslime gäbe. Würden wir das Parallelgesellschaft nennen? Kennt nicht auch die katholische Kirche Jugendarbeit und Altennachmittage? Warum sollten dann nicht auch die Moscheegemeinden für ihre älteren Mitglieder Teenachmittage anbieten dürfen oder Freizeitprogramme für Kinder und Jugendliche?

Mir geht es nicht darum, das Problem von Parallelgesellschaften zu bagatellisieren. Es gibt sie mancherorts, und ebenso gibt es Abschottungstendenzen von der deutschen Gesellschaft. Beide führen zur Desintegration. Gegen beide Tendenzen müssen wir angehen. Aber nicht jedes religiöse Bekenntnis stiftet eine Parallelgesellschaft. Gerade die Katholiken in Deutschland wissen aus der Geschichte, wie leicht Ressentiments gegen eine Glaubensgemeinschaft unter politischen Druck und in eine gesellschaftliche Randstellung führen können. Der Kulturkampf Bismarcks, der nach der Reichsgründung 1871 entfacht wurde, gipfelte in der These, dass es »undeutsch« sei, Katholik zu sein, da man von einer fremden Macht, nämlich von Rom gesteuert werde. »Ultramontan« war ein Schmähwort dafür, dass die eigentliche Loyalität der Katholiken im Reich dem Papst jenseits der Alpen galte und nicht der deutschen Nation mit ihrem protestantischen Kaiserhaus in Berlin.

Historische Analogien sind nie einfach, aber erinnert uns das nicht in vielem an Unterstellungen, die wir gerade auch gegenüber türkischen Muslimen formulieren? Vielleicht sind deshalb gerade wir Christen gefordert, genauer hinzuschauen, wenn es um den Islam in Deutschland geht. Vielleicht ist es gerade unsere Aufgabe, dann einzugreifen, wenn es nicht um einzelne kritische Anfragen an den Islam geht, sondern die Religion als solche infrage gestellt wird.

Ein gutes Beispiel hierfür ist die Frage, wie der Islam zur Gewalt steht. Dabei bedienen sich viele einzelner Koranverse, die vermeintlich zur Gewalt aufrufen. So Sure 4,81: »Kämpfe nun um Gottes Willen! Und feuere die Gläubigen an«, oder Sure 2,191: »Und tötet sie [die Heiden], wo immer ihr sie findet«.

Viele der selbst ernannten Islamkenner übersehen dabei, dass auch die Geschichte des Christentums nicht frei ist von Gewalt, ebenso wie das Alte und das Neue Testament Texte voller Gewalt enthalten, die denen des Koran in nichts nachstehen. So heißt es etwa im Buch Josua über den Umgang mit der Stadt Jericho: »Die Stadt mit allem, was in ihr ist, soll zu Ehren des Herrn dem Untergang geweiht sein (…) Da eroberten sie die Stadt. Mit scharfem Schwert weihten sie alles, was in der Stadt war, dem Untergang, Männer und Frauen, Kinder und Greise, Rinder, Schafe und Esel« (Jos 6,17.20 f.). Und auch das Neue Testament spricht an einzelnen Stellen von Gewalt im Namen Gottes: »Denkt nicht, ich sei gekommen, um Frieden auf die Erde zu bringen. Ich bin nicht gekommen, um Frieden zu bringen, sondern das Schwert. Denn ich bin gekommen, um den Sohn mit seinem Vater zu entzweien und die Tochter mit ihrer Mutter« (Mt 10,34). Die Beispiele aus Koran und Bibel zeigen doch, dass beide mit Bildern und Vergleichen arbeiten, die gedeutet und ausgelegt werden müssen. Das ist nicht zuletzt die Aufgabe der Theologen. Dass allzu oft auch im Christentum die Bibel für Gewalttaten herhalten musste, wissen wir und verurteilen es heute zu Recht.

Der Versuch, den Islam prinzipiell als gewalttätige Religion zu definieren und das Christentum als die Religion der Liebe, geht an Jahrhunderten europäischer Geschichte vorbei. Das Zusammenleben der Religionen beispielsweise in Cordoba war in der islamischen Zeit weitaus friedvoller als zur Zeit der Reconquista. Erst als die katholischen Spanier die Stadt von den Mauren übernahmen, kam es zu antijüdischen Pogromen und Gewalttaten. Die Glaubenskriege zwischen Katholiken und Protestanten haben Millionen Menschen in Europa das Leben gekostet und den Kontinent in vielen Jahrhunderten in Elend, Krieg, Terror, Folter und Gewalt gestoßen. Deshalb brauchen wir eine Debattenkultur, die von Wahrhaftigkeit und Fairness geprägt ist. So wenig ich mich als Katholik täglich dafür entschuldigen musste, dass die IRA-Terroristen in Nordirland Bomben gegen unschuldige Menschen einsetzten, so wenig muss sich der bei uns lebende türkeistämmige Muslim für Osama bin Laden und Terrorakte in Indonesien entschuldigen.

Dies ist keine Entschuldigung für Gewalt in der heutigen Zeit. Mich stört es aber, wenn dem Islam prinzipiell eine größere Gewaltbereitschaft attestiert wird als dem Christentum oder dem Judentum. Die Rede Papst Benedikt XVI. in Regensburg ist deshalb von historischer Bedeutung. Sie hat die Vernunft als Mittel der Glaubensverbreitung der Gewalt entgegensetzt. Die Antwort von 138 muslimischen Gelehrten auf die Rede des Papstes ist ein ermutigendes Zeichen der islamischen Selbstreflexion. Denn was sich viele Menschen wünschen, das ist ein klareres Wort der islamischen Autoritäten gegen jegliche Gewalt, die angeblich im Namen der Religion begangen wird und die nichts anderes darstellt als einen Missbrauch der Religion für politische Zwecke.

Vielleicht erleben wir mit dem Katholisch-Islamischen Forum, das aus dem Briefwechsel des Papstes mit den 138 Gelehrten hervorgegangen ist, den Beginn einer innerislamischen »Aufklärung«. Aus der Geschichte der katholischen Kirche wissen wir, dass das ein mühsamer und mitunter schmerzhafter Prozess ist. Dem heutigen, auf Partnerschaft und Kooperation beruhenden Verhältnis von Staat und Kirche, das uns als selbstverständlich erscheint, ist ein jahrhundertelanger Konflikt vorausgegangen. Erst mit der Weimarer Reichsverfassung von 1919 wurde in Deutschland eine Regelung gefunden, die zu einem gedeihlichen Miteinander von Staat und (katholischer) Kirche führte. Die Kirchenartikel im Grundgesetz und in den Verfassungen der Länder sowie die Staatskirchenverträge und Konkordate haben das Verhältnis von Kirche und Staat umfassend und für beide Seiten zufriedenstellend geregelt. Ebenso ist es jetzt erforderlich, das Verhältnis zwischen Staat und den islamischen Organisationen zu bestimmen. Die deutsche Islamkonferenz markiert den Beginn eines langen Weges. Für mich gehört vor allem ein islamischer Religionsunterricht als ordentliches Schulfach zu einer solchen Verhältnisbestimmung, wie er in Artikel 7, Absatz 3 unseres Grundgesetzes verankert ist. In Nordrhein-Westfalen arbeiten wir mit Hochdruck daran, dieses Fach einzuführen – in deutscher Sprache, mit Lehrerinnen und Lehrern, die an deutschen Universitäten ausgebildet wurden, und unter Schulaufsicht des Landes.

Wenn wir wollen, dass sich auch im Islam die Idee durchsetzt, dass islamische Moralordnung und staatliches Recht unabhängig voneinander existieren, dass die Volkssouveränität und damit die Demokratie als Staatsform der Theokratie vorzuziehen ist, dann müssen jene Muslime gestärkt werden, die ihren Glauben ernst nehmen und eine Form suchen, ihren Glauben mit einem säkularen Verständnis vom Verhältnis zwischen Staat und Religion in Einklang zu bringen.

Für die Muslime in Deutschland wird es wichtig sein, dass in den Moscheen solche Imame predigen, die ihre Prägungen in der deutschen Gesellschaft erhalten haben. Die Zeit, dass Imame wie Diplomaten aus Ankara geschickt wurden, um bei uns für drei oder vier Jahre ihren Dienst tun, muss enden. Das wird auch in der Türkei mehr und mehr erkannt. Der Präsident des türkischen Amtes für religiöse Angelegenheiten (Diyanet), Ali Bardakoğlu, hat mich anlässlich der Eröffnung der Duisburger Moschee besucht und seine Hoffnung ausgedrückt, dass der Islam auch in dieser Hinsicht Teil der deutschen Gesellschaft werde. Unter den vielen türkeistämmigen jungen Männern und Frauen, die ja ebenfalls Imame sein können, sollte es in Zukunft vermehrt Menschen aus Deutschland geben, die hier geboren sind, die die deutsche Mentalität kennen und in der deutschen Gesellschaft verankert sind.

Erst wenn ein Imam auf dem Neujahrsempfang des Oberbürgermeisters oder der Industrie- und Handeskammer (IHK) so auftreten kann wie der Dompropst und der Superintendent, wenn er die deutsche Sprache spricht und Freunde in der deutschen Gesellschaft hat, erst dann ist der Islam wirklich Teil der deutschen Gesellschaft geworden.

Hans Maier, der vormalige Präsident des Zentralkomitees der deutschen Katholiken und Inhaber des Romano-Guardini-Lehrstuhls für christliche Weltanschauung an der Ludwig-Maximilians-Universität in München, appellierte im *Rheinischen Merkur* (18. Dezember 2008), die Reibungen zwischen den christlichen Konfessionen, dem Islam und dem Judentum im Lichte der geschichtlichen Entwicklung zu bewerten. Jahrhundertelang bestand im religiösen Zusammenleben in Deutschland ein Problem zwischen den Konfessionen, zwischen Katholiken, Lutheranern und Calvinisten, das erst gelöst wurde, als die Konfessionen erkannten, dass sie weder einander bekehren noch verdrängen noch vernichten konnten – sie mussten Frieden halten. Der Religionsfrieden ist der älteste und stabilste Bestandteil unserer Verfassungstradition.

Die Anerkennung unterschiedlicher Religionen ist wichtig für das Gefühl, aus dem heraus man sich als Teil einer Gesellschaft oder eines Gemeinwesens empfindet. Unsere multireligiöse Gesellschaft ist heute geprägt durch 26,5 Millionen Menschen, die sich zur katholischen Kirche bekennen, und 26,2 Millionen, die Mitglieder der evangelischen Kirche sind. Sie umfassen rund zwei Drittel der Gesamtbevölkerung; hinzu kommen 13 verschiedene orthodoxe Nationalkirchen mit rund 1,7 Millionen Gläubigen und 400 000 Menschen, die sich christlichen Freikirchen verbunden fühlen. Während die christlichen Kirchen Mitglieder verlieren und die Zahl der Konfessionslosen in Ostdeutschland die Zahl der Katholiken und Protestanten längst übersteigt, nehmen andere Religionsgemeinschaften deutlich zu. An der Spitze stehen die Muslime mit über 3,5 Millionen sowie die jüdischen Gemeinden und die Buddhisten mit jeweils etwa 100 000 Mitgliedern.

Der Münchener Rechtswissenschaftler Peter Lerche spricht von einem »schonenden Ausgleich«, der geboten ist, wenn Grundrechtsansprüche einander gegenüberstehen. Es gibt dafür viele Beispiele. Ein Jude kann verlangen, dass seine Sache nicht in einem Gerichtssaal verhandelt wird, in dem ein Kreuz hängt. Jüdischen Geschäftsinhabern kann die Öffnung ihres Ladens am Sonntag erlaubt werden, da sie am Samstag nicht arbeiten dürfen. Der jüdischen Schächtvorschrift ist man durch eine Klausel beim Tierschutz gerecht geworden, wobei das Bundesverfassungsgericht entschieden hat, dass das Grundrecht der Religionsausübung im Zweifel auch über dem Tierschutz steht. Diese Vorschrift kommt inzwischen auch Muslimen zugute. Und auch auf jüdische wie islamische Feiertage wird bei Schulbefreiungen und Urlaubsgesuchen von Arbeitnehmern möglichst Rücksicht genommen.

Was nicht zu akzeptieren ist, sind unmittelbare Anwendungen religiösen und damit göttlichen Rechts, das sich über unsere Verfassungsordnung stellt. Die Scharia kann keine Wirksamkeit beanspruchen, wenn sie gegen das Grundgesetz steht. Die Vorstellung von fundamentalistischen Muslimen, dass im Zweifel göttliches Recht über weltlichem Recht steht, ist gar nicht so weit entfernt von der Vorstellungswelt der Piusbruderschaft, jener Abspaltung von der katholischen Kirche, die dem 2. Vatikanischen Konzil gerade vorwirft, die katholische Kirche auf die Zeit von heute ausgerichtet zu haben und Religion in einer pluralistischen Gesellschaft zu leben, statt auf dem Primat göttlichen Rechts zu bestehen.

Zwangsverheiratungen oder Nichtteilnahme am Biologie- oder Schwimmunterricht, die es sowohl bei christlichen Fundamentalisten als auch bei Muslimen gibt, Gewalt gegen Frauen und Verstöße gegen den Artikel 3 des Grundgesetzes, der Männer und Frauen gleichberechtigt, können in einer multikulturellen und multireligiösen Demokratie nicht geduldet werden. Und auch hier begegnen sich oft fundamentalistische Vorstellungen in unterschiedlichen Religionen: Dass in Israel ultraorthodoxe Juden 2009 darauf bestanden, aus dem Gruppenbild des neuen Kabinetts die Bilder der Frauen zu entfernen, ist ebenso wenig zu akzeptieren wie die im Iran aus der wörtlichen Auslegung des Korans abgeleitete Bestimmung des Wertes einer Frau. Im iranischen Rechtssystem, so berichtete mir Friedensnobelpreisträgerin Shirin Ebadi bei ihrem Besuch in Düsseldorf, ist eine Frau konsequent nur halb so viel wert wie ein Mann. Geht es beispielsweise um Zeugen bei einem Verkehrsunfall, braucht man zwei Frauen, um die Aussage eines Mannes aufzuwiegen. Solche absurden Theorien vertritt in Deutschland erkennbar keine islamische Institution von Bedeutung, selbst die nicht, die vom Verfassungsschutz beobachtet werden. Entscheidend ist nur, dass wir gerade den Islam in unserer Vorstellung nicht beschränken auf den 11. September oder die iranische Staatspolitik. Die Furcht vieler Menschen vor dem Islam ist eine Kombination aus beiden Ereignissen: die Wahrnehmung, dass 1979 mit der Rückkehr Ayatollah Khomeinis und dem Erfolg der iranischen Revolution innerhalb weniger Monate ein System errichtet wurde, das als Gottesstaat verstanden wird. Diese Schreckensvorstellung prägt das deutsche Islambild ebenso wie die im World Trade Center explodierenden Flugzeuge.

Salomon Korn, der stellvertretende Vorsitzende des Zentralrats der Juden in Deutschland, hat in einem Beitrag für die *Frankfurter Allgemeine Zeitung* (27. Oktober 2008) die Frage gestellt, ob unsere Gesellschaft zu schwach ist, Fremdes zu ertragen. »Ortsbildpflegegesetze« wie in Kärnten, die dort den Bau von Moscheen unterbinden sollen, sind Zeichen dieser Angst.

Die Schwierigkeit wird verschärft, wenn nicht gelungene Integration religiös hergeleitet wird, so als seien Schüler in der Schule deshalb schlechter, weil sie Muslime sind. Dass Integration ganz wesentlich von Bildungsabschlüssen und Bildungskarrieren auch der Eltern abhängt, wird dabei verdrängt. Die, die man bildungsfern angeworben hat und die zum Teil als Analphabeten kamen, waren Muslime. Viele andere Zuwanderer, Gruppen anderer Konfessionen zeigen zum Teil bessere Bildungsergebnisse, aber nicht wegen der Religion, sondern wegen der Bildungsbiografie und -tradition, der man entstammt. Dies ist einer der Kernunterschiede zu den Vereinigten Staaten und Kanada. Dort sind Muslime weitgehend integrierte Staatsbürger. Ihre kulturelle und religiöse Eigenständigkeit ist allgemein akzeptiert, aber sie gehören, im Unterschied zu den meisten europäischen Staaten, dort vorwiegend zur gesellschaftlichen Mittelschicht: aufstiegsorientiert, wirtschaftlich oft erfolgreich, als Staatsbürger loyal und politisch aktiv. Schwierigkeiten bereiten den Vereinigten Staaten die Hispanics, Einwanderer aus Mittelamerika, die von ihrer Religionszugehörigkeit zumeist katholisch sind. Ihre mangelnde Integration auf ihre katholische Glaubensüberzeugung zurückzuführen, wäre gleichermaßen absurd.

Dennoch ist Religion als Identitätsmerkmal für viele Menschen prägend. Gerade wenn sie als Minderheit in einem Land leben, wo eine andere Religion vorherrscht. Deshalb ist es wichtig, dass beim Zensus im Jahr 2011 entgegen der ursprünglichen Absicht des Bundesinnenministeriums das Religionsmerkmal wieder abgefragt wird. Nicht nur die christlichen Kirchen warten auf diese Auswertung, die es ihnen ermöglicht, weiter ihre gesellschaftliche Aufgabe als Träger von Schulen, Krankenhäusern, Kindergärten und Alten- und Pflegeheimen wahrzunehmen, sondern wir werden im Jahre 2011 auch zum ersten Mal präzise Zahlen über die Muslime in Deutschland haben. Wir werden wissen, wie viele Sunniten, Schiiten und Aleviten tatsächlich im Lande leben. Und wir werden erst dann Abstand nehmen können von der bisherigen statistischen Zählmethodik, die Muslime nach Herkunftsländern ermittelte. Jeder Türke, jeder Ägypter, jeder Iraner zählt als Muslim, und selbst die irakischen Christen, die vor wenigen Monaten nach Deutschland kamen, wären im Sinne der Statistik Muslime.

Eine Aufsteigerrepublik beurteilt Menschen nicht nach ihrer Religion, sondern sie ermöglicht jedem unabhängig von seiner Herkunft und religiösen Überzeugung gesellschaftlichen und sozialen Aufstieg. Und eine Aufsteigerrepublik misst Misserfolge nicht religiös. So wie niemand auf die Idee käme zu messen, ob Empfänger von Hartz-IV-Leistungen überwiegend evangelisch oder katholisch sind, um daraus Rückschlüsse über die Religion abzuleiten, müssen wir uns hüten, Integrationsfragen zu islamisieren. Es war richtig, dass Wolfgang Schäuble die deutsche Islamkonferenz einberufen hat, in der über das Verhältnis von Staat und Religion, über Grundwerte und Religionsunterricht, über Bestattungsriten und religiöse Besonderheiten gesprochen wurde. Sie ersetzt aber ganz bewusst nicht die Integrationsgipfel und den nationalen Integrationsplan der Bundeskanzlerin. Fragen der Sprachförderung, des Übergangs von Schule in Ausbildungspläne, der Beteiligung am öffentlichen Leben von Zuwanderern und viele andere konkrete Fragen der Integrationspolitik brauchen einen säkularen Blick.

Islamische Verbände sind keine Sprecher für Migranten. Dafür gibt es viele zivilgesellschaftliche Akteure, zum Teil gewählte kommunale Migrantenvertretungen und landesweite Zusammenschlüsse. Diese Trennung aufrechtzuerhalten muss eine Grundentscheidung deutscher Politik sein.

9 | Starke Gefühle

Welche Bedeutung Gefühle und Emotionen für die Integrationspolitik und ein Gemeinschaftsgefühl haben, war bei den großen Fußballereignissen 2006 und 2008 zu spüren.

Die Fußballeuropameisterschaft 2008 hat viele Geschichten und Schlagzeilen im Zeichen der Integration geschrieben. Vor allem das Spiel Türkei gegen Deutschland war für einige Medien Anlass, sich dieses Mal von der versöhnenden Seite zu zeigen, statt wie so oft zu spalten und Deutsche und Türken gegeneinander aufzubringen. Viele Unternehmen griffen dieses Spiel für ihre Werbezwecke auf und plakatierten ihre Werbung mit den beiden Fahnen, der deutschen und der türkischen, und unterlegten sie mit einem Slogan, der die Freundschaft der beiden Völker zum Ausdruck brachte.

Aber nicht nur in den Zeitungen und Werbeanzeigen war ein neuer Ton zu vernehmen. Ähnlich wie schon bei der Fußball-WM 2006 zeigte Deutschland auch im Sommer 2008 Flagge: An Autos, aus Fenstern, in Geschäften und Schrebergärten, an öffentlichen Plätzen, sogar im Cocktailglas – überall dominierte Schwarz-Rot-Gold. Zwei Jahre nach dem deutschen »Sommermärchen« gab es offensichtlich wieder einen guten Grund, stolz auf Deutschland zu sein. Man bekam fast das Gefühl, als hätten die Deutschen nur auf einen Anlass gewartet, um die Fahne endlich wieder rausholen und hissen zu können. Und jeder, der noch nicht im Besitz einer Fahne war, konnte sie an jeder Ecke bekommen. Der Einzelhandel verzeichnete wahrlich einen Boom, was den Fahnenverkauf betraf.

Doch trotz der vielen Parallelen, die die EM 2008 mit der WM 2006 hatte, gab es einen markanten Unterschied: Das tiefe Rot der türkischen Fahne war auf Deutschlands Straßen nicht minder vertreten, meistens sogar in Kombination mit dem deutschen Schwarz-Rot-Gold. Und die Fahnen hingen einträchtig nebeneinander – das war das Besondere am Fußball-sommer 2008.

Die Europameisterschaft 2008 war also nicht nur eine schöne Fortsetzung des deutschen Sommermärchens 2006, sie war auch die Kulisse für viele Integrationsgeschichten. Eine davon will ich hier wiedergeben.

Eine junge Türkin erzählt mir von ihrem Vater, der 1963 nach Deutschland gekommen war. Beim EM-Finale Deutschland gegen Spanien habe er nicht nur für Deutschland die Daumen gedrückt, nein, er habe für Deutschland gebetet! Ihr Vater, der bereits zweimal nach Mekka gepilgert war und ein Haci, also eine für Muslime hochgestellte Respektsperson ist, habe vor dem Spiel die Ärmel hochgekrempelt, die Socken ausgezogen und die rituelle Reinigung absolviert, sich anschließend gen Mekka gewandt, den Gebetsteppich ausgeworfen und angefangen zu beten. Am Ende habe er die Hände hochgehoben und Gott darum gebeten, dass Deutschland den Pokal mit »nach Hause« bringe. Das Spiel habe er sich dann mit der deutschen Nachbarin gemeinsam angeschaut. Genauso wie das Spiel davor: Türkei gegen Deutschland.

Er sei schon traurig gewesen, dass die Türkei verloren habe, berichtet die Tochter weiter. Ihr Vater liebe Deutschland, aber die Türkei sei immer noch das Land, in dem er aufgewachsen ist. Und er habe sich schon einen internationalen Titel für seine »alte Heimat« gewünscht. Doch unterm Strich habe er seiner Ansicht nach nicht verloren: »Türkei oder Deutschland, Hauptsache Heimat«, habe er gesagt. Denn Deutschland sei ihm in den 45 Jahren, die er hier schon verbrachte, nicht minder zur Heimat geworden.

Sie hingegen, die mir die anrührende Geschichte erzählt, habe – in Deutschland geboren, hier aufgewachsen, in diesem Land zur Schule gegangen, eine Ausbildung absolviert und anschließend ein Studium abgeschlossen – sich beim Finale für Spanien die Seele aus dem Leib geschrien. »Aus Trotz!«, sagt sie offen. Sie habe den Sieg »den Deutschen« nicht gegönnt. Sie, die Deutschen, hätten zuvor mit ihrem Sieg gegen die Türkei ihren eigenen Traum zerplatzen lassen, einen Traum, den sie mit Millionen Türken und Türkeistämmigen teile.

Was sie denn um Himmels willen mit Spanien verbinde?, frage ich.

»Nichts«, ist die Antwort. Ein einfaches »Nichts«.

Ich schüttele den Kopf. »Sehr unsportlich, man muss auch verlieren und gönnen können«, sage ich etwas mürrisch und füge hinzu, dass sie sich ein Beispiel an ihrem Vater nehmen solle.

Ein schallendes, wenn auch nicht ganz echtes Lachen ist die Antwort. »Ich soll also sein wie mein Vater?«, fragt sie spöttisch. »Im Gegensatz zu ihm verstehe ich euch!« Sie wirft mir einen kritischen Blick zu, den ich mit einem fragenden erwidere. »Ich spreche Deutsch so gut wie ihr, ich habe hier mein Abitur gemacht. Mein Vater beherrscht die Sprache kaum und hat nie mehr gelernt als das, was er als Bandarbeiter bei Ford wissen musste. An ihm soll ich mir ein Vorbild nehmen?« Und sie erklärt mir, warum sie die Europameisterschaft den Spaniern gegönnt hatte, und eine Menge mehr.

Ihre Erzählungen eröffnen mir Einblicke in eine Welt, die nicht einfach nur in zwei Kulturen spielt. Es ist mehr, es ist eine ganz eigene, deutsch-türkische Welt.

»Ich liebe dieses Land«, sagt sie ohne falsches Pathos. Sie lässt einige Sekunden vergehen, wiederholt den Satz und bekräftigt ihn noch: »Das tue ich wirklich. Es ist mein Zuhause. Ich habe nur manchmal das Gefühl, meine *Geschwister*, die mit mir dieses Zuhause bewohnen, mögen mich nicht so sehr und sehen mich nicht als ihresgleichen.«

Die »deutschlandstämmigen Geschwister« seien immer in allem besser als sie. Manchmal käme es ihr so vor, als hinke sie um Längen hinterher. Dieses Mal – bei der Europameisterschaft – sei sie so nah dran gewesen, ihren Geschwistern zu beweisen, dass auch sie Erfolg haben kann. Erfolg, das Einzige, was ihre Geschwister wirklich respektierten. Es hätten nur wenige kleine Schritte gefehlt, um sich den ersehnten Respekt von den Geschwistern zu verschaffen. Und mit einem Mal sei alles vorbei gewesen – dank der elf Geschwister im DFB-Trikot. Wie hätte sie da noch zu ihnen halten können? Dabei interessiere sie sich gar nicht für Fußball. Normalerweise sei es ihr völlig egal, wer gewinnt, verliert, ausscheidet. Aber Fußball sei immerhin der Volkssport schlechthin. Bei Türken wie bei Deutschen. Wenn die Türken gewonnen hätten und die Deutschen nach dem Spiel dieselbe Größe gezeigt hätten wie die Türken nach ihrer Niederlage, hätte Deutschland damit ein Zeichen setzen können.

»Was für ein Zeichen?«, unterbrach ich sie.

Sie verdreht die Augen. »Das Zeichen, dass Integration eben keine Einbahnstraße ist. Die meisten Türken haben sich nach dem Spiel auch für Deutschland gefreut, weil sie so dachten wie mein Vater. Die meisten sagten von Anfang an, dass sie gar nicht als Verlierer aus dem Spiel gehen können. Es war fast so, als würden die Klitschkos gegeneinander boxen.«

Ein interessanter Vergleich, denke ich.

»Was meinen Sie, wem Mutter Klitschko in so einer Situation den Sieg gönnen wird? Sie wird den Sieg beiden Söhnen gönnen. Da aber nur einer als Sieger aus dem Ring steigen kann, wird sie die mütterliche Waage rausholen und den Sieg demjenigen gönnen, der weniger Siege hatte.« Die meisten Türken seien bei diesem Spiel in die Rolle der Mutter Klitschko geschlüpft. Am Ende habe zwar wieder der Sohn gewonnen, der schon oft gewonnen hat – »diesmal sogar, ohne es verdient zu haben« –, aber für die Mutter kein Grund, sich nicht für ihn zu freuen. »Deutschland hätte mit einer ähnlichen Freude nur gezeigt, dass wir ein Teil des Landes sind. Das wir eben nicht fremd sind. Das wäre ein Zeichen gewesen.«

Ich glaube zu verstehen, was sie meint. Wir haben in den letzten vierzig Jahren nicht unbedingt das Signal ausgesandt, dass wir unsere Zugewanderten als unseresgleichen sehen. Wir haben ihnen nicht unbedingt das Gefühl gegeben dazuzugehören. Ich bilde mir ein, dass ich die Wut der jungen Frau verstehe, und auch, warum sie nicht so sein kann wie ihr Vater.

Eine türkeistämmige Journalistin hat mir mal erzählt, was sie am meisten an der deutschen Kultur schätzte. Ich rechnete mit Goethe und Beethoven, dem Aachener oder Kölner Dom und Werten wie »Freiheit« und »Gleichberechtigung«. Doch nichts von dem war es. »Ich liebe es, wenn ich mir in der Wohnung die Schuhe nicht ausziehen muss«, sagte sie. Die Journalistin bemerkte meine Verwunderung. Das eine oder andere »deutsche Gut«, das mir bestimmt durch den Kopf gegangen sei, sei auch ihrer Familie nicht fremd gewesen, aber sie habe dies nicht unbedingt mit Deutschland assoziiert. Ich solle versichert sein, dass es auch andere Kulturen gebe, für die Freiheit und Gleichberechtigung von Männern und Frauen keine Fremdwörter sind. Ich versuchte ihr zu erklären, dass ich nichts dergleichen gedacht habe, aber ich fürchte, sie hatte mich durchschaut.

Um gar nicht erst Peinlichkeit aufkommen zu lassen, erzählte sie rasch, wie sehr sie der Sauberkeitsfimmel ihrer Mutter in den Wahnsinn getrieben habe. Niemand durfte die Wohnung mit Schuhen betreten, noch nicht einmal, wenn die Schuhe neu waren. Dann galt eben, dass der Dreck aus dem Schuhgeschäft nicht in die Wohnung gelangen sollte. Das alles habe sie so genervt, dass sie in der ersten Nacht in ihrer eigenen Wohnung mit Schuhen ins Bett gegangen sei. Sie habe das ihrer Mutter später erzählt. »Der Dreck der Straße gehört auf die Straße und nicht in meine Wohnung«, habe die Mutter gesagt. Und was mit dem Dreck der deutschen Nachbarn sei, wollte die Tochter wissen. Denn bei den Deutschen habe die Mutter immer ein Auge zugedrückt, sie mussten nie die Schuhe ausziehen. Nun endlich habe die Mutter den Grund preisgegeben: Sie wollte ihren deutschen Nachbarn nicht das Gefühl geben, fremd zu sein. Auch in ihrer Wohnung sollten sie sich wie zu Hause fühlen. Die Mutter wollte nicht anders sein, nicht als anders auffallen.

Ich fragte die Journalistin, ob sie sich auch so verhalten würde.

Nein, im Gegensatz zu ihrer Mutter sei sie zu deutsch; sie wolle nicht, dass sich ihre Bekannten bei ihr wie zu Hause fühlen, schließlich sollten sie irgendwann wieder gehen.

»Warum diese Wut?«, frage ich meine EM-Gesprächspartnerin.

»Welche Wut?«, fragt sie zurück. Sie sei nicht wütend, sie wisse noch nicht einmal, auf wen sie wütend sein solle. Aber man gebe ihr manchmal das Gefühl, dass sie nicht ganz dazugehöre, weil sie aus einem Kulturkreis komme, der im Vergleich »halbwertig« erscheine. Das läge nicht an ihrer Zuwanderungsgeschichte an sich, sondern sei Resultat ihrer türkischen Wurzeln. Als Italienerin wäre sie »top«, als »Türkin« sehe man sie eher als »Flop«.

Ich erinnere mich an ein Interview mit Hatice Akyün, das ich vor einiger Zeit las. Sie hatte ähnlich argumentiert und gesag: »Es ist nicht chic, Türkin zu sein«; als Italienerin sei das anders. Dieser Gedanke ist in der türkischen Community offenbar weit verbreitet. Dabei sind die Italiener meist ebenso als »Gastarbeiter« ins Land gekommen wie die Türken. Die Geschichten der Italiener und der Türken in Deutschland weisen viele Gemeinsamkeiten auf, und doch galten die einen als »chic« und die anderen als »Flop«. Das kann nicht nur daran liegen, dass Italiener besser Fußball spielen.

»Der Türke wird immer assoziiert mit dem ›Kümmeltürken‹, mit dem ›Knoblauchfresser‹, und das, obwohl die Italiener in ihrer Küche nicht gerade mit Knoblauch geizen«, sagte mir ein guter Freund mit türkischen Wurzeln. Die Italiener hingegen würde man verbinden mit schönen Frauen, guter Küche und einer genießerischen Lebensart – eben »la dolce vita«.

»Ich wünschte, die Türken hätten recht. Doch als Italiener merke ich nichts davon, dass wir angeblich schicker sind. Zu uns sagen sie ›Mafiosi‹«, sagte mir der Besitzer meines italienischen Stammlokals. Türkische Frauen seien nicht weniger attraktiv, ihre Küche nicht weniger schmackhaft und ihre Strände von nicht weniger Deutschen in der Hochsaison besucht. Nur, was die Lebensart betreffe, sei Italien mit keinem Land zu vergleichen – und natürlich in Sachen Fußball.

Ich erinnerte mich an ein Treffen mit italienischstämmigen Duisburgern, das die Aussagen des Lokalbesitzers bestätigte. Im August 2007 war etwas Furchtbares in Duisburg passiert. Sechs Menschen waren nach einer Geburtstagsfeier in einer Pizzeria in Duisburg kaltblütig von zwei Männern erschossen worden.

Dieser Fall war bald als »Mafiamord von Duisburg« bekannt. Die Opfer waren italienischer Herkunft, wie auch ihre Mörder. Kurze Zeit nach diesem Vorfall traf ich mich zusammen mit dem Oberbürgermeister der Stadt Duisburg, Adolf Sauerland, im Duisburger Rathaus mit einigen Vertretern der italienischen Gemeinschaft. Ich erlebte aufgebrachte Frauen und Männer, die sich darüber beschwerten, wenig beachtet zu werden. »Alles«, so hieß es, »drehe sich um die Türken, als sei dies die einzige Gruppe von Zugewanderten.« Man schilderte die Hänseleien, denen ihre Kinder in der Schule ausgesetzt seien, man beschimpfe sie als »Paten-Kinder«. Es gehe so weit, dass die Kinder nicht mehr in die Schule gehen wollten. Die deutschen Nachbarn würden jeglichen Kontakt zu ihnen vermeiden, sogar ein »Guten Tag« würde nicht mehr erwidert. Bei diesem Treffen blieb nicht viel vom »Dolce-Vita«-Klischee übrig.

Ich kann meine EM-Gesprächspartnerin nicht so recht davon überzeugen, dass ihr Bild von den Italienern in Deutschland nicht in die Realität passt. Sie meint nur, man könne wohl kaum behaupten, die Türken würden mit den Italienern auf eine Stufe gestellt. »Das wäre zu schön.« Es gehe ihr gar nicht um die Schimpfwörter. Sie selbst sei nie mit irgendeiner Zutat der türkischen Küche in Verbindung gebracht worden, aber ihre deutschen Arbeitskollegen hätten sie schon mal vor ihrem Türkeiurlaub gefragt, ob sie denn als Single wiederkäme oder mit einem Ring am Finger. »Meinen Sie, dass man mich das auch als Italienerin gefragt hätte?« Sie habe über die Frage gelacht und sich über die Naivität ihrer Arbeitskollegen lustig gemacht. Sie habe es sich abgewöhnt, eingeschnappt zu reagieren.

Sie sei in der Grundschule gewesen, erzählt sie weiter, in der dritten Klasse. Im Musikunterricht stand Flötelernen auf dem Plan. Die Lehrerin sagte den Kindern, dass sie ihre Eltern um eine Blockflöte bitten sollen. Sie brauche eine »Fülüt«, sagte sie ihrer Mutter. Die Mutter freute sich, denn sie hatte bisher vergeblich versucht, die Tochter für ein Musikinstrument zu begeistern. Ohne Zeit zu verlieren ist die Mutter mit ihr losgezogen, in den Musikladen in der Stadt. Hand in Hand ging sie mit ihrer Mutter in den Laden, an der Tür stand auf einem gelben Plakat mit schwarzer Schrift: »Putzfrau gesucht«. In dem Laden lief die Mutter, immer noch voller Euphorie, auf die Verkäuferin zu, um sie nach der »besten Flöte« zu fragen. Denn für die Tochter, die sich endlich für ein Instrument entschieden hatte, sollte es die beste sein. Doch bevor die Mutter ihr Anliegen mitteilen konnte, wandte die Verkäuferin ihr den

Rücken zu und sagte, dass die Stelle bereits vergeben sei. »Welche Stelle?«, fragte die Mutter. »Na, die Stelle als Putzfrau!«, war die Antwort. Ihre Mutter lachte daraufhin beschämt und sagte: »Danke sehr, aber ich nicht wollen Putzstelle, ich wollen Fülüt für meine Tochter«, ohne auch nur einen Hauch von der Euphorie verloren zu haben. »Anschließend sind wir mit einer Ahorn-Blockflöte der Marke Moeck aus dem Laden gegangen.« Ob die Mutter nicht beleidigt gewesen sei, erkundige ich mich. Ihre Mutter habe das als eine Art Kompliment empfunden, sagt sie zu meinem Erstaunen. »Meine Mutter ist eine einfache Frau. Sie hat in der Türkei nur die Grundschule besucht, kann lesen und schreiben, aber das war's. Sie empfand die Reaktion der Verkäuferin als eine Zumutung im positiven Sinne: Man traute ihr zu, dass sie einen Job in einem deutschen Geschäft ausüben kann; was für ein Job das war, war irrelevant«, sagt sie und fügt noch hinzu, dass sie im Gegensatz zu ihrer Mutter diesen Laden niemals wieder betreten hat. Sie verstehe nämlich, was mit diesem Satz eigentlich gemeint war.

Wir schweigen eine Weile. Die Geschichte hat mich nachdenklich gemacht. Vielleicht empfinde ich Mitleid für eine Mutter, die auf ihre Art sehr naiv war, oder auch Bewunderung. Ich frage sie, ob sie je daran gedacht habe, zurückzugehen.

»Wer, meine Eltern?«, fragt sie.

»Ja, auch, aber eigentlich meinte ich Sie«, sage ich.

»Wohin zurück?«

»Na, in die Türkei!«

Sie schüttelt den Kopf: »Was heißt hier zurück? Meine Eltern können zurückkehren, ich nicht! Ich bin aus Deutschland.«

Ich insistierte: »Sie denken in ›Wir‹- und ›Ihr‹-Kategorien. Sie sprechen von ›den Deutschen‹, Sie können mir diese Frage deshalb nicht übel nehmen«, sage ich.

Sie schaut leicht grüblerisch durch mich durch und nickt: »Sie haben recht. Aber Sie müssen mich verstehen. Ich sehe Deutschland schon als meine Heimat. Doch wie soll ich vergessen, dass ich nicht deutsch bin, wenn ich ständig daran erinnert werde? Früher wurde ich gefragt, woher ich komme. Heute, seitdem Integration mit großen Buchstaben geschrieben wird, werde ich gefragt, welchen Migrationshintergrund ich habe. Nur: nehme ich allen die Neugier und spreche von mir als Türkin, ist es auch nicht richtig. Und Sie sagen doch auch des Öfteren: die Zugewanderten einerseits und ›wir‹, die Mehrheitsgesellschaft, andererseits. Ist es nicht dasselbe Denken in Kategorien?«

Ich muss eingestehen, dass sie nicht unrecht hat. »Mehrheitsgesellschaft«, »Minderheiten«, »wir«, »ihr«, »die Zugewanderten« – das alles sind Kategorisierungen. Ja, sie hat recht. Dabei sind weder die Betonung ihrer Gruppenzugehörigkeit noch meine Differenzierungen negativ gemeint. Die Gefahr dabei ist aber, dass solche Kategorisierungen spalterisch wirken *können*, wenn sie die Zugehörigkeit oder eben Nichtzugehörigkeit zu einer bestimmten Gruppe betonen sollen. Doch oft sind die Dinge nicht so eindeutig.

Die einfache Frage »Welchen Migrationshintergrund haben Sie?« kann wirklich nur der Neugier geschuldet sein und nicht unbedingt der Absicht, das Trennende zu unterstreichen. Ebenso muss ein »Wir Türken« nicht bedeuten, man bekenne sich nicht zu Deutschland. Es gibt viele Zugewanderte, die sich zwar mit Deutschland identifizieren, aber sich selbst nicht als Deutsche verstehen. Sie sprechen perfektes Deutsch, haben einen guten Job, sind gesellschaftlich hervorragend integriert, haben aber keinen deutschen Pass. Das alles gibt es, und es ist nicht notwendig, jedes Wort und jeden Begriff auf die Goldwaage zu legen.

Manchmal ist es allerdings auch notwendig, in Kategorien zu denken. Denn wenn wir nicht auch unterscheiden und die verschiedenen soziologischen Gruppen in den Blick nehmen, die bei uns leben, können wir das moderne Deutschland nicht richtig begreifen. Das Charakteristikum eines Einwanderungslands ist vor allem die Vielfalt, und es wäre dumm, diese Vielfalt nicht anzuerkennen. Genauso wie die Mehrheitsgesellschaft keine homogene Gruppe ist, weisen auch die Zuwanderer in ihren einzelnen Gruppen heterogene Strukturen auf. Um effektiver zu sein, müssen wir also eigentlich noch mehr kategorisieren. Auch in der Mehrheitsgesellschaft gibt es Gruppen, die integrative Maßnahmen benötigen. So ist es heute keine Besonderheit, wenn ein Kind aus einer Zuwandererfamilie die deutsche Sprache besser beherrscht als ein Kind einer deutschen Familie ohne Zuwanderungsgeschichte. Es ist längst Realität, dass eine deutsche Familie, die in einem sozialen Brennpunkt lebt oder überfordert ist, stärker auf integrationspolitische Maßnahmen angewiesen ist als eine Zuwandererfamilie, deren einzige ›Auffälligkeit‹ darin besteht, erfolgreich zu sein.

In einer AWO-Einrichtung in Duisburg schilderte mir einmal ein Betreuer, dass man Zehnjährigen beibringe, mit Messer und Gabel zu essen, weil sie dies von zu Hause nicht kannten. Diese Kinder waren zumeist Deutsche. Zuwandererfamilien kennen immer noch stärker die Kultur der gemeinsamen Tischmahlzeit in der Familie.

Tatsächlich gibt es sie, die erfolgreichen Zuwanderer. Und man muss gar nicht lange nach ihnen suchen. Manche von ihnen treffen sich seit 2006 zum Beispiel jährlich im Kanzleramt und diskutieren mit der Kanzlerin und anderen Vertretern der Bundesregierung über Integration. Aber ein Blick in die Medien ist nicht weniger aufschlussreich. Bei Namen wie Cem Özdemir, Lale Akgün, Hatice Akyün, Seyran Ateş, Nazan Eckes oder Erol Sander merken wir mittlerweile gar nicht mehr auf. Sie sind in unseren Augen erfolgreiche Deutsche – was sie de facto auch sind.

Es war eine Deutsche mit türkischen Wurzeln, die als »Deutschlands jüngste Professorin« galt. Eine Ausnahme? Im Vorstand des Onlineauktionshaus eBay Deutschland saß ein Türkeistämmiger, bevor er die Geschäftsleitung der Firma in der Türkei übernahm. Weitere Ausnahme? Einer der größten deutschen Reiseveranstalter ist auch nicht »urdeutsch«. Es gibt Juristen für jegliche Fachrichtung, Ärzte für jegliche Beschwerde, Manager für jedes Unternehmen, Ingenieure für jede Technik, Lehrer für alle Schulformen, Berater für jeglichen Sachverhalt, die alle eine Zuwanderungsgeschichte haben. Rund 600 000 Selbstständige mit Zuwanderungsgeschichte bieten Arbeitsplätze in Deutschland an, und davon profitieren selbstverständlich auch Deutsche. Fakten, die gerne übersehen oder erst gar nicht wahrgenommen werden. Und genau darum soll es jetzt gehen: wahrnehmen.

Auf einer Veranstaltung hatte ich – wie so oft – gesagt, dass Deutschland nach der »Rückkehrprämie« in den achtziger Jahren, nach all den Einwanderungsland- und Leitkulturdebatten, nach Gesinnungstests und Diskussionen über Parallelgesellschaften, die schon mit dem kleinen Gemüsehändler um die Ecke anfangen, nun endlich eine Willkommenskultur schaffen und sie seinen Zuwanderern auch zeigen muss. Nach der Veranstaltung kam eine junge Frau auf mich zu und ließ mich wissen, dass sie nun schon seit einiger Zeit auf diese Begegnung mit mir gewartet habe. Kaum fühlte ich mich geschmeichelt, fügte sie hinzu: »Um Ihnen endlich mitteilen zu können, für wie falsch ich es hielte, wenn mir jemand eine Willkommenskultur entgegenbringen würde!«

Etwas irritiert bat ich sie um Erläuterung.

»Wissen Sie«, fing sie an und erzählte mir in ein paar Sätzen ihre Geschichte. Sie war das Kind einer türkischen sogenannten »Gastarbeiterfamilie«. Sie kam in Deutschland auf die Welt, besuchte hier einen Kindergarten, in dem sie ihr erstes deutsches Wort, »Vogel«, lernte und ging hier zur Schule. Sie machte hier eine Ausbildung zur Reiseverkehrskauffrau und leitet heute ein kleines Reiseunternehmen, das sie sich selbst aufgebaut hat. »Willkommen heißt man den, der von außerhalb kommt. Ich komme nicht von außerhalb«, sagte sie. Ihrem Vater habe man diese Haltung entgegenbringen müssen; sie brauche nicht mehr »begrüßt« zu werden. Sie wolle viel lieber wahrgenommen werden – als eine erfolgreiche Frau mit türkischen Wurzeln. »Sie haben es gerade selbst gesagt«, fuhr sie fort, »Deutschland hat die letzten Jahrzehnte die Integrationspolitik verschlafen. Machen Sie nicht den Fehler, indem Sie Ihre Politik nun ausschließlich danach ausrichten, nachzuholen. Ich sage Ihnen: Richten Sie sie neu aus! Wir brauchen keine Willkommenskultur, wir brauchen eine Wahrnehmungskultur.«

Unsere Wahrnehmung bestimmt unsere Handlungen. Und wenn wir die Diskussionen über Parallelgesellschaften und erfolglose Zuwanderer verfolgen, wird deutlich, in welche Richtung unsere Wahrnehmung geht. Hin und wieder gibt es auch Porträts von erfolgreichen Zugewanderten in den Medien. Hin und wieder verleihen wir ihnen auch Preise und zeigen auf sie als Vorbilder. Doch schaffen es diese erfolgreichen Vorbilder eher selten auf die Titelseiten. Ehrenmorde, unterdrückte Frauen und Studien, die den Misserfolg »belegen«, sind dagegen immer für dicke Überschriften auf Seite eins gut.

Manche sagen, dass habe etwas mit Quantitäten zu tun: Es gibt halt zu wenige Erfolgreiche. Die Fokussierung auf die sogenannten Problemfälle sei eben kein Zufall, sondern Spiegel der Wirklichkeit. Ich halte das für ziemlich verkürzt. Vor allem aber offenbart es eine sehr eingeschränkte Definition von Erfolg. Denn wenn nur Parteivorsitzende, Moderatorinnen, Schauspieler oder Professoren in das Erfolgsraster fallen, dann ist unsere gesamte Gesellschaft ganz schön erfolglos. Erfolg ist nicht zwangsläufig der Aufstieg in die »oberen Zehntausend«. Auch das Erlernen eines Handwerkberufes, das Eröffnen eines Gemüseladens oder die Beförderung zum Filialleiter eines Discounters kann Erfolg, kann Aufstieg bedeuten. Ist ein »Gastarbeiter«, der nach Deutschland nur wegen der Arbeit kam, kaum eine Schulbildung genossen hat, hier fleißig gearbeitet und sich stets für die Bildung seiner Kinder eingesetzt hat, ein Versager? Ist der Vater von Cem Özdemir, der nicht gut Deutsch spricht, ein erfolgloser Vater?

Nach der Veröffentlichung der Studie des Berlin-Instituts für Bevölkerung und Entwicklung (2009), deren Fazit es war, dass »Türken die am schlechtesten integrierte Gruppe« sind, bekam ich eine Menge Post. Post von Türkeistämmigen, die sich über die Studie empörten und ihr Unwissenschaftlichkeit vorwarfen. Das waren die Stimmen derjenigen, die nicht wahrgenommen wurden und sich nicht in der Studie wiederfanden. Unter den vielen Briefen fiel besonders einer auf, weil er einen doch sehr beachtlichen Anhang hatte. Über diesen Brief und seinen Absender möchte ich gern erzählen.

Turgay Tahtabas kam vor zwanzig Jahren nach Deutschland und war, wie er selbst sagt, »Müllmann«. Durch eine »Oma« in der Nachbarschaft erfuhr er, dass es in Deutschland eine Vorschule namens Kindergarten gibt. Er schickte seine drei Kinder in den Kindergarten. Die Kinder, die heute zwischen zwölf und 17 Jahren sind, besuchen alle das Gymnasium. In ihrer Freizeit besuchen sie die Musikschule; alle drei spielen ein Instrument. Herr Tahtabas selbst engagiert sich im Elternverein und versucht andere Eltern davon zu überzeugen, wie wichtig Bildung ist. Herr Tahtabas ist Alleinverdiener in seiner fünfköpfigen Familie, und da er und seine Frau das meiste Geld in die Bildung ihrer Kinder stecken, waren sie seit Jahren nicht mehr im Urlaub. Die Kinder haben ihre Abwechslung durch diverse Klassenfahrten und durch Reisen mit den Jugendeinrichtungen, in denen sie tätig sind.

Herr Tahtabas schrieb mir, dass er sich über diese »unverschämte Studie« aufrege und dass er einmal auf sich sowie auf sein Umfeld aufmerksam machen wollte. Schließlich gebe es »noch viel mehr Familien«, die so seien wie seine, so Herr Tahtabas, der zu dem Brief die Zeugnisse seiner Kinder mit Bestnoten, Urkunden aus ehrenamtlichen Aktivitäten und Familienbilder beifügte.

Kurze Zeit später lernte einer meiner Mitarbeiter Tahtabas – der ungewöhnliche Name hatte sich eingeprägt – auf einer Veranstaltung kennen, in der es um Chancengerechtigkeit durch Bildung ging. Herr Tahtabas ergriff in einer Publikumsrunde das Mikrofon und appellierte an die Eltern, dass sie die Bildung ihrer Kinder begleiten müssten. Mein Mitarbeiter ging nach der Veranstaltung auf ihn zu und fragte ihn, ob er der Verfasser des umfangreichen Briefes sei.

Er nickte leicht verwundert, doch sehr erfreut. Mit seinem leicht gebrochenen, aber engagierten Deutsch berichtete er von dem Stolz, den er für seine Kinder empfand. Bei Elternsprechtagen sei er immer nur ganz kurz bei den Lehrern. Diese hätten nur eines zu berichten: »Alles prima.« Er gehe aber zu jedem Lehrer, auch zum Sport- und Kunstlehrer. Seine älteste Tochter wolle diesen Sommer an einem Austauschprogramm teilnehmen und nach England fahren. Schließlich reiche es lange nicht mehr aus, nur eine oder zwei Sprachen zu beherrschen; Herr Tahtabas zitierte in diesem Zusammenhang den türkischen Staatsgründer Atatürk: »Jede Sprache ein Mensch«. Seine Kinder sollten es später besser haben als er, sagte er. »Alles für die Kinder! Für mich ist Müllmann sein kein Problem, aber meine Kinder haben bessere Chancen.«

Er erzählte von der Arbeit seines Elternvereins, die hauptsächlich darin bestand, für schwächere Schüler Nachhilfeunterricht zu organisieren. Und er erzählte von seinen Erfolgsgeschichten – er selbst nannte es allerdings nicht so. Hier nur eine von ihnen.

In der Klasse seiner jüngsten Tochter stand eine einwöchige Klassenfahrt an. Einige Wochen vor der Fahrt stellte sich heraus, dass fünf ihrer Mitschüler nicht an der Fahrt teilnehmen konnten, weil ihre Familien es ihnen nicht erlaubt hatten. Herr Tahtabas wandte sich an die Klassenlehrerin und wollte wissen, um welche Familien es sich handele. Vier von diesen fünf Kindern kamen aus einer Einwandererfamilie. Er bat die Lehrerin um die Telefonnummern der Familien und rief bei allen an, um die Gründe für die Absage zu erfahren. Eine Familie verweigerte dem Kind die Teilnahme, weil sie einfach kein Geld hatte. Herr Tahtabas trommelte einige Eltern aus seinem Verein zusammen und ermöglichte dem Kind die Teilnahme aus der Vereinskasse. Die deutsche Familie habe das Kind nicht mitschicken wollen, weil es ein Bettnässer gewesen sein soll. So organisierte man eine Latexmatratze. Die dritte Familie hatte das Kind zu Hause behalten wollen, weil es kein anständiges Bettzeug hatte, wofür Herr Tahtabas auch eine Lösung fand. Die vierte Familie musste einfach nur überzeugt werden, dass so eine Klassenfahrt nichts Schlimmes ist. Nur die letzte Familie ließ sich von ihrer Entscheidung nicht abbringen. Fazit: Vier der fünf Kinder durften an der Klassenfahrt teilnehmen. Eine Erfolgsgeschichte, die etwas Zeit, Gespräche und Einsatz erforderte. Das zeigt einmal mehr: Nicht selten sind es die kleinen Erfolge, die nicht die Welt, aber ein Leben verändern.

Menschen wie Turgay Tahtabas werden selten bekannt, und sie sind dennoch erfolgreich. Erfolgreich als Väter und Mütter, ehrenamtlich Engagierte und vor allem als Menschen. Sie setzen sich erfolgreich dafür ein, dass das Leben anderer ein Stückchen besser wird. Sodass sich die Frage stellt, wer hier eigentlich erfolgreich ist: Herr Tahtabas selbst oder nur später einmal seine Kinder, die wahrscheinlich einen akademischen Bildungsweg einschlagen werden? Dass die Kinder eines Akademikers auch Akademiker werden, ist gesellschaftlich fast vorprogrammiert. Bei den Kindern eines Mannes, der sein

Geld damit verdient, anderer Leute Müll wegzuräumen, ist das nicht unbedingt so, aber durchaus möglich.

Und genau darum geht es, um den sozialen Aufstieg, der in unserer Gesellschaft jedem möglich sein soll. Die meisten Erfolgsgeschichten, die sogenannten Vorbilder der Zugewanderten – von manchen etwas despektierlich als »Vorzeige-Ausländer« bezeichnet –, kommen vielfach aus einfachen Verhältnissen. Ihre Väter kamen zum größten Teil als »Gastarbeiter« nach Deutschland, arbeiteten im Bergbau oder am Fließband, ihre Mütter waren meist Hausfrauen oder gingen putzen. Doch ihre Kinder schafften den Aufstieg. Der Glaube an sich selbst und ein starker Wille, Unterstützung durch Familie und Freunde und nicht zuletzt die Möglichkeiten nutzen, die unsere Gesellschaft bietet: So kann der Aufstieg gelingen.

Das Thema »Chancengerechtigkeit« dominiert in der Integrationsdebatte und bestimmt den Ton, mit dem Deutschland im internationalen Vergleich eine kritische Melodie vorgespielt wird. So sehen wir neben den »Integrationswundern« wie Kanada, Finnland oder Schweden sehr blass aus. Vergleiche, die gern mit den Ergebnissen der Pisa-Studien und Iglu-Tests untermauert werden und die Deutschlands Versagen bei der Integration von Zugewanderten belegen. Vergleiche, die nicht falsch sind, aber nicht dieselbe historische Ausgangssituation haben. Und es liegt auch eine gewisse historische Ironie darin, dass einst die »Gastarbeiter« in Scharen nach Deutschland kamen, weil sie für sich hier mehr Chancen sahen. Chancen für ein besseres Leben. Ihre Nachfolgegenerationen hingegen werfen dem »Chancen-Deutschland« ihrer Väter vor, es sei nicht chancengleich. Gewiss, Deutschland war vor vierzig, fünfzig Jahren anders, als es heute ist. Wenn es um Chancen geht, geht es längst nicht mehr allein ums Geldverdienen. Heute geht es um viel mehr: Es geht darum, von Anfang an die Chance auf dieselbe Bildung zu haben. Die Chance zu haben, das Gymnasium besuchen zu können. Chancen auf dem Arbeitsmarkt zu haben. Letztendlich meint Chancengerechtigkeit also nichts weiter als das, was wir von einer Aufsteigerrepublik erwarten: Teilhabechancen für jeden, unabhängig von der Herkunft seiner Eltern.

10 | Es kamen nicht nur Gast*arbeiter* – die Rolle der Frauen

Als ich 2005 die Leitung des Ministeriums übernahm, wurde ich nicht nur zuständig für Integration, sondern auch für Generationen-, Familien- und nicht zuletzt Frauenpolitik. Ein Mann als Frauenminister – das war neu. Ich fand die Entscheidung des Ministerpräsidenten Jürgen Rüttgers, den Frauen im Kabinett die »harten« Felder wie Wirtschaft oder auch Justiz zu überlassen, dagegen einen Mann mit dem oft abgewerteten Bereich Frauenpolitik zu betrauen, nicht nur innovativ, sondern auch mutig. Natürlich gab es vor allem in der Anfangszeit von der einen oder anderen Seite Häme oder kritische Nachfragen. Immerhin steht dieses Amt in der Tradition der Frauenbewegung der siebziger Jahre, ist ein Stück Lobbyismus für Frauen, der am ehesten von einer Frau repräsentiert werden kann. Wenn man aber den gesellschaftspolitischen Auftrag von Artikel 3 des Grundgesetzes in den Mittelpunkt stellt, sein gestalterisches Postulat, und wenn dieses Politikfeld dann noch wie in meinem Fall mit anderen spannenden Themen ergänzt wird, dann kann, so meine ich, auch ein Mann sehr gute Frauenpolitik machen.

Ich jedenfalls hatte das von Anfang an vor. Ich war entschlossen, kein Alibi-Frauenminister zu sein. Die verschiedenen Fachgebiete meines Ressorts sollten so zusammenwirken, dass ein echtes Zukunftsministerium daraus entstehen würde, eines für Männer und Frauen. Und das hieß auch in die Integrationspolitik die Geschlechterperspektive einzubringen.

Dieser Ansatz, im Fachbegriff »Gender Mainstreaming« genannt, war mir aus meiner Arbeit im Europäischen Parlament vertraut. Ich kannte ihn insbesondere aus meinem Engagement in der entwicklungspolitischen Arbeit, wo er inzwischen zum Basiswissen gehört. Denn dort ist klar: Ohne Einbezug der Frauen, ohne die Nutzung ihrer Kompetenzen, muss Entwicklungshilfe scheitern. Schon 2001 stellte etwa die Weltbank den Zusammenhang zwischen der Gleichberechtigung der Frauen und Wirtschaftswachstum fest. Ihr Befund: Wo Frauen unterdrückt werden, hat dies nicht nur Folgen für die Wirtschaftskraft des Landes, auch die Regierungsführung und die Lebensqualität leiden. Dabei geht die Weltbank in ihrer Analyse sogar so weit, den wirtschaftlichen Nutzen der Bildung von Frauen höher einzuschätzen als vergleichbare Investitionen bei Männern. Frauen würden nun mal einen deutlich größeren Teil ihrer zusätzlichen Einkommensgewinne gesellschaftlich nützlich, nämlich in die Gesundheit und Ausbildung ihrer Kinder investieren. Nicht zufällig wurde 2006 der Ökonomieprofessor Muhammad Yunus aus Bangladesch, den ich in den neunziger Jahren persönlich kennengelernt habe, mit dem Friedensnobelpreis für eine Geschäftsidee geehrt, die auf das Empowerment, also auf die Stärkung und Selbstbestimmung von Frauen setzt. Durch die Vergabe von Kleinkrediten an arme Frauen ermöglichte er ihnen den Aufbau einer Existenz – mit so großem Erfolg, dass die Vereinten Nationen 2005 zum »Jahr des Mikrokredits« erklärten. Es würde also auch in der Integrationspolitik darauf ankommen, die Situation von Frauen, ihre Sichtweisen, Erfahrungen, Kenntnisse und Stärken möglichst von Anfang an einzubeziehen. Dass sich die Schnittstelle zwischen Frauen- und Integrationspolitik aber auch als Minenfeld erweisen könnte, wurde schon in den ersten Monaten meiner Amtszeit klar: Nach einer öffentlichen Anhörung und intensiven Debatten verabschiedete der Landtag 2006 ein Kopftuchverbot für Lehrerinnen in Schulen, eine nicht nur parlamentarisch hoch umstrittene Entscheidung. Schon die Gerichte bis hin zum Bundesverfassungsgericht hatten sich mit dieser Frage auseinandergesetzt, ohne dass es gelungen war, einen abschließenden Konsens herzustellen. Offenkundig war ein Nerv getroffen. Was ist das Kopftuch – nur ein Stück Stoff, ein modisches Accessoire, ein Symbol der Unterdrückung der Frau oder gar die Fahne des Islamismus? Und welchen Stellenwert wollen wir der Religionsfreiheit geben, die doch stets auch die Freiheit der Andersdenkenden, der Andersgläubigen sein muss?

Wie immer, wenn es um Konflikte geht, die Fragen der Weltanschauung, der persönlichen Lebenshaltung, der Identität berühren, ließen sich in der Diskussion einfache Zuordnungen, seien sie partei-, frauen- oder integrationspolitischer Art, kaum ausmachen. Insbesondere die frauenpolitische Szene war zutiefst zerstritten. In einem öffentlichen »Aufruf wider eine Lex Kopftuch« setzten sich schon im Dezember 2003 prominente Unterzeichnerinnen mit und ohne Zuwanderungsgeschichte, vorwiegend aus dem politischen Raum, der Wissenschaft und der Kultur, für »religiöse Vielfalt statt Zwangsemanzipation« ein. Insbesondere sprachen sie sich für eine Akzeptanz anderer weiblicher Lebensentwürfe aus: »Gerade Frauen in der Diaspora greifen auf das Kopftuch zurück, um mit Selbstbewusstsein ihr Anderssein zu markieren oder eine Differenz im Verständnis von Sittsamkeit und Tugendhaftigkeit gegenüber der Aufnahmegesellschaft zu dokumentieren«, heißt es in dem Papier.

Diese Position blieb nicht ohne Widerspruch: Die Replik erfolgte im Februar 2005 durch, so ihre Selbstbeschreibung, »demokratisch gesinnte Migrantinnen aus muslimischen und anderen Ländern«, von Frauen aus unterschiedlichsten Berufen. Ihr Vorwurf: Das »Konstrukt der emanzipatorischen Kopftuchträgerin« verführe dazu, »die wahren Verhältnisse zu ignorieren«. Die Autorinnen gehen mit den Unterzeichnerinnen des ersten Aufrufs hart ins Gericht: »Sie geben zwar die Existenz von antidemokratischen und frauenfeindlichen Strömungen im Islam zu … vernachlässigen aber, dass es sich dabei um Strömungen handelt, hinter denen große politische und finanzielle Macht steht. Sie suggerieren, es ginge um eine ideelle Position, die allein argumentativ bewältigt werden kann …« Und sie weisen auf die Auswirkungen der geforderten Toleranz hin: »Das Tragen des Kopftuchs in staatlichen Schulen würde … in massiver Weise die … Religionsfreiheit der Schülerinnen einschränken. Sie würden sich dem Einfluss eines weltanschaulichen, religiösen oder politischen Symbols ausgesetzt sehen. Die islamistischen Kräfte würden allein durch die Präsenz von Kopftuch tragenden Lehrerinnen im Staatsdienst eine unvergleichlich größere Möglichkeit bekommen, die Mädchen und ihre Eltern unter Druck zu setzen.«

Für mich als Frauen- und Integrationsminister war es alles andere als leicht, beide Parteien so zu verbinden, dass kein neuer Konflikt das neue Miteinander in der Integrationspolitik gefährdete. Immerhin war mir in vielen Gesprächen mit Migrantenorganisationen immer wieder der Vorwurf gemacht worden, eine solche Regelung stigmatisiere pauschal alle Kopftuch tragenden Frauen und letztlich den Islam. Entscheidend war für mich nach Abwägung aller Argumente schließlich der Aspekt, dass die nordrhein-westfälische Regelung ja nicht generell das Tragen des Kopftuchs in Schulen verbietet. Sie bezieht sich ausschließlich auf Lehrerinnen, die ein öffentliches Amt wahrnehmen. Sie haben sich freiwillig für diese Funktion entschieden. Damit sind sie, so meine ich, in besonderer Weise verpflichtet, die weltanschauliche Neutralität des Staates und das Einstehen für seine Verfassungswerte zum Ausdruck zu bringen. Sie haben großen Einfluss auf Schülerinnen und Schüler, sind oft Vorbilder, gerade in der Grundschule oder bei der Leitung einer Klasse. Unabhängig davon, aus welchen Gründen eine Lehrerin das Kopftuch auch im Unterricht tragen möchte – es ist nun mal ein mehrdeutiges Symbol, sie kann seine Interpretation zwar beeinflussen, aber nicht völlig bestimmen. Darüber hinaus halte ich es für richtig, dass Mädchen zumindest in der Grundschule kein Kopftuch tragen. Religiös sei dies auch nicht geboten, so haben mir Imane immer wieder bestätigt.

»Sie wollen sich besonders um Frauenfragen und Integration kümmern?«, fragte mich ein Journalist einer großen Tageszeitung im Rahmen eines Interviews. »Aber es geht doch dauernd um Frauen. Wäre es nicht höchste Zeit, sich einmal den Männern zuzuwenden?« Ich stutzte. Geht es wirklich immer um Frauen? Klar, die Kopftuchfrage betrifft eindeutig nur weibliche Lehrkräfte. Und die öffentliche Berichterstattung hat seit einigen Jahren immer stärker Themen wie Zwangsheirat, häusliche Gewalt oder gar sogenannte Ehrenmorde im Blick. Opfer sind zwar nicht ausschließlich, aber überwiegend Frauen. Der weibliche Teil der Menschen mit Zuwanderungsgeschichte scheint tatsächlich besondere Aufmerksamkeit zu bekommen.

Aber welche Vorstellungen werden hier vermittelt? »Besonders beliebt ist etwa das Bild der türkischen Frau, möglichst mit Kopftuch. Es gehört zum Grundrepertoire aller Diskussionen über Ausländerinnen, scheint zum Symbol für *die* Ausländerin schlechthin geworden zu sein«, schreibt Professorin Elisabeth Beck-Gernsheim in ihrem Essay »Türkische Bräute und die Migrationsdebatte in Deutschland«. Sie weist auf die gefährlichen Folgen derartiger Stereotypen hin: »Bilder sind mehr als nur Bilder: Sie können eminent politische Folgen haben.« Und so müssen wir uns nicht wundern, dass wohl die meisten von uns als Prototyp der Frau mit Zuwanderungsgeschichte tatsächlich dieses Bild vor Augen haben und dabei tunlichst ausblenden, dass die Mehrheit der Muslima in Deutschland gar kein Kopftuch trägt und keineswegs alle Türkinnen der Religion des Islam anhängen. Und mit dem Kopftuch drängen sich die Assoziationen »bäuerlich«, »rückständig«, »unaufgeklärt« oder gar »zwangsverheiratet« auf. Solche Verzerrungen haben natürlich ihre Entstehungsgeschichte und ihre Gründe.

Zum einen ist es wohl tatsächlich so, dass die Situation vieler Frauen mit Zuwanderungsgeschichte gewaltbelastet ist. Untersuchungen stützen diese Annahme. Auch finden viele dieser Frauen den Weg in die Frauenhäuser. Wie groß aber die Gewaltbelastung im Vergleich zu der von deutschen Frauen ist, wissen wir nicht, und wir sollten mit Spekulationen vorsichtig sein. Noch immer wird auch in deutschen Haushalten geschlagen, gibt es sexualisierte Gewalt. Und natürlich finden Zwangsheiraten statt, das zeigen die Daten unserer Onlineberatung in Nordrhein-Westfalen unmissverständlich. Jeder einzelne Fall ist einer zu viel. Es kann keine Frage sein, dass dieses Delikt mit aller Konsequenz zu ahnden ist, ohne jeden Kulturrabatt, und dass die diejenigen, die davon bedroht oder betroffen sind, uneingeschränkt unseren Schutz und unsere Hilfe verdienen.

Dazu brauchen wir einen eigenen Straftatbestand im Strafgesetzbuch, der Zwangsheirat in einem neuen § 234 b ausdrücklich ächtet, und eine Änderung des § 37 des Aufenthaltsgesetzes, die den Opfern von Zwangsheirat auch nach sechs Monaten die Rückkehr nach Deutschland ermöglicht. Die

Konferenz der Gleichstellungs- und Frauenministerinnen und -minister, deren Vorsitzender ich 2009 war, hat dies auf ihrer Hauptkonferenz auf Schloss Krickenbeck im Juni 2009 partei-und länderübergreifend einstimmig beschlossen. Zum ersten Mal hatten wir das Thema »Frauen und Integration« als Jahresschwerpunktthema gewählt.

Ziel war es aber auch, deutlich zu machen, dass Frauen mit Zuwanderungsgeschichte im öffentlichen Bewusstsein nur als Opfer vorkommen – eine solche Perspektive bedeutet Stigmatisierung und Ausgrenzung und verhindert die doch so dringend notwendige Annäherung.

Es gibt aber noch einen Grund, warum sich diese Klischees nach wie vor so behaupten können: Die Muslima mit Kopftuch ist längst zum Symbol für das Fremde geworden, für das, was uns Angst macht, was sich, so meinen wir, nicht integrieren lässt. Dieses Klischee hat einen vordergründig entlastenden Effekt für die Aufnahmegesellschaft. Wo andere Frauen so offenkundig rückständig, unterdrückt, unemanzipiert sind, da geht es doch den Frauen hier in der Bundesrepublik – allen internationalen Vergleichen zum Trotz – in Sachen Gleichstellung wunderbar. Eine verführerische Perspektive, von der, wie Elisabeth Beck-Gernsheim in dem bereits zitierten Aufsatz berichtet, auch und gerade engagierte Frauen nicht frei waren. Sie beschreibt aus den frühen Jahren der Frauenbewegung eine Haltung, mit der den Frauen mit Zuwanderungsgeschichte, gewiss in bester Absicht, vermittelt wird: »Wir wissen, wie es dir geht.« Und sie analysiert: »Ein derartig mitleidiger Blick hat immer auch etwas Herablassendes an sich, er kommt von oben …« Ernüchternd ihr Fazit: »Migrantinnen wurden als eine Problemgruppe definiert, die der Betreuung und Richtungsweisung bedarf.«

In diesem Sinne äußert sich auch Sidar Demirdögen vom Bundesverband der Migrantinnen in Deutschland bei einem Interview mit der *Zeit* 2008: »Ein großes Problem ist, dass Migrantinnen in der Regel nicht als Frauen wahrgenommen werden … Ihre Identität als Frau verschwindet sozusagen hinter der Identität als Migrantin. (…) Als Bestandteil der gesamtdeutschen Frauenfrage, wenn es zum Beispiel darum geht, mehr Lohn zu fordern oder eine gerechtere Verteilung von Hausarbeit, werden sie nicht gesehen. Schon gar nicht als Mitstreiterinnen im Kampf für mehr Geschlechtergerechtigkeit.«

Aber Frauen mit Zuwanderungsgeschichte werden nicht nur verzerrt wahrgenommen, sie werden oft überhaupt nicht gesehen. Das fängt schon bei der Migration selbst an. Irgendwie herrscht in unseren Köpfen noch das romantische Bild des heldenhaften Pioniers, der unerschrocken in die Fremde zieht, um sich dort eine Existenz aufzubauen. Seine Frau holt er erst später nach, dann, wenn es die Gegebenheiten zulassen. Mit der Realität, und zwar seit Jahrhunderten und weltweit, hat das nicht das Geringste zu tun. Inzwischen wird die aktive und zentrale Rolle von Frauen bei Wanderungsbewegungen erkannt. Aus der jüngeren Forschung wissen wir, dass Frauen einen ganz erheblichen Einfluss auf Verlauf und Formen internationaler Migration haben. Oftmals sind es »gerade ihre sozialen und familiären Netzwerke, ihre Arbeit und ihr Verdienst, die für das Überleben der Familie sowohl in der Herkunfts- als auch in der Ankunftsregion existenziell notwendig waren und sind«, verdeutlicht Professorin Manuela Westphal in ihrem Aufsatz »Migration und Genderaspekte«. Immerhin sind wir heute schon so weit, dass wir von einer »Feminisierung der Migration« sprechen und damit der Wirklichkeit eine Chance geben. Auch in die Bundesrepublik sind von Anfang an Frauen eigenständig eingewandert. Als im September 1964 der millionste Arbeitsmigrant in der Bundesrepublik begrüßt wurde, waren bereits 220 000 zugewanderte Frauen in der Bundesrepublik erwerbstätig. Gegen Ende der siebziger Jahre stellten sie von den fast zwei Millionen nichtdeutschen Beschäftigten rund ein Drittel. Auch wurden Frauen gezielt angeworben. Begehrt waren sie wegen Fähigkeiten, die als typisch weiblich galten: Geschicklichkeit, Fingerfertigkeit, Präzision, Disziplin, Ausdauer und Belastbarkeit. Insbesondere in der Nahrungs-, Textil- und Metallindustrie waren sie gerade auch im Niedriglohnbereich willkommen. Ebenso wie die Männer trugen sie zum wirtschaftlichen Aufschwung bei uns bei. So ist denn auch die Erfolgsgeschichte der Bundesrepublik ohne den Einsatz der »Gastarbeiterinnen« kaum vorstellbar.

Frauen sind also keine Anhängsel, sondern Akteurinnen bei der Migration, und ebenso zentral ist ihre Rolle bei der Integration. Sie muss nur erst einmal entdeckt werden! Wer die Fäden bei der Auswanderung in den Händen hält, wird sie sich auch im Ankunftsland nicht aus den Händen nehmen lassen.

Hier schließt sich der Kreis: Ebenso wie generell in der Frauenpolitik geht es bei einer Integrationspolitik, die Frauen wie Männer im Blick haben will, um nicht mehr und nicht weniger, als endlich die weiblichen Leistungen und Potenziale zu erkennen, zu würdigen und für unsere Gesellschaft zu nutzen. Trotz aller Erfolge bei der Gleichstellung der Geschlechter, die es ohne Zweifel gibt und die wir auch nicht kleinreden sollten, ist Deutschland in mancher Beziehung noch ein Entwicklungsland. Junge Frauen sind zwar auf ganzer Linie die Gewinnerinnen im Bildungsbereich – sie sind dort so erfolgreich, dass ein ernsthafter Blick auf die fehlenden Bildungserfolge von Jungen und vor allem von Jungen mit Zuwanderungsgeschichte dringend nötig ist –, aber noch wirkt sich ihr Siegeszug weder in Gremienmacht noch im Geldbeutel, noch auf den Vorstandsetagen aus. Die Bundeskanzlerin hat dies erst kürzlich kritisiert und die Wirtschaft den »immer noch geschlossensten Bereich der Gesellschaft« genannt. Ein solch kapitaler Fehler darf uns bei der Integration, die doch die Bündelung aller Kräfte bei der Gestaltung einer zukunftsfähigen Gesellschaft verlangt, nicht unterlaufen.

Wir müssen auch bei der Integrationspolitik dahin schauen, wo bereits jetzt starke Frauen agieren, deren Vorbild Mut macht. Der Schriftsteller Feridun Zaimoglu, 1964 geboren, ermuntert seine Generation in einem Text für die *Zeit* zu einem stolzen Blick auf das mütterliche Erbe: »Was können die Jungen selbst tun, wenn sie ausbrechen wollen aus den engen Verhältnissen? ... der wahre Ausstieg aus der Unterschicht und der Aufstieg in das Bildungs- und Besitzbürgertum kosten Kraft und Nerven – und den Abschied von der kurzfristigen Überlebensstrategie. Als Vorbild taugen die Frauen der ersten Generation. Sie sind die türkischen, kurdischen, arabischen Trümmerfrauen, sie haben das Unmögliche geschafft und die Familien in sehr harten Zeiten zusammengehalten. Die Töchter setzen diese Traditionslinie fort. Sie vergeuden ihr Potenzial und ihre Reserven nicht in Ehrenhändeln und Schlägereien. Sie werden einen Großteil der künftigen fremddeutschen Elite bilden.«

Und ich möchte hinzufügen: wenn wir sie denn lassen und bestärken, statt sie zu behindern, die ehrgeizigen jungen Frauen, die zwar bessere Schulabschlüsse als die Jungs machen, aber schwerer eine Lehrstelle finden. Die vielen Frauen, die neben Mehrsprachigkeit und Kultursensibilität oft eine größere Affinität für technische Berufe mitbringen, für die doch eigentlich händeringend Nachwuchs gesucht wird. Die mutigen Gründerinnen, die nicht nur die Nähstube oder das Gemüselädchen an der Ecke betreiben, sondern auch im High-tech-Business zu finden sind, die ausbilden und Arbeitsplätze bieten. Die Arbeitnehmerinnen, die unsere Wirtschaft mittragen und die doch oft unterhalb ihrer Qualifikation eingesetzt werden. Die vielen Frauen in den Privathaushalten, die Kinder betreuen, Alte pflegen und die ungeliebte Hausarbeit machen, notwendige Aufgaben, ohne die unsere Gesellschaft nicht funktionieren würde, die diese Arbeit aber oft unterbezahlt oder illegal, in Schwarzarbeit errichten. Die vielen Mütter, die in ihren Familien oft eine Schlüsselstellung haben, mit großem Einfluss auf nachwachsende Generationen, die sich engagieren in der Schule und den Stadtteilen. Sie alle und noch viele mehr gilt es endlich angemessen wahrzunehmen und zu unterstützen. Dabei geht es nicht nur um Karrieren, auch wenn ich hoffe, dass diese in absehbarer Zeit auch für Frauen mit Zuwanderungsgeschichte keine Zukunftsmusik mehr sein werden. Das Ziel ist die Schaffung echter Chancengleichheit, das Einräumen fairer Bedingungen, die die Verwirklichung individueller Lebensentwürfe zulassen. Zum individuellen Wohl, aber auch, machen wir uns nichts vor, zum Wohle dieser Gesellschaft. Ohne Frauen wäre Integration nur eine halbe Sache. Damit Integration und Aufstieg gelingen und so zu einem ganzen, einem umfassenden Politikansatz – also einer runden Sache – werden können, funktioniert Frauenpolitik heute natürlich nur erfolgreich als Geschlechter- und Gleichstellungspolitik. Trotz aller gerade skizzierten strukturellen Benachteiligungen auf dem Arbeitsmarkt, der Karriereentwicklung und damit dem Einkommensniveau, ist vor allem die Bildungsentwicklung von Frauen und Mädchen und eben auch derer mit Zuwanderungsgeschichte eine Erfolgsgeschichte. So sind die Mädchen nicht nur im engeren Lernbereich der Schule erfolgreicher, auch in ihrer Freizeit lesen sie deutlich mehr als ihre männlichen Altersgenossen. Wo der Bildungsverlierer in den sechziger Jahren, zu Beginn der Bildungsdiskussion, eben bezeichnenderweise das viel zitierte »katholische Mädchen vom Lande« war, da blicken wir heute auf die überdurchschnittlichen Bildungserfolge von Mädchen und Frauen – eben auch und gerade derer mit Zuwanderungsgeschichte. Der Sozialwissenschaftler Klaus Hurrelmann sieht in dieser Entwicklung die Erfolge von drei Jahrzehnten Bildungspolitik: »… ein Beweis dafür, dass Politik gelingt. Das nachwachsende weibliche Geschlecht konnte insgesamt aufgebaut und gestärkt werden.« Der aktuelle Bildungsverlierer in Deutschland ist hingegen »männlich – migrantisch – städtisch«. Der Prototyp des Bildungsverlierers hat sich also in 40 Jahren bei allen Indikatoren nahezu in sein Gegenteil verkehrt. So ist die Quote der Jungen mit türkischer oder italienischer Zuwanderungsgeschichte bei der Gruppe, die die Schule ohne Abschluss verlässt, in Nordrhein-Westfalen doppelt so hoch wie bei den Mädchen. Bei den Abschlüssen zu Hochschul- oder Fachhochschulreife liegen die Mädchen und Frauen – generell, aus allen ehemaligen Herkunftsstaaten – deutlich vor den Jungen. Deshalb: Aufstiegspolitik, die Chancen eröffnen will, muss jeweils spezifische Korridore und Ermöglichungsstrukturen schaffen – eben auch geschlechts- und lebensphasenspezifische. Wo bei erfolgreichen Frauen, mit oder ohne Zuwanderungsgeschichte, der Übergang von Schule, Ausbildung oder Studium in eine erfolgreiche Berufskarriere Probleme bereitet, da müssen genauso politische Initiativen ergriffen werden wie bei den spezifischen Bildungsproblemen von Jungen. Deshalb habe ich 2008 eine Landesinitiative Jungenarbeit gestartet. Aufstiegsorientierte Frauen- und Geschlechterpolitik will alle mitnehmen und keinen zurücklassen – sie macht keine halben Sachen.

Und der Zukunft zugewandt

11 | Alt werden in der Fremde

Calogero Belfiore kennt den Weg wie keinen anderen, er findet ihn sozusagen im Schlaf: Von seiner Wohnung geht er nach rechts, entlang der verkehrsreichen Hauptstraße, dann durch die kleineren Straßen des »Veedels« und schon öffnet sich vor ihm der Wilhelmplatz in Köln-Nippes. An dessen nördlicher Seite liegt das »Bistro Central«, Belfiores Ziel. Dort verbringt er sehr viel Zeit, nahezu täglich ist er hier, es ist sein zweites Zuhause geworden. Als er eintritt, schallt ihm aus vielen Kehlen »Ciao, Calogero« entgegen, hier ein freundliches Kopfnicken und da eine grüßende Hand.

Ich habe Calogero Belfiore in seinem Stammcafé besucht: blanke Tische, einfache Einrichtung, volle Aschenbecher. Hier trifft sich die erste Generation der Gastarbeiter. Die älteren Männer sind fast unter sich, nur wenige Frauen sehe ich. Getrunken wird mehr Kölsch als Wein. An den Wänden flimmern große Bildschirme, deutsche und italienische Programme wetteifern in der Lautstärke. Wenn Fußball läuft, besonders die Spiele der italienischen Bundesliga »Serie A« am Sonntagnachmittag, ist das Lokal voll.

Das war natürlich auch bei der Fußballweltmeisterschaft 2006 so. Calogero Belfiore erzählt mir mit leuchtenden Augen, wie es hier beim Halbfinale aussah. Bis auf ganz wenige Altdeutsche war das Bistro fest in italienischer Hand. Bei brütender Hitze verfolgte man dicht gedrängt das Spiel in Dortmund. Die Spannung war kaum auszuhalten, es gab Verlängerung. Noch immer waren keine Tore gefallen und gleich musste Schluss sein. Doch wohl nicht etwa ein Elfmeterschießen gegen die Deutschen mit diesem Lehmann im Tor?

Aber dann noch diese Ecke für Italien, und plötzlich ist der Ball im Strafraum bei Fabio Grosso. Der schießt, und Belfiore sieht Jens Lehmann ins Leere und den Ball ins Netz fliegen. 1:0

für Italien in der 119. Spielminute. »Und dann«, so der ältere Mann, »hat sich mitten in Nippes der Vesuv entladen.« Stühle fliegen durch die Luft, ein Tanzen und Stampfen, die helle Freude. Das 2:0 durch Alessandro Del Piero geht fast schon im Freudentaumel unter. Es folgt eine Nacht, die nie zu Ende zu gehen scheint.

Auch wenn er davon erzählt, wie stolz er war, dass »wir« gewonnen hatten, kommt es mir fast so vor, als wolle er mich noch nachträglich dafür trösten, dass »wir« auf der anderen Seite verloren hatten. Fußballfans verbindet untereinander die Erinnerung an ein Fußballspiel, auch wenn ganz unterschiedliche Emotionen bei Gewinnern und Verlierern ausgelöst werden.

Calogero Belfiore schwärmt weiter vom italienischen Sommermärchen 2006, das er mitten in Köln, dem »Neapel des Rheinlandes«, erlebt hat. So lebendig wie er erzählt, habe auch ich die Bilder des Endspiels wieder vor Augen: Zidanes Kopfstoß und die Rote Karte dafür, das Elfmeterschießen und der Goldpokal in den Händen von Fabio Cannavaro, dem »Capitano« der »Squadra Azurra«. Auch Calogero Belfiore fühlt sich als Weltmeister.

Ich erfahre, dass Belfiore 67 Jahre alt ist und – mit kleineren Unterbrechungen – seit 1965 in Deutschland lebt, zunächst in Kassel und Siegburg, dann seit Anfang der siebziger Jahre in Köln. Über zwanzig Jahre arbeitete er bei Humboldt-Deutz und der Deutz AG, einem großen Motorenhersteller. Er spricht schnell und noch schneller, wenn ihn die Gefühle beim Thema Fußball oder auch die Ärgernisse des Alltages übermannen. Der EU-Bürger Calogero Belfiore ist, was die Sprache angeht, kein Vorzeigebeispiel für einen über Jahrzehnte hinweg integrierten Zuwanderer. Sein Deutsch hat einen eigenen Klang und Rhythmus, es ist ein engagiertes Stakkato und klingt wie ein Echo aus der »Gastarbeiter«-Ära. Warum viele Worte verlieren, wenn man sich mit den deutschen Kollegen schnell über das Nötigste verständigen kann: »Die Steuern, die Politik – kannst du vergessen.« Sein Alltagsdeutsch reicht, um klarzukommen, mit der Familie und den Freunden spricht er italienisch.

Seine beiden Kinder – bei den Zuwanderern aus Italien kein seltenes Phänomen – sind nicht in Bildungskarrieren durchgestartet, sondern blieben mit Hauptschul- beziehungsweise Realschulabschluss solide. Sie arbeiten im verarbeitenden Gewerbe und im Handwerk. Die Enkel – »Ci vedrà«, man wird sehen.

Inspiriert durch Professor Bade haben wir in Deutschland die sogenannte »nachholende Integrationspolitik« entdeckt. Calogero Belfiore ist für mich ein gutes Beispiel dafür, dass dieses »Nachholen« auch Grenzen hat, nämlich die natürlichen des Alters. Niemand kommt ernsthaft auf den Gedanken, Belfiores erste Generation der Gastarbeiter noch nachträglich stärker zu integrieren. Selbstverständlich sollte es für ihn und die anderen in ihrem Stadtviertel Angebote zur Teilhabe und zum Mitmachen am gesellschaftlichen Leben geben. Doch Signore Belfiore hat ja bereits viele soziale Kontakte, in seinem Freundes- und Bekanntenkreis ist er natürlich »integriert«. Und wenn er Interesse und Freude an Fortbildungen hat, kann er die Angebote der Integrationsagenturen in den Stadtteilen nutzen. Ihn noch zu Sprachkursen o. ä. zu verpflichten, empfände ich als unangemessen.

Als Integrationsminister überkäme mich Scham, wenn ich eine solche Forderung an die »Gründergeneration« der Einwanderungsgesellschaft erheben würde. Ihnen und ihrer individuellen und kollektiven Lebensleistung gebührt Achtung und Respekt und keine falsche integrationspolitische Beflissenheit. Wer über 40 Jahre in dieser Gesellschaft gelebt und hart gearbeitet hat, der hat es verdient, dass wir ihn »fördern«, zu »fordern« gibt es jedoch nichts.

Im Jahre 2005 habe ich als neuer nordrhein-westfälischer Integrationsminister gemeinsam mit dem damaligen italienischen Kulturminister Rocco Buttiglione eingeladen zu einer Festveranstaltung aus Anlass des 50-jährigen Jubiläums des deutsch-italienischen Anwerbevertrages, des ersten zwischenstaatlichen Vertrages zur Anwerbung ausländischer Arbeitnehmer. Es war mir ein besonderes Anliegen, damit auch die Lebensleistung der ersten Generation italienischer »Gastarbeiterinnen und Gastarbeiter« anzuerkennen: »Es war gut, dass Sie nach Deutschland und nach Nordrhein-Westfalen gekommen sind.

Es ist gut, dass Sie hier leben. Wir haben Ihnen viel zu verdanken!«

Wenn auch so manche Werkskapelle ein freundliches Willkommensständchen spielte, als die ersten Gastarbeiter in unser Land kamen – von einer tatsächlichen »Willkommenskultur« für Neuzuwanderer und von einer »Anerkennungs- und Teilhabekultur« für die Neudeutschen, die schon etwas länger im Land lebten, waren wir jahrzehntelang weit entfernt. Und das ist etwas, was wir nach meiner Meinung bei der Integrationspolitik »nachholen« sollten.

Aus Großbritannien habe ich von einem gelungenen Beispiel für die gesamtgesellschaftliche Anerkennung und Würdigung der Zuwanderer erfahren: Spätestens nach dem Zweiten Weltkrieg gab es das Empire oder den »colourful« Commonwealth nicht mehr allein in »Übersee«. Seine Bewohner kamen vielmehr ins Mutterland und veränderten dessen Gesicht. So erreichte 1948 die »HMS Windrush« die britische Küste, an Bord die ersten rund 500 Einwanderer aus der Karibik, vor allem Jamaikaner. Heute sind die mittlerweile 750 000 afro-karibischen Bürgerinnen und Bürger Großbritanniens vitaler und selbstverständlicher Teil der modernen britischen Einwanderungsgesellschaft.

Fünfzig Jahre später wurde das »Windrush«-Jubiläum 1998 im Vereinigten Königreich breit diskutiert und gebührend gefeiert. Die Ankunft des Schiffes wurde als bedeutendes Ereignis in der neueren Geschichte des Landes wahrgenommen und seine Passagiere öffentlich gewürdigt: Prinz Charles persönlich nahm die Ehrung der Pionier-Zuwanderer vor, die mit dem Einwandererschiff gekommen waren, in Brixton wurde ein öffentlicher Platz in »Windrush Square« umbenannt und die renommierte BBC legte ein großes Bildungs- und Oral-History-Projekt auf.

Die Bundeskanzlerin hat mit ihrem Gespür für Symbolik Maßstäbe bei der Herausbildung einer deutschen »Anerkennungs- und Teilhabekultur« gesetzt. Sie lud, wie bereits erwähnt, am 1. Oktober 2008, also unmittelbar vor dem »Tag der Deutschen Einheit«, Vertreter der ersten Generation von Gastarbeiterinnen und -arbeitern zu sich ein. Ein Treffen, das beide

Seiten berührte, wie Angela Merkel später schilderte: »Eine der bewegendsten Veranstaltungen, die ich im Kanzleramt in meiner Zeit als Bundeskanzlerin miterleben konnte, war der Empfang der ›Gastarbeiter‹ der ersten Stunde und der ersten Generation, die wir für das gewürdigt haben, was sie für unser Land beigetragen haben. Ich habe selten erlebt, dass sich Menschen so über eine Einladung gefreut haben.« Und sie fügte – wohl in unser aller Namen – selbstkritisch hinzu: »Fast war es etwas beschämend, dass wir nicht schon vorher darauf gekommen sind, sie einzuladen. Es gab ganz anrührende Szenen.«

In früheren Jahrhunderten wussten die Menschen um die großen Risiken der Auswanderung: »Der Erste hat den Tod, der Zweite hat die Not, der Dritte erst hat Brot.« Diesen Schrecken des Neubeginns hat es glücklicherweise für die Gründergeneration der bundesdeutschen Einwanderungsgesellschaft seit den fünfziger Jahren nicht gegeben. Auch wenn nicht alle Lebensträume reiften und der Alltag hart war, so kann diese Generation doch mit Stolz auf ihre Leistung zurückblicken. Nicht wenige von ihnen haben in der Spanne einer einzigen Biografie die Entwicklung von der bäuerlichen über die Industriegesellschaft bis hin zur Wissens- und Dienstleistungsgesellschaft miterlebt und dabei große Anpassungsleistungen erbracht.

Für mich geht es daher einerseits darum, diese kollektive Lebensleistung der Gründergeneration zu würdigen und andererseits verstärkt daran zu arbeiten, dass ihren Kindern und Enkeln der Aufstieg in dieser Republik gelingen kann. Die jüngeren Generationen stehen heute mit ihren Anstrengungen nicht mehr allein; im Gegensatz zur Politik früherer Tage sehen wir heute die Notwendigkeit ihrer Unterstützung und Förderung. In der Aufsteigerrepublik sollen alle eine Chance erhalten. Die Basis hierfür hat die erste Generation der »Gastarbeiterinnen und Gastarbeiter« gelegt.

Für diese Frauen und Männer könnte als symbolische Form der Anerkennung unseres Landes für ihre Leistungen an einen erleichterten Zugang zur deutschen Staatsbürgerschaft und an das Recht der doppelten Staatsbürgerschaft, nicht nur für die EU-Bürger, sondern für alle, die 30 Jahre hart gearbeitet haben, gedacht werden. Eine derartige Würdigung würde auch auf die Kinder und Enkel ihre Wirkung nicht verfehlen. Eine stärkere Identifikation mit der Bundesrepublik und ein verstärktes Streben nach der Realisierung des eigenen Fortkommens und des eigenen Lebensglücks in unserer Gesellschaft wären die Folgen.

In der Politik sind Symbole und ideelle Anerkennung von großer Bedeutung. Doch dürfen die praktischen und notwendigen Dinge darüber nicht vergessen werden. Durch die Zuwanderung ist unsere Gesellschaft nicht nur »bunter« geworden, wir alle werden auch gemeinsam älter. Die Zahl der älteren Menschen mit Zuwanderungsgeschichte wird in den nächsten Jahren deutlich ansteigen. Sie hat sich in den letzten zehn Jahren – von einem niedrigen Ausgangsniveau – bereits vervierfacht. Heute leben allein in Nordrhein-Westfalen rund eine halbe Million ältere Menschen mit Zuwanderungsgeschichte, bis zum Jahr 2030 werden es in ganz Deutschland 2,8 Millionen sein: eine enorme Vielfalt an Lebensgeschichten, kulturellen Prägungen und religiösen Überzeugungen, die jede Biografie einzigartig machen. Im Alter können solche ganz persönlichen Hintergründe noch an Bedeutung gewinnen – vor allem in Situationen, in denen es um die gesundheitliche Verfassung, die medizinische Behandlung und um die Betreuung im Alter geht. Pflegebedürftigkeit, so wissen wir aus Untersuchungen, tritt bei Neudeutschen im Schnitt früher ein als bei Altdeutschen, natürlich auch eine Folge ihrer Arbeitsbedingungen mit Akkord- und Schichtarbeit und der hohen körperlichen Beanspruchung.

Um die erste Generation der Gastarbeiter, die jetzt in die Jahre gekommen sind, haben wir uns bisher auch diesbezüglich leider nicht sonderlich gekümmert. Immer mehr kehren im Alter nicht zurück in die alte Heimat, sondern verbringen ihren Ruhestand hier in Deutschland, wo Kinder und Enkelkinder leben. In deren Nähe oder sogar in deren Kreis wollen sie auch wohnen, wenn sie einmal auf Hilfe angewiesen sind. Da aber auch bei den Zuwanderern die Zahl der Groß- oder Mehrgenerationen-Familien tendenziell zurückgeht, ist zu erwarten, dass die Nachfrage nach stationären Pflegeangeboten weiter steigen wird. Zudem sind in den Familien der Zuwanderer zunehmend Männer wie Frauen beruflich engagiert. Die häufig den Frauen zugeschriebene und zugefallene Rolle, für die ganze Familie zu sorgen, einschließlich der Eltern und Schwiegereltern, kann in der Realität immer seltener ausgefüllt werden.

Wenn familiäre Unterstützung nicht geleistet werden kann, ist für die älteren Menschen und ihre Angehörigen eine nötige und sinnvolle Alternative ein Wohn- und Pflegeheim, sei es multikulturell oder ausschließlich für die Bewohner eines Herkunftslandes ausgerichtet. Allerdings muss in diesen Einrichtungen auch eine angemessene und gute Versorgung der Menschen gewährleistet sein. Ein bloßes »satt, sauber, trocken« darf es auch dort nicht geben. Qualitätssicherung in der Altenpflege muss auf hohem Niveau betrieben werden, und dazu gehört auch eine kultursensible Altenpflege.

Die Herausforderungen, die sich aus dieser Situation ergeben, sind zahlreich und erfordern von allen Seiten Umsicht. Von den Fachkräften in der Pflege und den dort beteiligten Institutionen werden über das Engagement hinaus vertiefte Fachkenntnisse in der kultursensiblen Altenhilfe erwartet. Das fällt umso leichter, wenn auch in der Herkunft des Personals schon die Vielfalt kultureller und sprachlicher Prägungen deutlich wird. Denn, so ein Memorandum aus dem Jahr 2002: »Die Pluralität unserer Gesellschaft muss sich auch in ihren Diensten und sozialen Einrichtungen widerspiegeln und bedarf deren interkulturellen Öffnung.«

In Nordrhein-Westfalen beeindruckt mich in besonderer Weise das Duisburger »Haus am Sandberg«, das bereits seit über zehn Jahren ein Ort interkultureller Altenpflege ist. Dort verfolgt man sehr erfolgreich ein Konzept, das sich an die Menschen aus mehreren Herkunftsregionen wendet. Einerseits wird dort – natürlich in der Muttersprache – auf die jeweiligen Besonderheiten der alten Menschen eingegangen, beispielsweise bei Fragen der Ernährung oder der Religion. Andererseits erlauben die verschiedenen Kulturveranstaltungen und Kontaktmöglichkeiten, auch im Alter noch Neues kennenzulernen. Selbstverständlich gehören international ausgerichtete Feste in das Programm des Hauses. Darüber hinaus gibt es einen interkulturellen Besuchsdienst, eine internationale Bibliothek sowie einen wöchentlichen mediterranen Markt. Diese kulturellen Angebote werden in Duisburg durch schön gestaltete Gebetsräume für Christen und Muslime komplettiert. Ralf Krause, Geschäftsführer des Pflegeheims, hat allerdings kürzlich gegenüber einer Zeitung den Anschein einer heilen Multikultiwelt relativiert: »Wir sind nicht besser als die Gesellschaft es ist. Hier leben die Kulturen nebeneinander, aber zumindest tun sie sich nichts.«

Vor zwei Jahren wurde in Berlin-Kreuzberg das erste türkische Altenheim »Türk Bakim Evi« eröffnet. Anders als in Duisburg leben darin ausschließlich Menschen aus der Türkei, also Türken und Kurden, unter ihnen Sunniten, Schiiten, Aleviten sowie einzelne Christen. Auch wenn sich diese Einrichtung noch in der Aufbauphase befindet, so ist doch eine erste Öffnung gegenüber Einrichtungen der Altenpflege sowohl bei Menschen mit türkischer Zuwanderungsgeschichte in Deutschland als auch im Herkunftsland selbst festzustellen. Auch in der Türkei wächst seit Mitte der neunziger Jahre die Akzeptanz von Altenheimen. Dass in Berlin bezeichnenderweise die Marseille-Kliniken AG – der größte börsennotierte Pflegeheimbetreiber Deutschlands – diese Marktlücke entdeckt und ausgefüllt hat und dass das Unternehmen weitere Pflegeheime in deutschen Metropolen plant, verdeutlicht die sich abzeichnenden starken Veränderungen in diesem Bereich. Das Wohnen im Pflegeheim darf auf keinen Fall als stigmatisierend wahrgenommen werden, weder von den Familien, ihrem Umfeld noch den Bewohnern selbst. Die Standards und die Güte einer kultursensiblen Altenhilfe werden langfristig dazu beitragen, die Akzeptanz auf allen Seiten zu erhöhen.

Auch wenn wir alle wissen, dass wir sterblich sind, vermeiden wir es meist, uns mit Sterben und Tod auseinanderzusetzen. Das ist ein tief verankertes Tabu in unserer Gesellschaft. Der Bioethiker Linus S. Geisler bringt es auf den Punkt: »Der Umgang einer Kultur mit ihren Sterbenden und Toten erlaubt immer auch einen sicheren Rückschluss auf ihre Einstellung zu ihren Lebenden.« Siebzig Prozent der Menschen in Deutschland sterben in Krankenhäusern oder Pflegeheimen. Für den evangelischen Bischof Wolfgang Huber ein Indiz für die Verdrängung des Todes: »Man sucht Zuständige für das Sterben; Krankenhäuser gelten als zuständig, unabhängig davon, wie die Umstände sind und welche Art von Zuwendung die Sterbenden unter den Bedingungen des Krankenhauses erhalten können.«

Dieses zuweilen unwürdige Sterben außerhalb der Wahrnehmung und ohne kompetente Sterbebegleitung tut unserer Gesellschaft nicht gut. Es ist Teil des gemeinsamen Wertekanons, Teil einer gemeinsamen Leitkultur, dass weder Gebrechlichkeit und Krankheit noch Sterben und Tod dem Menschen seine Würde nehmen dürfen. In Nordrhein-Westfalen arbeiten wir daher daran, dass mehr Menschen in der vertrauten Umgebung ihrer Wohnung oder Familie sterben können und unterstützen die rund 280 ambulanten Hospizdienste im Land.

Die moderne Hospizbewegung ist stark von Menschen mit christlichen Überzeugungen geprägt, viele Hospize sind in Trägerschaft einer kirchlichen Einrichtung. Das kann für Nichtchristen zunächst wie eine Barriere wirken. Andererseits schätzen viele gläubige Muslime, wenn es in einer Einrichtung überhaupt eine Sensibilität für Religion gibt. Das zeigt ihr Zuspruch zu Kitas und Schulen in kirchlicher Trägerschaft. Sie hoffen dort darauf, dass auch ihre Religion Respekt und Wertschätzung erfährt und sie und ihre Kinder sich auch in einer christlich geprägten Umgebung wohlfühlen können. Das müssen Hospize an der Nahtstelle von Leben und Tod in besonders sensibler Weise leisten können.

Sie haben jedoch – trotz vielfältiger Bemühungen – die Menschen mit Zuwanderungsgeschichte, die bei uns seit Jahrzehnten leben, bislang nicht in dem Maße erreicht, wie es nötig wäre. Gerade deshalb müssen auch sie Versäumtes nachholen und sich stärker den Kriterien öffnen, die für die kultursensible Altenpflege gelten. Darüber hinaus haben sie sich auch auf die spezifischen Anforderungen einzustellen, die die verschiedenen Religionen für den Umgang mit den Verstorbenen vorsehen.

Bestattung, Grab und Friedhof sind Zeugnisse menschlicher Kultur und des Umgangs mit sich selbst und den Mitmenschen. Die Würde des Menschen endet nicht mit dem Tod. Seit Jahrzehnten ist es selbstverständlich, dass bei uns verstorbene Zugewanderte in ihren jeweiligen Heimatländern bestattet werden – niemand wollte in fremder Erde, fern der Familie ruhen. So unterhält die Türkisch-Islamische Union der Anstalt für Religion (DiTIB) in Köln bis heute eine eigene Abteilung, die den Transport von verstorbenen Muslimen in die Türkei organisiert.

Ein halbes Jahrhundert nach der ersten Zuwanderung beginnt sich dies zu wandeln. Die zunehmende Öffnung und Interkulturalität unserer Gesellschaft zeigt sich auch in der Ausweisung und Nutzung muslimischer Grabfelder und der Änderung von Friedhofsordnungen. Deutschland als »neue Heimat« wird immer häufiger der Ort der letzten Ruhe, es steigt die Zahl der Beerdigungen nach muslimischen Ritus – gewaschen, in Tücher gewickelt und das Grabfeld nach Mekka ausgerichtet. In Düsseldorf wurde bereits 1988 ein entsprechendes Grabfeld eröffnet und in den letzten Jahren verstärkt belegt. Auch in anderen Kommunen sind muslimische Bestattungen mittlerweile üblich. Ein Fachforum von Bestattern nannte dies »Integration auf dem Friedhof«, ich nenne es das Recht einer würdigen letzten Ruhe für jeden Menschen gemäß seines Glaubens.

Wenn es ein Handlungsfeld gibt, auf dem sich die Zukunftsfähigkeit unserer Gesellschaft und das Gelingen der Aufsteigerepublik entscheidet, ist es die Bildungspolitik.

Natürlich können wir weiterhin darauf hoffen, dass es Zufälle gibt, die Persönlichkeiten wie Hatice Akyün das Erklimmen der Leiter ermöglichen. Das wäre nichts als zynisch. Natürlich können wir unsere Hoffnung auch darauf setzen, dass unsere Finanzkraft es uns weiterhin gestatten wird, einen nicht unerheblichen Teil der deutschen Gesellschaft mit Sozialleistungen zu alimentieren und damit jedes Protestpotenzial zu betäuben. Das wäre – angesichts der demografischen Realitäten – nur naiv. Aber ganz unabhängig davon stellt sich die fundamentale Frage, ob das untätige Erdulden einer erstarrenden Gesellschaftsordnung, die viel zu vielen allein durch das Merkmal der Herkunft ein Anknüpfen an die Aufstiegsträume der fünfziger Jahre verwehrt, dem Menschenbild unserer freiheitlichen Verfassungsordnung gerecht wird.

In seiner jüngsten Sozialenzyklika »Caritas in veritate« hat Papst Benedikt XVI. im Juni 2009 dafür plädiert, den Menschen nicht als Objekt, sondern als Subjekt des wirtschaftlichen und gesellschaftlichen Fortschritts zu begreifen.

Der mit dem christlichen Bild vom Menschen nicht identische, aber in hohem Maße durch dieses Bild geprägte Begriff der Menschenwürde, der unsere Verfassung trägt, setzt gerade voraus, dass der Mensch nicht reines Objekt einer ihn entmündigenden Politik ist, sondern als Person und Subjekt von der Politik ernst genommen wird. Sowohl die Bildungs- wie auch die Sozialpolitik finden in diesem Menschenbild ihren eigentlichen Fluchtpunkt. Denn so wenig sich erfolgreiche Bildungspolitik auf die Vermittlung ökonomisch verwertbaren Wissens reduzieren lässt, so wenig darf sich Sozialpolitik damit begnügen, Hilflosigkeit so erträglich wie möglich zu gestalten. Bildungs- und Sozialpolitik zielen vielmehr darauf, jedem Einzelnen die Chancen eines gelingenden und glücklichen Lebens in Freiheit zu ermöglichen. Ohne die Eröffnung einer (Aufstiegs-)Perspektive ist das nicht denkbar.

Es war schon davon die Rede, wie schwer es Familien ohne oder nur mit gering ausgeprägten Bildungserfahrungen fällt, ihren Kindern eine solche Perspektive zu vermitteln und damit die Grundlage für die Verwirklichung individueller Lebenschancen zu schaffen. Umso entscheidender ist es dann, dass unser Bildungssystem hier ausgleichend wirkt. Dabei muss völlig klar sein, dass auch die beste Bildungspolitik keine »Chancengleichheit« herbeiführen kann. Menschen sind nicht gleich; sie haben unterschiedliche Voraussetzungen und Prägungen – egal ob diese genetisch oder durch Erziehung und Umfeld bedingt sind. Es geht um die Stärken jedes Einzelnen, darum, was er kann. Und deshalb gibt es auch keine Normkinder, sondern jedes Kind ist als Individuum wichtig. Nur eine Politik totalitären Charakters wird also mit zweifellos verheerenden Folgen den Anspruch der absoluten Chancengleichheit zu verfolgen suchen. Um Chancen*gleichheit* geht es nicht. Es geht um Chancen*gerechtigkeit*. Mit diesem Begriff ist gemeint, dass jedes Kind die Möglichkeit hat, die in ihm angelegten Talente zu verwirklichen und die seiner Begabung offenstehenden Chancen zu nutzen. Und es ist damit gemeint, dass unsere Gesellschaft diesen Kindern den Zugang zu den Chancen eröffnen muss. Natürlich ist nicht jeder zum Vorstandsmitglied eines großen Unternehmens oder zu einem Richter an einem hohen Gericht geboren. Aber dass – wie die Untersuchungen des Elitenforschers Michael Hartmann gezeigt haben – ein Vater in vergleichbarer Funktion die fast zwingende, jedenfalls statistisch signifikante Voraussetzung für eine solche Karriere ist, überzeugt mich auch dann nicht, wenn man die Bedeutung eines familiär geprägten Habitus für solche Funktionseliten in Rechnung stellt.

Auch die Untersuchungen des Soziologen Stefan Hradil zeigen, dass es uns bislang nur unzureichend gelingt, die in unserer Gesellschaft vorhandenen und außerdem so dringend benötigten Talente ausreichend zur Entfaltung zu bringen. Er weist nach, dass Kinder aus Akademikerfamilien bei gleichem Leistungsstand (Zeugnisdurchschnitt 2,0 oder besser) beim Übergang von der Grundschule in die weiterführende Schule zweieinhalbmal so häufig eine Gymnasialempfehlung erhalten wie Kinder aus sogenannten »bildungsfernen« Familien. Diese Daten legen nahe, dass die Leistungsanforderungen unserer Gymnasien und die in diesem Zusammenhang als notwendig erachtete Unterstützungsleistung der Elternhäuser bei diesen faktisch Chancen verkürzenden Entscheidungen der Lehrer eine wichtige Rolle spielen.

Dort, wo die Grundschulempfehlung nicht bindend ist, tritt noch ein weiteres Moment hinzu. Andere Untersuchungen zeigen nämlich, dass der Gymnasialempfehlung, selbst wenn sie erfolgt, von bildungsferneren Familien nahezu dreimal häufiger nicht gefolgt wird wie von Akademikerfamilien. Bei Letzteren ist eher das Gegenteil der Fall. Für viele überambitionierte Akademikereltern bricht eine Welt zusammen, wenn die Realschulempfehlung jäh die Hoffnung bedroht, dass der Spross in die Fußstapfen seiner erfolgreichen Eltern tritt. Dann wird mit Macht – und oft ohne die Bedürfnisse des Kindes zu berücksichtigen – der Besuch eines Gymnasiums durchzusetzen versucht. Ganz anders verhalten sich die Eltern aus Familien mit einfacher Bildung. Hier ist es die Gymnasialempfehlung, die bedrohlich wirkt, weil sie einen Bildungsweg eröffnet, der fernab der eigenen Erfahrungen liegt. Das Motiv für die Unterschreitung der Schulempfehlung muss aber keineswegs Ignoranz gegenüber den Bildungschancen des eigenen Kindes sein. Denn öfter höre ich von der Sorge, dem durch das Gymnasium möglicherweise überforderten Kind nicht ausreichend beistehen zu können. Viel spricht deshalb für den nordrhein-westfälischen Weg verpflichtender Schulempfehlungen; doch darüber hinaus muss die Unterstützung an Gymnasien so organisiert sein, dass die Leistungsanforderungen für bestimmte Familien nicht abschreckend wirken.

Doch bevor ich mich auf das Feld der Maßnahmen begebe, will ich den Blick auf die zentrale Herausforderung der Bildungspolitik lenken. Zweifellos ist es von großer Bedeutung, die homogenen Muster der Elitenrekrutierung zu durchbrechen und begabten Kindern aus sozial schwachen Familien den Weg auf das Gymnasium zu ebnen, ohne dessen Leistungsanforderungen abzusenken. Beide Themen sind aber nur wichtige Teilaspekte des fundamentalen Problems, dass der Zusammenhang zwischen der sozioökonomischen Situation des Elternhauses und den Kompetenzen und Bildungserfolgen der Jugendlichen in Deutschland enger ist als in nahezu jedem anderen OECD-Land. Dabei hat die dritte PISA-Studie von 2006 gezeigt, dass es insbesondere die Jugendlichen mit Zuwanderungsgeschichte sind, die deutlich niedrigere Kompetenzen aufweisen als Jugendliche ohne diese Herkunftsgeschichte. Und es wirkt in diesem Zusammenhang wenig beruhigend, dass sich die niedrigen Kompetenzwerte annähern, wenn man die soziale Herkunft kontrolliert – also nur Jugendliche aus einkommensschwachen Familien betrachtet.

Natürlich wird man die Pfadabhängigkeit von Herkunft und Bildungserfolg nie völlig beseitigen können. Dafür sind die prägenden Faktoren von Familie und sozialem Umfeld zu stark. Aber dass wir in dieser Hinsicht deutlich schlechter abschneiden als unsere Nachbarländer, muss uns beunruhigen, wenn uns an der langfristigen Akzeptanz unserer Wirtschafts- und Gesellschaftsordnung gelegen ist. Wir können daran arbeiten, trotz der Verschiedenheit der Menschen und der sozialen Herkunft Wege zu entwickeln, die allen die Chance auf mehr Bildung geben. Wir dürfen uns daher mit dieser Kausalität von sozialer Herkunft und Bildungserfolg nicht abfinden.

Nach den Schockwellen der verschiedenen PISA-Untersuchungen ist es daher auch nicht überraschend, dass die Bildungspolitik ins Zentrum der politischen Aufmerksamkeit gerückt ist. Ähnlich wie bei der Integrations- und Zuwanderungspolitik bietet sich angesichts der Größe der Herausforderung die Chance, nun auch auf dem Feld der Bildungspolitik aus den Schützengräben einer seit mehr als dreißig Jahren an ideologischen Strukturfragen orientierten Diskussion herauszutreten und pragmatisch darüber nachzudenken, wie wir mehr Chancengerechtigkeit und damit Aufstieg durch Bildung ermöglichen können.

Der zentrale Ort der Bildungsvermittlung ist neben dem Elternhaus die Schule. Doch Bildungspolitik muss früher und breiter ansetzen und als Voraussetzung weiterer Aufstiege sowie als Versicherung gegen mögliche Abstiege deutlich später aufhören. Wir müssen uns damit vertraut machen, Bildung über den gesamten Lebenszyklus hinweg zu fördern. Und außerdem müssen wir darüber nachdenken, ob die in diesem Zusammenhang zu treffenden Präferenzentscheidungen neue Strukturen der Finanzierung erfordern.

Ganz in diesem Sinne setzen auch meine Überlegungen bei der frühkindlichen Bildung und den Kindergärten an. Selbst die fantasievollsten Exponenten multilingualer Träumerei bestreiten heute nicht mehr, dass der Erwerb und die Beherrschung der deutschen Sprache die zentrale Voraussetzung für eine erfolgreiche Bildungskarriere in unserem Land ist. Und es ist unbestritten, dass diese Sprachförderung möglichst früh einsetzen muss. Wer sich also dafür einsetzt, Kinder mit Zuwanderungsgeschichte, aber auch deutschsprachige Kinder mit entsprechendem Förderbedarf möglichst frühzeitig zu unterstützen, macht sich nicht für die »Abschaffung der Kindheit« stark, wie Kritiker einer pädagogischen Aufwertung der Kindergärten gelegentlich kritisiert haben. Es geht vielmehr darum, diesen Kindern eine Kindheit und Jugend zu ermöglichen, die nicht von den Frustrations-, Zurücksetzungs- und Isolationserfahrungen geprägt ist, die mit fehlenden Sprachkenntnissen zwangsläufig einhergehen.

Nur auf freiwillige und sporadische Angebote zu setzen, ist bei einer Frage von so kardinaler Bedeutung nicht ausreichend. Im Rahmen ihres »Aktionsplans Integration« hat die nordrhein-westfälische Landesregierung daher als erstes Bundesland die Erfassung des Sprachstandes aller Kinder zwei Jahre vor der Einschulung eingeführt. Bei rund einem Fünftel aller 2007 und 2008 getesteten Kinder wurde ein über den Bildungsauftrag der Kindergärten hinausgehender Sprachförderbedarf festgestellt. Gleichzeitig wurden die Mittel für die Sprachförderung nahezu vervierfacht, um diesen Kindern in den zwei Jahren vor der Einschulung eine zusätzliche Sprachförderung von 200 Stunden pro Jahr zu ermöglichen.

Natürlich kann man lange Diskussionen darüber führen, ob die Sprachvermittlung im Kindergarten eine akademische Qualifikation der Erzieherinnen und Erzieher voraussetzt. Bis eine solche Diskussion geführt, alle notwendigen Entscheidungen getroffen sind und die ersten Absolventinnen und Absolventen zur Verfügung stehen, verstreichen wertvolle Jahre – verlorene Jahre für die Kinder, die heute und nicht erst in einigen Jahren Unterstützung benötigen. Wir haben uns daher mit sehr ermutigenden Ergebnissen für einen pragmatischen Ansatz entschieden, der auf die besondere Fortbildung von Erzieherinnen und Erziehern setzt, die schon heute in den Kindergärten tätig sind.

Allen Eltern von Kindern mit Sprachförderbedarf haben wir die Anmeldung ihrer Kinder in einem Kindergarten empfohlen. Wird dieser Empfehlung nicht gefolgt, werden die Kinder verpflichtend in gesonderten Angeboten sprachlich gefördert. Das ist eine am Kindeswohl orientierte Politik der Bildungsförderung. Und dies geht nur mit den Eltern gemeinsam. Denn Erfahrungen zeigen, dass Eltern von ihren Kindern lernen und vieles mitnehmen. Natürlich kenne auch ich die Geschichten von Familien, denen es weder an Unterhaltungselektronik noch an Alkohol, dafür aber am Interesse für die Zukunft ihrer Kinder mangelt.

Aber man sollte aus drastischen Einzelbeispielen keine allgemeinen Rückschlüsse auf die Familien ziehen, die ihre Existenz von Sozialtransfers oder sehr geringen Einkommen bestreiten. Die Liebe, die für das eigene Kind empfunden wird, ist nicht abhängig vom sozialen Herkunftsmilieu. Und in vielen Begegnungen habe ich gerade in sehr einfachen Familien eine große Sorge um das Wohlergehen der eigenen Kinder erlebt. Aber was ich dort auch wahrgenommen habe, ist eine ausgeprägte Unwissenheit und Hilflosigkeit. Eine Mann, der in den ländlichen Gegenden Anatoliens sozialisiert worden ist und nur wenige Jahre eine Volksschule besucht hat, oder eine Frau, die im Zuge der Heiratsmigration als Analphabetin nach Deutschland gekommen und der deutschen Sprache nicht mächtig ist, werden sich sehr schwertun, die Feinheiten des deutschen Bildungssystems, die Unterschiede bestimmter Schulformen und die Bedeutung der jeweiligen Übergänge zu verstehen. Noch viel weniger wird es ihnen möglich sein, die schulische Entwicklung und den Bildungsprozess ihrer Kinder zu unterstützen.

Um gerade diesen Eltern frühzeitig ein niederschwelliges Betreuungs- und Beratungsangebot zu machen, entwickeln wir Kindergärten zu Familienzentren, bei denen Kitas mit Familienbildung und -beratung eng verbunden werden. Eine neue Form, die gut ankommt und von Eltern unterschiedlichster Herkunft angenommen wird. Die Familienzentren entwickeln sich zu Anlaufstellen gerade für Familien mit Zuwanderungsgeschichte und bieten eine am jeweiligen Umfeld und Stadtteil orientierte Unterstützung an. In diesem Rahmen können die Eltern auch auf den schulischen Weg ihrer Kinder vorbereitet und auf sehr verständliche Weise mit den Eigenheiten des deutschen Schulsystems vertraut gemacht werden.

Ich bin der festen Überzeugung, dass die Familienbildung, die lange eine Domäne der beiden großen Konfessionen war, in den kommenden Jahren noch erheblich an Bedeutung gewinnen wird. Wir wollen die Familie als zentralen Ort menschlicher Personwerdung nicht aushöhlen, sondern stärken. Das aber wird nur gelingen, wenn wir uns neben den Schülern auch den Eltern und ihren Bildungsbedürfnissen zuwenden. Neben den Familienzentren gibt es noch andere interessante Ansätze, beispielsweise das landesweite »Elternnetzwerk NRW«, in dem sich Eltern mit Zuwanderungsgeschichte zusammengeschlossen haben, um sich gemeinsam für mehr Bildung zu engagieren und die Selbsthilfepotenziale der Eltern besser zu nutzen. Es gibt Initiativen, bei denen »Stadtteil-« oder »Bildungsbotschafter« Eltern aus ihrem eigenen Umfeld schulen und für wichtige Bildungsthemen sensibilisieren. Die auf diese Weise Geschulten kommen dann selbst als Bildungsbotschafter zum Einsatz, um ihre neu gewonnenen Erfahrungen weiterzugeben. Hier macht man sich die Erfolgsprinzipien des aus der gewerblichen Wirtschaft bekannten Strukturvertriebs zu eigen, um Bildungswissen »viral« – also wie einen im positiven Sinne ansteckenden Virus – zu verbreiten.

Die Sorge vieler Eltern ohne ausgeprägte Bildungserfahrung, ihre Kinder bei schulischen Schwierigkeiten nicht ausreichend unterstützen zu können, ist damit noch nicht angesprochen. Auch hier gibt es allerdings ganz beachtliche ehrenamtliche Initiativen: von Lesepatenschaften über Hausaufgabenbetreuung bis zur systematischen Nachhilfe. Besonders beeindruckend an diesem Engagement ist, dass es sich über alle Altersgruppen von Schülern bis hin zu betagten Senioren erstreckt. Allen Kassandrarufen hinsichtlich der Atomisierung und zunehmenden Vereinzelung unserer Gesellschaft zum Trotz zeigt sich hier, dass die Solidarität der Starken mit den Schwachen keineswegs einem verbreiteten Egoismus zum Opfer gefallen ist, sondern höchst vital sein kann. In diesem Zusammenhang stellt sich die Frage, ob das kontinuierliche (und unentgeltliche) Engagement eines leistungsstarken Schülers im Rahmen der schulischen Nachhilfe oder der Sprachförderung nicht ähnlich gewürdigt werden sollte wie der Einsatz für die Freiwillige Feuerwehr oder das Technische Hilfswerk. Die Gemeinwohlbedeutung wäre in jedem Fall vergleichbar.

Die Würdigung ehrenamtlicher Arbeit entlässt den Staat freilich nicht aus der Verantwortung. Bildungsförderung ist eine Angelegenheit für unterschiedliche Professionen. In Nordrhein-Westfalen haben wir uns daher entschieden, das Ganztagsangebot im Primar- und Sekundarbereich kontinuierlich auszubauen und dafür bis 2010 zusätzliche 175 Millionen Euro für die erforderlichen Baumaßnahmen und Personalkosten zur Verfügung zu stellen. Wir wollen auch die Schule verändern, sie zu einem Lebensort machen, an dem Bildung und Freizeit, Förderung und Aneignung, Spaß und Anstrengung unter einem Dach stattfindet. Unter einer erfolgreichen Ganztagsschule verstehe ich ein pädagogisches Konzept, das den Unterricht kindgemäß durchführt und den Schulalltag verbindet mit Angeboten aus Kultur, Jugendhilfe und Sport. Dadurch wird Schule reicher und intensiver. Damit gelingt es, auch die außerhalb der Schule liegenden und in unserer Betrachtung oft vernachlässigten Bildungsressourcen stärker für den Zugang zu Bildungserfolgen zu nutzen. Es ist selbstverständlich, dass Schule sich hierzu stärker auf das unmittelbare Umfeld und die dort vorhandenen Strukturen einlassen muss. Eine Ganztagsschule ist keine Konkurrenz zu den Vereinen der Nachbarschaft, sondern sie bindet diese gezielt in die Gestaltung von Schule ein. Das bereichert auch die außerschulischen Träger.

Stärker einbezogen werden sollten übrigens auch die Impulse des »informellen Lernens«, die von den Schülern selbst ausgehen. Das Gefühl der Selbstwirksamkeit, das eine Voraussetzung sein kann, um die durch Familie und soziale Herkunft gegebene Fessel gegenüber neuen Bildungsanläufen zu sprengen, wird oft stärker durch die Referenzgruppe der Schüler, die sogenannte »Peergroup«, vermittelt als durch formelle Bildungsangebote. Auch hier gibt es bereits sehr interessante Ansätze, dieses Potenzial zu nutzen, indem Schülern bestimmte eigene Verantwortungsbereiche eingeräumt werden. Das kann von der Pausenaufsicht über Klassenräte bis hin zur Gestaltung von Unterricht reichen. Gerade die Ganztagsschule bietet gute Möglichkeiten, solche Ansätze systematisch auszubauen. Und es spricht viel dafür, das Angebot der Ganztagsschulen gerade in sozialräumlichen Zusammenhängen zu erweitern, in denen die familiäre Unterstützung des Bildungsaufstiegs der Kinder geringer veranschlagt werden muss. Eine Schule der Teilhabe ist ein Ort, an dem Mitmachen und Mitwirken gefragt sein werden.

Daneben wird es aber auch auf lange Sicht weiterhin schulische Alternativangebote geben müssen, die sich dem Gestaltungsprinzip der Ganztagsschule nicht unterwerfen und der elterlichen Erziehungsautonomie ausreichend Raum lassen. So sehr ich dagegen bin, die Ganztagsschule zum verpflichtenden Regelangebot zu machen, so wenig halte ich insgesamt davon, Schule bis ins kleinste Gestaltungsdetail auf dem Wege des Erlasses zu regulieren. Ich bin weit davon entfernt zu glauben, dass sich jedes Organisationsprinzip der Wirtschaft bedenkenlos auf den öffentlichen Sektor übertragen lässt. Und doch bin ich der Auffassung, dass eine Steuerung der Schulen über Zielvorgaben, die ihnen gleichzeitig eine große Autonomie beim Erreichen dieser Ziele belässt, einer detailversessenen Prozesssteuerung deutlich überlegen ist. Gerade weil eine Schule nicht als abstrakte Größe aus ihren nachbarschaftlichen und sozialräumlichen Zusammenhängen herausdefiniert werden kann, ist es wichtig, die Autonomie der Schulen und damit auch der Schulleitung zu stärken, damit die Schulen selbst entscheiden können, wie sie sich auf die spezifischen Förderbedürfnisse ihrer Schülerinnen und Schüler einrichten. Der in diesem Kontext gelegentlich verwendete Begriff der stärkeren »Kundenorientierung« scheint mir in diesem Zusammenhang jedoch wenig passend. Denn auch eine zunehmend autonom agierende Schule vertreibt kein Produkt, sondern bleibt auf das Ziel verpflichtet, heranwachsende junge Menschen in ihrer Persönlichkeitsentwicklung zu unterstützen und sie zu einer gelingenden Lebensführung zu befähigen.

Es wäre sicher etwas kühn, die Autonomie der Schulen auch auf die Schulstruktur zu beziehen. Aber es gibt aus meiner Sicht keinen Grund, unterschiedlichen Schultypen, insbesondere Haupt- und Realschulen, die im gleichen Stadtviertel tätig sind, zu verwehren, im Rahmen größerer Autonomie intensiver miteinander zu kooperieren. Gerade leistungsstärkeren Schülern könnte durch solche Kooperationsformen der Wechsel auf eine höhere Schulform erleichtert werden. Auch der stärkere Austausch zwischen Kindergärten und Grundschulen sowie Grundschulen und weiterführenden Schulen sollte mit dem Ziel gefördert werden, eine stärkere Konsistenz von Bildungsverläufen zu erreichen, sodass pädagogische Konzepte besser ineinandergreifen und die im deutschen Bildungssystem so wichtigen Übergänge weicher gestaltet werden.

In einem späteren Stadium des Bildungsweges werden andere Formen der Kooperation wichtiger, beispielsweise ab der Klasse 9 Berufsorientierungszweige mit enger Kooperation mit Berufskollegs. Zu den Katastrophen unserer Bildungsrealität gehört die viel zu hohe Zahl der Schülerinnen und Schüler, die die Schule jedes Jahr ohne einen Abschluss verlassen und damit keine Chance auf eine berufliche Ausbildung besitzen. Auch in dieser Gruppe sind Jugendliche mit Zuwanderungsgeschichte überproportional häufig vertreten. Natürlich drängt sich hier eine rechtzeitige und individuelle Förderung möglicher Problemfälle auf. Einem Ganztagsschulangebot kommt in diesem Zusammenhang ebenso Bedeutung zu wie den ehrenamtlichen Initiativen, von denen bereits die Rede war.

Von großer Bedeutung ist aus meiner Sicht auch, die Zahl der Lehrkräfte mit Zuwanderungsgeschichte zu erhöhen. Bei Schülern mit sprachlichen Defiziten und gering ausgeprägter interkultureller Erfahrung können solche Lehrer eine wichtige Mittlerfunktion einnehmen, um den Weg zur gesellschaftlichen Integration zu ebnen. Gleichzeitig wirken diese Lehrkräfte selbst als wirkmächtige Botschafter gelungener Integration. Da die Schwelle, einen Lehrberuf anzustreben, für Abiturienten mit Zuwanderungsgeschichte besonders hoch zu sein scheint, werben wir in Nordrhein-Westfalen sehr aktiv für diese berufliche Option. Es spricht auch viel dafür, ein auf diese Gruppe und diesen beruflichen Weg zugeschnittenes Stipendienprogramm zu entwickeln, um zusätzliche Anreize zu schaffen.

Einen anderen Ansatz stellt »teach first« dar. Bei diesem in Großbritannien und in den USA (hier unter dem Namen »teach for America«) bereits sehr erfolgreichen Programm erklären sich herausragende Hochschulabsolventen aus den unterschiedlichsten Disziplinen bereit, ihre eigentlichen Karriereambitionen für eine Weile zurückzustellen, um nach einer pädagogischen »Grundausbildung« für zwei Jahre an eine Schule mit besonders ausgeprägtem individuellen Förderbedarf zu gehen und die dort tätigen Lehrkräfte zu unterstützen.

Meine Kollegin, Schulministerin Barbara Sommer, hat die Idee aufgegriffen und lässt in Nordrhein-Westfalen als erstem Flächenbundesland diesen Ansatz zu erproben. Dabei geht es ganz explizit nicht darum, voll ausgebildete Pädagogen durch weniger qualifizierte Lehrkräfte zu ersetzen, sondern ausschließlich darum, vorhandene Lehrer bei der Förderung von Schülern mit besonderem Bedarf zu unterstützen. Eine solche Unterstützung wird über die Vermittlung von Wissen und Kompetenz hinausgehen müssen und bietet die Chance, die Schülerinnen und Schüler mit Erfahrungen aus anderen Lebenswelten zu konfrontieren.

Wissen und Kompetenz sind notwendige, aber nicht hinreichende Voraussetzungen für gesellschaftlichen Aufstieg. Aus vielen Untersuchungen wissen wir, dass die mit dem Attribut »weich« völlig unzureichend gekennzeichneten sozialen Kompetenzen von mindestens ebenso großer Bedeutung sind. Im Kern sind Benehmen und Auftreten eine Frage der Haltung und des Charakters und stehen damit durchaus im Zentrum des Bildungsprozesses. Aber hinzu treten oftmals unausgesprochene Kulturtechniken und Verhaltensnormen, die sich in hohem Maße aus dem familiären Umfeld ergeben, in dem sich ein Kind bewegt. Sucht man nach Gründen für die soziale Homogenität, die wir bei bestimmten Führungspositionen nach wie vor feststellen, lohnt es, den Blick gerade auf diese unausgesprochenen Verhaltensnormen und Codes zu richten, die – wie Hans-Ulrich Wehler, der Sozialhistoriker unserer Zeit, es formuliert hat – den Arrivierten und Etablierten Zugehörigkeit signalisieren. Es hieße Schule zu überfordern, wenn man ihr auch noch die Aufgabe einer solchen Habitusformierung übertrüge. Aber es ist denkbar, dass die Kooperation mit Unternehmen aus dem Umfeld der Schule hilfreich sein kann, um Schüler auch bei diesen unterrichtsfernen Entwicklungsschritten zu unterstützen. Hier liegt das eigentliche Potenzial einer fruchtbaren Zusammenarbeit zwischen Schule und Wirtschaft, die viel zu oft als einseitige finanzielle Förderung oder als schlichtes Sponsoring missverstanden wird.

Eine stärker inhaltlich als pekuniär angelegte Kooperation zwischen Schule und Unternehmen wird umso wichtiger, je näher die Schüler dem möglichen berufsqualifizierenden Abschluss kommen. Das sehr erfolgreiche Hamburger Hauptschulmodell zeigt, dass das frühzeitige Zusammenwirken von Schule, lokalen Unternehmen, Arbeitsagentur und auch den sozialpädagogischen Angeboten einen wichtigen Beitrag leisten kann, um Schüler mit besonderem Förderbedarf auf die Herausforderungen der Berufswelt vorzubereiten und sie behutsam und praxisnah an diese heranzuführen. Und gleichzeitig vermittelt diese Zusammenarbeit auch den Unternehmen einen Eindruck vom Potenzial einzelner Schüler, das hinter den Zeugnisnoten mitunter verborgen bleibt. In Nordrhein-Westfalen unterstützen wir den Übergang von Schule in die berufliche Ausbildung außerdem durch 27 regionale Arbeitsstellen zur Förderung von Kindern und Jugendlichen aus Zuwandererfamilien, die mit passgenauen Beratungs- und Fortbildungsangeboten einen Beitrag dazu leisten sollen, den Übergang von der Schule in den Beruf zu erleichtern.

Für all jene, die die Schule bereits ohne Abschluss verlassen haben, kommen diese Angebote zu spät. Dieser Gruppe noch eine Perspektive des Aufstiegs zu bieten, stellt zweifellos eine ganz besondere Herausforderung dar. Es widerspricht zutiefst meinem Menschenbild, diese Jugendlichen wegen ihrer fehlenden Zertifikate zu bedauern und sie dann der alimentierten Perspektivlosigkeit zu überlassen. Ich gehöre sicher nicht zu den Anhängern der – in den vergangenen Jahren ohnehin weniger lautstark vertretenen – These, dass in den Vereinigten Staaten alles besser sei. Aber es bleibt beeindruckend und ist weit mehr als ein romantisierendes Klischee, dass individuelles Scheitern dort nicht die gleiche Endgültigkeit umweht wie hierzulande.

Die rhetorische Abnutzung des Begriffs vom lebenslangen Lernen lenkt davon ab, wie zentral er für den Umgang mit Scheitern und die Frage gesellschaftlichen Aufstiegs ist. Nur wenn wir beginnen, Bildung ernsthaft als lebenslangen Prozess zu verstehen, werden wir auch in der Lage sein, eine Kultur der lebenslangen Chance zu leben. Das beginnt beim nachzuholenden Hauptschulabschluss, bei der wiederum eine Allianz aus Schule, Arbeitsagentur und lokalen Unternehmen gegebenenfalls mit der Unterstützung individueller Mentoren hilfreich sein kann, um verlorene Perspektiven wieder zu öffnen. Für besonders problematische Fälle kann dies auch über das 18. Lebensjahr hinaus im Verbund mit den stationären Einrichtungen der Jugendhilfe geschehen, die zweifellos besser geeignet sind, aus der Ordnung geratene Lebenswege wieder zu stabilisieren. Lebenslanges Lernen geht dann weiter über die berufsbegleitende Ausbildung des ungelernten Arbeiters bis hin zum nebenberuflich absolvierten Fachhochschulstudium des Facharbeiters oder zum akademischen Zusatzabschluss des Hochqualifizierten. Entscheidend ist, dass am Ende all dieser Ausbildungswege ein Zertifikat steht, das dem Einzelnen signalisiert, einen weiteren Sprung geschafft zu haben.

Genauso entscheidend ist aber, dass wir den Zugang zu diesen Leistungszertifikaten, ob Gesellenbrief oder FH-Diplom, nicht durch Zugangszertifikate bewehren – so wie das auch bei den schon erwähnten »Mikätzchen« nicht der Fall war. Ich bin der Auffassung, dass der Zugang zu solchen Aufstiegskanälen – denn nichts anderes sind diese Weiterbildungsangebote – vor allem durch den Willen zur Leistung und die Fähigkeit zur Leistungserbringung geregelt werden muss. Hier haben wir in den vergangenen Jahren bereits erhebliche Fortschritte gemacht, sodass schulische Abschlüsse den Zugang zu Bildung längst nicht mehr exklusiv regulieren.

Es ist von zentraler Bedeutung, dass solche Angebote jedem offenstehen. Große Konzerne sind in der Lage, oft in engem Austausch mit Bildungsträgern, eigene maßgeschneiderte Programme für ihre Beschäftigten zu entwickeln. Wir müssen politisch dafür Sorge tragen, dass auch kleinere und mittlere Firmen für ihre Beschäftigten passende Angebote finden. Noch weniger als große Unternehmen sind diese Firmen in der Lage, für einen längeren Zeitraum auf einen Mitarbeiter zu verzichten. Umso wichtiger ist es, dass sich auch auf Ganztagsbetrieb angelegte Bildungsinstitutionen wie beispielsweise Universitäten und Fachhochschulen stärker öffnen und ihr Programm durch berufsbegleitende Angebote erweitern. Wenn »die Angst die Bürotürme hinaufklettert«, um das Bild zu benutzen, mit dem Stefan Hradil die Abstiegsängste gehobener Angestellter im Dienstleistungsbereich beschrieben hat, begegnen wir dieser Angst nicht, indem wir die soziale Absicherung für den Fall des Absturzes zu verbessern versprechen, sondern nur, indem wir den Menschen beistehen, den Abstieg durch Investitionen in ihr eigenes Potenzial zu verhindern.

Dafür sind auch neue Wege der Finanzierung notwendig. Mit dem Meister-BaföG und den von Bildungsministerin Annette Schavan eingeführten Aufstiegsstipendien sind wichtige Instrumente vorhanden. Ich stelle mir darüber hinaus ein staatlich gefördertes Bildungssparsystem vor, in das Eltern und Angehörige eines Kindes von dessen Geburt an bis zu einer gewissen Obergrenze steuerbegünstigt einzahlen können. Die auf diese Weise aufgebauten Bildungssparkonten könnten dann ab dem 16. oder 18. Lebensjahr für die berufliche Weiterbildung oder ein Studium genutzt werden.

Mit der Studienfinanzierung ist ein Punkt angesprochen, der die Logik der öffentlichen Bildungsfinanzierung empfindlich berührt. Nach wie vor fällt es mir schwer nachzuvollziehen, was daran gerecht sein soll, die für alle Kinder wichtige pädagogische Betreuung im Kindergarten mit Gebühren zu belegen, aber die nur einem Teil der Gesellschaft offenstehenden Chancen eines Hochschulstudiums weitestgehend gebührenfrei zu gestalten. Zumal Erfolge in der frühkindlichen Bildung, etwa bei der Sprachvermittlung, einen wichtigen Beitrag leisten, hohe gesellschaftliche Folgekosten zu vermeiden, während das Hochschulstudium Bildungsrenditen verspricht, die vor allem dem Einzelnen zugute kommen. Dabei will ich gar nicht bestreiten, dass Studiengebühren gerade für die Jugendlichen aus weniger begünstigten Familien eine abschreckende Wirkung entfalten. Doch stellt sich ernsthaft die Frage, ob man deswegen an einem widersprüchlichen System der Bildungsfinanzierung festhalten sollte, während es sinnvoller sein könnte, diese abschreckende Wirkung durch den Ausbau eines großzügigen Stipendiensystems zu beseitigen. Die Überlegungen des nordrhein-westfälischen Forschungs- und Innovationsministers Andreas Pinkwart, in einer gemeinsamen Anstrengung von öffentlicher Hand und Unternehmen künftig zehn Prozent aller Studierenden durch ein Stipendium zu fördern, gehen genau in diese Richtung.

Sensibel ist im Kontext der Bildungsfinanzierung auch die Frage der Entlohnung der Lehrkräfte. Wir wissen, dass wir in Deutschland mit Blick auf die durchschnittliche Entlohnung von Lehrkräften im internationalen Vergleich keinen Nachholbedarf haben. Aber es ist auch klar, dass zwischen dem Gehalt eines Oberstudienrats an einem Gymnasium und dem eines Hauptschullehrers oder gar einer Erzieherin in einem Kindergarten ein beträchtliches Gefälle liegt. Natürlich kann man bei dieser Betrachtung Qualifikationsniveaus nicht ausblenden. Wenn ich mir jedoch vor Augen führe, wie groß die Herausforderung im Bereich der Kindergärten, Grundschulen und Hauptschulen nicht nur für das hier diskutierte Thema ist und wie enorm dort zugleich die tägliche Belastung der Lehrkräfte zu veranschlagen ist, darf zumindest die Frage erlaubt sein, ob unsere Vergütungsstruktur dem ausreichend gerecht wird. Könnte es in diesem Zusammenhang nicht vielversprechender sein, durch entgeltliche Anreize gerade die besten Lehramtskandidaten eines Jahrgangs für die schwierige, aber gesellschaftlich höchst wichtige Arbeit in den Hauptschulen zu gewinnen? Wenn wir die Talente und Potenziale der in unserem Land lebenden Kinder und Jugendlichen besser als bisher zur Entfaltung bringen wollen, sind wir darauf angewiesen, dass der Beruf der Lehrerin und des Lehrers auch für besonders exzellente Studenten attraktiv bleibt. Denn wir wissen auch, dass die Motivation der Lehrenden oft auch davon abhängt, wie sie sich wertgeschätzt fühlen. Und unser Entlohnungssystem ist ein System der Wertschätzung.

Die besten Lehrkräfte, Institutionen und Strukturen werden aber daran scheitern, auch für Kinder aus weniger begünstigten Elternhäusern individuelle Aufstiegsperspektiven zu schaffen und zu verbessern, wenn es dem Einzelnen an Leistungswillen und der Bereitschaft zur Anstrengung mangelt. Durch die richtigen Weichenstellungen in der Bildungspolitik können wir dort Chancen schaffen, wo sie bislang nur unzureichend vorhanden sind – aber Chancen müssen auch ergriffen werden. Gute Bildungspolitik befähigt, ermächtigt und ist im Sinne richtig verstandener Solidarität Hilfe zur Selbsthilfe. Sie begründet die Voraussetzungen für gesellschaftlichen Aufstieg und für ein würdiges, gelingendes Leben. Die Solidargemeinschaft der Bürgerinnen und Bürger hat aber auch das Recht zu erwarten, dass dieses Angebot genutzt wird.

Die Herausforderung, auch den Schwächsten in unserer Gesellschaft wieder eine Aufstiegsperspektive zu bieten, ist gewaltig. Und sie wird nur in einem gemeinsamen Kraftakt von Staat, Gesellschaft und Unternehmen zu meistern sein. Die Bereitschaft zu einem solchen Kraftakt spüre ich überall. Jetzt geht es darum, die Energie nicht weiter in den ideologisch geprägten Debatten zu binden, die wir schon in den siebziger Jahren geführt haben, sondern sie zu nutzen, um uns schon heute vom Zufall und einer entmündigenden Sozialpolitik unabhängig zu machen und jedem die Möglichkeit zu geben, die ihm eigenen Talente und Chancen zu nutzen.

Deshalb halte ich es für notwendig, ein Bildungsprogramm zu entwickeln, das wir alle gemeinsam – Bund, Länder, Kommunen, aber auch zivilgesellschaftliche Akteure – im Interesse unserer Kinder konsequent umsetzen. Ein solches Bildungsprogramm »Aufstieg« sollte sich darauf konzentrieren, Talente zu entdecken, Talente zu entwickeln und Talente zu gewinnen. Einige Maßnahmen möchte ich im Folgenden skizzieren:

1. Sprache als Chance – jedem Kind diese Chance

Jedes Kind, das in die Schule kommt, muss die deutsche Sprache sprechen. Die Aufsteigerrepublik lässt die Talente nicht unentdeckt, nur weil sie an Grundvoraussetzungen wie der Sprache scheitern.

Verbindliche Sprachtests mit vier Jahren in Verbindung mit gesetzlich verankerter individueller Sprachförderung in Kindertagesstätten legen den Grundstein für Chancengerechtigkeit beim Schulstart. Gute Sprachkenntnisse bei Schuleintritt sind Grundvoraussetzung für den künftigen Bildungserfolg. Sprachförderung muss zum zentralen Gegenstand der Weiterbildung für Erzieherinnen und Erzieher werden.

2. Starke Eltern – starke Kinder

Aufstieg ist nur mit und nicht gegen die Eltern möglich. »Bildungslotsen«, »Stadtteilmütter« oder Elternnetzwerke ehrenamtlich tätiger Zuwanderervereine verbessern das Bildungswissen der Eltern. Sie motivieren Eltern, ihre Kinder frühzeitig in Kindertagesstätten als Orte frühkindlicher Bildung anzumelden. Durch eine angemessene und bildungsbegleitende Beratung sollen den Eltern Ängste vor verschiedenen Schulformen genommen werden, damit Kinder die Schulen besuchen können, für die sie am besten geeignet sind.

3. Ganztag: Rückenwind für jedes Kind

Ganztagsangebote in allen Schulformen müssen gezielt ausgebaut werden. Der Ganztag ermöglicht Kindern, musische, künstlerische, sportliche und naturwissenschaftliche Fähigkeiten zu entfalten, auch wenn die Eltern dies nicht ermöglichen können. Da über 75 Prozent der Eltern laut einer aktuellen Emnid-Studie den Ganztag befürworten, ist dieser ausgeprägte Reformwille eine Chance für den Umbau des Bildungssystems.

4. Kultur des Übergangs

Um die pädagogischen Ziele von Kindertagesstätten, Grundschulen und weiterführenden Schulen miteinander zu verzahnen, brauchen wir eine intensive und vor allem verbindliche Kooperation dieser Institutionen. So wie bei medizinischen Untersuchungen die Fortschritte nachgezeichnet werden, brauchen wir auch die Dokumentation von Bildungsbiografien, um besser helfen und nachsteuern zu können – und damit Aufstieg zu ermöglichen. Wir brauchen eine »Kultur des Übergangs«, damit wir Brücken zwischen den Systemen bauen können. Dabei muss der Blick stets auf das Kind gerichtet sein. Nicht das Kind muss sich den Institutionen anpassen, sondern umgekehrt – die Bedürfnisse, Fähigkeiten und Talente der Kinder müssen im Vordergrund stehen. Die Prinzipien der Bildungskontinuität und der Durchlässigkeit müssen für alle Bildungsstufen verbindlich sein.

5. Freiwilliges Bildungsjahr

Wir brauchen klarere Leitbilder und Leitlinien für die Schulempfehlungen von Grundschullehrern. Die Empfehlungen müssen sich am kognitiven Potenzial und nicht – bewusst oder unbewusst – an der familiären Herkunft und einer damit verbundenen Chancenbewertung orientieren. Kinder aus sogenannten »bildungsfernen« Familien brauchen an den Übergängen im Bildungssystem gezielt Förderung. Diese Unterstützung von Lehrern wird zusätzlich ergänzt durch ehrenamtliche Kräfte – etwa im Rahmen von »Teach first«, einer Initiative, bei der fachlich und persönlich herausragende Absolventinnen und Absolventen von Hochschulen Schülerinnen und Schüler an Schulen in sozialen Brennpunkten unterstützen. So können alle Lernenden ihr Potenzial ausschöpfen. Aber auch Bildungspaten und Mentoren können eine wichtige Brücke sein. Neben einem Freiwilligen Sozialen oder Ökologischen Jahr brauchen wir ein »Freiwilliges Bildungsjahr«, das anrechnungsfähig für die Versorgungsleistungen der Rentenversicherung ist.

6. *Vorfahrt für die Bildung und Förderung der Kleinsten*
Die staatliche Bildungsfinanzierung muss sich stärker auf den Bereich der frühkindlichen Bildung und den Primarbereich konzentrieren – und damit auf eine der chancen- und aufstiegsrelevantesten Lebensphasen. Eine steigende Subventionierung von Hochschulen und geringeres staatliches Engagement im Elementar- oder Primarbereich widersprechen dem Erkenntnisstand der wissenschaftlichen Forschung.

7. *Staat fördert Bildungssparen*
Der Aufbau eines finanziellen Bildungsvermögens in Form eines Bildungssparens für jedes Kind braucht besondere Formen staatlicher Förderung: steuerbegünstigte Einzahlung durch Eltern und Freunde, staatlicher Förderbetrag und Erhöhung des Guthabens durch ehrenamtliche Arbeit im Bildungsbereich (z. B. als Bildungspate oder Mentor) gehören zu den neuen Schwerpunktsetzungen. Die angestrebten Mittel können für Studienkosten, aber auch über den gesamten Lebenszyklus hinweg für Maßnahmen der Weiterbildung genutzt werden.

8. *Haushaltsrecht: Bildung = Zukunftsinvestition*
Der Anteil der Erwerbstätigen in Relation zur übrigen Bevölkerung wird sich weiter verringern. Immer weniger Menschen müssen immer mehr erwirtschaften, wenn das System nicht kollabieren soll. Die Wenigen sind, volkswirtschaftlich gesprochen, das Humankapital der Gesellschaft, die das Bruttoinlandsprodukt umso mehr steigern werden, desto besser sie ausgebildet sind. Unser Haushaltsrecht geht aber immer noch davon aus, dass Bildungsausgaben unter »Konsum« fallen, da es sich überwiegend um Personalkosten handelt. Konsequenterweise müssten Bildungsausgaben dem Sachkapital gleichgestellt werden. Dies würde den Blick verändern und könnte die Ressourcen frei machen, die wir dringend für Bildung benötigen.

9. Lehrer nach Aufstiegsförderung besolden

Die Aufstiegsorientierung muss sich auch bei der Unterstützung der Lehrkräfte im deutschen Bildungssystem niederschlagen. Der Lehrer oder die Lehrerin, die Aufstieg ermöglicht und besondere Förderungsqualitäten hat, muss angemessen entlohnt werden. Konkret: Hauptschullehrer müssen bei heute gleicher Studierdauer mindestens so bezahlt werden wie Lehrer an Realschulen oder Gymnasien in der Sekundarstufe 1. Leistungen und Erfolge in der Aufstiegsförderung müssen der Maßstab sein, nicht Senioritätsprinzipien oder Schulform- bzw. Standesentlohnung.

10. Pflicht zur Aufstiegsprüfung

Wir brauchen eine stärkere Durchlässigkeit und Kooperation zwischen den einzelnen Schulformen. Individuelle Förderung und die Verzahnung der Schule mit regionalen Unternehmen und der Arbeitsagentur können helfen, den Übergang von der Schule in den Beruf zu erleichtern. Verbünde zwischen Hauptschule, Realschule und Gymnasium müssen jederzeit Aufstieg und Wechsel zwischen Schulformen ermöglichen. Dem neuen Schulgesetz von Nordrhein-Westfalen (§ 46) vergleichbar muss in ganz Deutschland mit den Versetzungsentscheidungen innerhalb der Sekundarstufe I die Prüfung des möglichen Wechsels auf eine höhere Schulform durch die Schule verbindlich sein.

11. Neue Zugänge, ein Leben lang

Bildung braucht Förderung über den gesamten Lebensverlauf hinweg: Deshalb bedarf es dringend des Ausbaus der Weiterbildungsangebote für kleine und mittlere Unternehmen, der Erweiterung des Angebots berufsbegleitender Abschlüsse und des Aufbaus modularer Angebote an Berufsakademien, Fachhochschulen und Universitäten. Ebenso dringlich ist die stärkere Öffnung der Fachhochschulen und Universitäten für Absolventen von hochschulspezifischen Leistungstests ohne Abitur oder Fachabitur. Die Verankerung von Anreizen für die Weiterbildung im System der Arbeitslosenversicherung muss umgesetzt werden. Warum sollt ein hoch qualifizierter Techniker als Meister nicht häufiger an eine Universität wechseln können? Dies sind Stellschrauben auf dem Weg zu einer Republik, in der Aufstieg auch in dritter, vierter, fünfter Chance möglich wird.

12. *Bildung ist mehr als Schule*

Die Aufsteigerrepublik investiert auch in das soziale Kapital und nicht allein in die Schule. Denn Bildung ist mehr als Schule. Wer sich engagiert, etwa im Verein, in einem Jugendverband, in der Kinder- und Jugendarbeit oder in einem Projekt, lernt fürs Leben. Diese informellen Lernorte müssen als wichtige Bildungsorte anerkannt werden. Zertifikate oder Engagementnachweise nach klaren Kriterien können der Anerkennung verantwortlichen bürgerschaftlichen Engagements auch im Berufsleben dienen. Das Engagement gerade von jungen Menschen muss unterstützt werden.

13 | Menschen sind nicht illegal

Zur Zuwanderungs- und Integrationspolitik in Deutschland gehört bislang die rigorose Trennung zwischen Flüchtlingspolitik auf der einen und Integrationspolitik auf der anderen Seite. Ein Anrecht auf integrationsfördernde Maßnahmen und auf Teilhabe an öffentlichen Leistungen wird grundsätzlich nur demjenigen zuerkannt, dessen Aufenthalt legal und auf längere Zeit angelegt ist. Der Aufenthaltstitel bestimmt also die Chancen auf Integration. Wer sich lediglich in einem prekären Aufenthalt befindet, dem werden in der Regel auch keine Brücken zu dessen Verfestigung gebaut. Dies geschieht streng nach dem ordnungspolitischen Grundsatz, dass der Staat bestimmen kann, welcher Ausländer sich innerhalb seiner Grenzen aufhalten darf.

Ist diese strikte Trennung noch zeitgemäß? Das Umdenken über Einwanderung als Regel und nicht als Ausnahme der gesellschaftlichen Wirklichkeit in Deutschland sollte auch nicht davor Halt machen, dieses Prinzip kritisch zu hinterfragen – aus humanitären Gründen, vor allem aber auch aus Gründen der Vernunft und der gesellschaftlichen Innovation.

Wir sollten uns lösen von der immer noch spürbaren Wirkung der »Das-Boot-ist-voll«-Metapher. Es geht im Deutschland des 21. Jahrhunderts nicht um die Gefahr der »Überfüllung«, sondern um das Risiko des Mangels an kreativen, leistungsfähigen und leistungswilligen Menschen. Wer als Flüchtling den Weg aus den desolaten Verhältnissen gefunden hat, die zum Abschied vom bisherigen Leben geführt haben, hat Mut, Ausdauer und Kreativität bewiesen. Er oder sie ist nicht nur hilfsbedürftig, sondern in aller Regel auch tatkräftig und bereit, sich dafür einzusetzen, dass es in der neuen Heimat zu einem guten, erfolgreichen Neustart kommt. Hierin stecken Potenziale für das Aufnahmeland. Potenziale, die allerdings von einer einseitig auf Abwehr und Vermeidung bedachten Politik nicht erkannt und genutzt werden.

Wir sollten nicht die Einsicht in die Realität verweigern, dass sehr viele der Menschen, die in der Vergangenheit als Flüchtlinge gekommen sind, faktisch viele Jahre und ein beachtlicher Teil von ihnen dauerhaft bei uns geblieben sind bzw. bleiben. Eine Realitätsverweigerung, wie sie viel zu lange bei den vermeintlichen »Gastarbeitern« praktiziert worden ist, dürfen wir uns mit Blick auf Menschen mit einer Fluchtgeschichte nicht erlauben. Wir sollten uns nicht scheuen, beide, humanitäre wie gesellschaftspolitische, Aspekte zu bewerten und die bisherige Praxis der strikten Trennung zwischen Flüchtlings- und Integrationspolitik kritisch zu reflektieren.

Die erhebliche Entspannung bei der Einwanderung gibt uns Zeit und Gelegenheit, unverkrampft und ideologiefrei nicht nur die Risiken zu sehen, sondern auch auf die Chancen zu blicken, die sich unserem Land durch die vorübergehende oder dauerhafte Aufnahme von Flüchtlingen bieten. Und dazu gehört es auch, die Flüchtlinge von heute als potenzielle Bürger von morgen zu denken.

Die Zahl der Asylbewerber ist in den letzten Jahren drastisch zurückgegangen. 1992 war in Deutschland mit 438 191 Asylanträgen ein historischer Höhepunkt zu verzeichnen. Bis zum Jahre 2008 sank die Zahl auf 22 085. Das heißt, innerhalb von 16 Jahren ist die Zahl der jährlich gestellten Erstanträge auf Asyl auf ein Zwanzigstel des Ausgangswerts gesunken.

Die restriktive Asylpolitik Deutschlands und der übrigen EU-Staaten verbunden mit einer sehr eingeschränkten Erteilung von Visa für Menschen aus den Entwicklungs- und Schwellenländern hat mithin ihr Ziel der deutlichen Minderung von Asylanträgen erreicht. Es stellt sich aber die Frage, ob unter den restriktiven Maßnahmen nicht auch die Qualität und die Glaubwürdigkeit des Flüchtlingsschutzes gelitten haben. Denn der Zugang zum Asylverfahren ist dermaßen erschwert worden, dass am ehesten noch diejenigen einen Asylantrag stellen, die irregulär einreisen oder bei ihrer Einreise falsche Angaben machen. Sehr oft nehmen solche Menschen die Hilfe von professionellen Schleusern in Anspruch.

Obwohl die Zahl der Asylbewerber stark zurückgegangen ist, ist der Anteil der anerkannten Asylanträge nach wie vor sehr gering. Ja, er hat sich sogar noch weiter vermindert. 1998 wurden immerhin noch vier Prozent aller Antragstellerinnen und Antragsteller als Asylbewerber anerkannt. 2008 waren es nur noch 1,1 Prozent. Oder in absoluten Zahlen: 5883 anerkannten Asylberechtigten des Jahres 1998 standen 2008 gerade einmal 233 gegenüber. Diese enorme Veränderung von Umfang und Qualität des Flüchtlingsschutzes in Deutschland erscheint mir nicht den veränderten politischen Verhältnissen in der Welt geschuldet zu sein, sondern einzig und allein den geänderten Verfahren. Ich glaube nicht, dass diese Entwicklung Ziel der seinerzeit für den sogenannten Asylkompromiss vom Dezember 1992 Verantwortlichen war.

Und so muss heute die Frage erlaubt sein, ob Deutschland in einer Welt voller Krieg und Flucht noch ausreichenden Flüchtlingsschutz bietet. Diese Frage stellt sich auch deshalb, weil nicht nur der Anteil der anerkannten Asylbewerber deutlich zurückgegangen ist, sondern auch der Anteil der abgelehnten Antragsteller: 1998 waren noch 62,2 Prozent aller Entscheidungen Ablehnungen. Zehn Jahre später wurden lediglich 32,5 Prozent der Verfahren mit einer Ablehnung abgeschlossen.

Ein zunehmender Teil der Entscheidungen im Asylrecht läuft hingegen auf Abschiebungsschutz im Sinne der Genfer Konvention (2008: 33,9 Prozent) oder auf ein Abschiebungsverbot (2008: 2,7 Prozent) hinaus. Ein Großteil der Menschen, deren Antrag auf Asyl abgelehnt wird, bleibt also faktisch in Deutschland, da die persönliche oder familiäre Situation oder aber die Lage im Herkunftsland eine Rückführung bzw. Abschiebung unmöglich machen. Aber: Sie erhalten keinen sicheren Aufenthalt, keine Integrationsperspektive.

Auf diese Weise kommt die auch nach der Bleiberechtsinitiative von 2006 weiterhin beträchtliche Zahl Geduldeter zusammen, die in Deutschland gezählt wird. Zum Stichtag 30. September 2008 nennt die Bundesregierung insgesamt knapp 110 000 Personen mit einer Duldung. Rund 66 000 dieser Geduldeten hielten sich bereits seit sechs und mehr Jahren in der Bundesrepublik auf. Das Leben in der Duldung ist für viele der

Betroffenen verlorene Zeit. Die Rückkehr ins Heimatland ist nicht möglich. In Deutschland sind sie nicht willkommen und deshalb auch nicht wirklich angekommen.

Aber ist die große Zahl der Geduldeten, der Perspektivlosen, der in ihren Rechten und Entwicklungsmöglichkeiten eingeschränkten Menschen mit prekärer Existenz nicht auch ein ungenutztes Potenzial für Gesellschaft, Wirtschaft und Kultur unseres Landes? Ist nicht jedes Jahr, jeder Monat, jede Woche im »Hängestatus« der Duldung auch verlorene Zeit für ein Land, das auf die Nutzung aller geistigen und sozialen Ressourcen angewiesen ist?

Erst ganz allmählich hat sich die deutsche Politik dazu durchgerungen, Geduldeten den Zugang zu Bildung und Arbeit zumindest partiell und unter verstärkten Auflagen zu gestatten. Erst nachdem es massive Proteste vor allem von Kirchen und Flüchtlingsinitiativen gegen den Ausschluss junger Menschen aus geduldeten Familien von der beruflichen Ausbildung gab, hat sich in diesem Feld etwas bewegt. Ohne den massiven, humanitär motivierten gesellschaftlichen Protest gegen die unwürdige Situation der »Geduldeten« wäre es nicht möglich gewesen, in diesem Bereich zu spürbaren rechtlichen Verbesserungen zu kommen.

Nachdem zunächst im November 2006 die Innenministerkonferenz innerhalb des geltenden Aufenthaltsrechts einen Beschluss zur Verbesserung der Situation »Geduldeter« gefasst hatte – die Bleiberechtsregelung –, traf der Deutsche Bundestag im August 2007 einen Beschluss zur Änderung des Aufenthaltsrechts durch die sogenannte gesetzliche »Altfallregelung« im Paragrafen 104a des Aufenthaltsgesetzes. Beide politischen Initiativen haben dazu beigetragen, dass zahlreiche ehemals bloß Geduldete nunmehr einen rechtmäßigen Aufenthaltsstatus erhalten konnten. Tatsächlich waren allerdings von dieser Verbesserung nur diejenigen betroffen, die bereits unter den schwierigen Bedingungen der Duldung erhebliche Integrationsleistungen erbracht hatten – trotz der rechtlichen Erschwernisse und nicht aufgrund staatlicher Unterstützung.

Diese Entwicklung kann als vorsichtige Relativierung des bisher uneingeschränkten Primats des Aufenthaltstitels, also des hoheitlichen Aktes, über die Lebenslage, also die faktische Situation des Zugewanderten, angesehen werden. Insofern war es auch nicht ohne Bedeutung, dass die Verbesserung der Situation der »Geduldeten« zu einem von 20 Punkten des im Sommer 2006 von der Landesregierung Nordrhein-Westfalen verabschiedeten Aktionsplans »Nordrhein-Westfalen – Land der neuen Integrationschancen« geworden ist. Dieses Handlungskonzepts nimmt ausdrücklich Bezug auf die tatsächlichen Integrationsleistungen von Menschen, die in der Logik des ihnen zustehenden Aufenthaltstitels nicht integriert sein sollten.

Erstmals wurde damit die starre Zuständigkeitsverteilung zwischen Innenministerium (Menschen mit prekärem Aufenthalt) und Sozial- bzw. Integrationsministerium (Menschen mit legalem Daueraufenthalt) bewusst aufgegeben. Unter der rotgrünen Vorgängerregierung war diese Grenzüberschreitung noch völlig undenkbar.

Nun läuft bald die Altfallregelung des Paragrafen 104a des Gesetzes über den Aufenthalt, die Erwerbstätigkeit und die Integration von Ausländern im Bundesgebiet aus. Die Regelung sieht eine Befristung der Aufenthaltserlaubnisse für ehemals Geduldete bis zum 31. Dezember 2009 vor. Eine weitere Verlängerung der Aufenthaltserlaubnis um zwei weitere Jahre ist an die Voraussetzung gebunden, dass der Lebensunterhalt nicht nur vorübergehend eigenständig gesichert war und ist. Angesichts der sich abzeichnenden Auswirkungen der Wirtschaftskrise auf dem Arbeitsmarkt halte ich eine Verlängerung der Altfallreglung um mindestens ein Jahr für geboten. Unter den aktuellen Umständen würde nur ein geringer Teil der Betroffenen die Voraussetzung des überwiegend eigenständig gesicherten Lebensunterhalts erfüllen können. Und wir würden eine große Zahl von Aufenthaltsbeendigungen und im schlimmsten Falle von Abschiebungen ganzer Familien erleben müssen, deren Kinder in ihren Schulklassen oder Ausbildungsbetrieben sozial fest verankert sind.

Ein weiteres wichtiges Thema einer vom Kopf auf die Füße gestellten Einwanderungspolitik ist der angemessene Umgang mit den, wie die Vereinten Nationen sagen, »undokumentierten Migranten«. In Frankreich spricht man von den »Sans papiers«, jenen »ohne Papiere«, in Deutschland immer noch überwiegend von »Illegalen«. Ich persönlich halte die Begriffe der »irregulären Einwanderung« bzw. der »Statuslosen« für die treffendsten. »Illegale« in diesem apodiktischen Sinne gibt es für mich nicht. Menschen sind nicht illegal. Der Begriff steht im Widerspruch zur individuellen Menschenwürde jedes Einzelnen – auch dessen, der über keinen Aufenthaltstitel verfügt. Außerdem impliziert das Substantiv »Illegaler« eine vorschnelle Kriminalisierung der betreffenden Person. Es verstellt damit den unvoreingenommenen Blick auf die meist von purer persönlicher und familiärer Not geprägte Lebenslage. Andererseits darf bei der Betrachtung nicht unter den Tisch fallen, dass sich Einreise und Aufenthalt der Menschen eben außerhalb der staatlich vorgesehenen Regeln abspielen.

Statuslose sind demnach Ausländer, die sich unerkannt in Deutschland aufhalten, insbesondere weil sie

■ nach Deutschland eingereist sind, ohne die hierfür erforderliche Aufenthaltsgenehmigung zu besitzen,

■ nach Ablauf ihrer Aufenthaltsgenehmigung nicht ausgereist oder

■ nach unanfechtbarer Ablehnung ihres Asylantrages untergetaucht sind.

Irreguläre Einwanderung vollzieht sich jenseits amtlicher Beobachtung. Dementsprechend liegen keine belastbaren Zahlen über den Umfang der irregulären Einwanderung vor. In der öffentlichen Diskussion wird seit einigen Jahren die Zahl der Statuslosen in Deutschland auf eine halbe bis eine Million geschätzt.

Erst kürzlich hat das Hamburgische WeltWirtschaftsInstitut im Rahmen eines von der EU-Kommission geförderten Projektes zur Anlage einer Datenbank über irreguläre Migration darauf hingewiesen, dass für Europa die Zahl der Menschen ohne Aufenthaltserlaubnis geringer ausfällt als bislang angenommen. Man müsse nicht von 4,5 bis 8 Millionen ausgehen wie bisher, sondern von 2,8 bis 6 Millionen. Doch auch diese Angabe ist nicht wirklich zufriedenstellend, bewegen wir uns doch mit der Spannbreite dieser Schätzung in einer Grauzone, in der eher

Vermutungen als gesichertes Wissen die Grundlage politischen Handelns bilden. Auch dies ist Zeugnis der offensichtlich europaweiten Unsicherheit im Umgang mit dem Phänomen.

Unabhängig von den Zahlen sind die ganz konkreten Schicksale von Menschen zu betrachten, die in die Rubrik der Statuslosen fallen. Bei den Fällen, mit denen die Härtefallkommissionen immer wieder zu tun haben, handelt es sich häufig um Familienschicksale, die Anlass zum Nachdenken geben. Da leben Familien mit mehreren Kindern seit zehn und mehr Jahren in unserem Land, ohne jemals aufgefallen zu sein oder aber staatliche Leistungen in Anspruch genommen zu haben. Entgegen der mit dem Begriff des »Illegalen« verbundenen Vorstellungen sind diese Menschen nicht kriminell. Sie haben eben in den meisten Fällen keinen anderen Rechtsverstoß begangen, als sich ohne einen Aufenthaltstitel in Deutschland aufzuhalten. Kriminelle Rechtsverstöße sind sogar eher unwahrscheinlich, denn sie brächten ja die Gefahr der Entdeckung und damit der unweigerlichen Abschiebung mit sich. Es lässt sich ein Muster herausschälen von Familien, die vor dem Hintergrund lebensbedrohlicher kriegerischer Verhältnisse oder von Verfolgung aus ethnischen oder religiösen Gründen in ihrem Herkunftsland nach Deutschland gekommen sind und die hier durch die Hilfe von Verwandten, Freunden und engagierten Menschen ein Auskommen, einen neuen Lebensmittelpunkt gefunden haben.

Nicht selten finden sich in diesen Familien Kinder, die hier in Deutschland geboren worden sind, nie eine andere Sprache als Deutsch gesprochen haben und mit Erfolg die Schule besuchen. Es finden sich darunter Mütter, die in sozialen Projekten mitwirken und Väter, die ehrenamtlich als Jugendtrainer im Sport aktiv sind. Aber in all diesen Fällen handelt es sich um Arrangements, die nur mit der Unterstützung von Menschen im nachbarschaftlichen und gemeindlichen Umfeld der Statuslosen gelingen können. Vor diesem Hintergrund ist es kein Wunder, wenn immer wieder Kirchengemeinden, Bürgerinitiativen oder Schulpflegschaften die Öffentlichkeit suchen, um auf die Ungerechtigkeit hinzuweisen, die damit verbunden ist, dass diesen Menschen kein legaler Aufenthalt erlaubt wird.

Wie absurd, töricht und auch menschenunwürdig die gängige Abschiebepraxis in Deutschland ist, hat mir neulich der Paderborner Weihbischof Matthias König geschildert. Am 19. Mai 2009 wurden der aus Armenien stammende 18-jährige Arutjun Vardanjan, sein älterer Bruder und deren Eltern abgeschoben. Arutjun, der seit elf Jahren in Deutschland lebt, exzellente Schulleistungen hat, gar im vergangenen Jahr Jahrgangsbester war und nach Aussagen seiner Lehrer »ein glänzendes Abitur gemacht hätte«, wird in ein Land abgeschoben, das er mit sieben Jahren verlassen hatte, in dem er nie zur Schule gegangen ist. Der Grund für die Behörden ist das Fehlverhalten seiner Eltern, die ohne Ausweispapiere nach Deutschland kamen und deren Antrag auf Asyl abgelehnt wurde. Besonders bitter für Arutjun: Am Morgen des Abschiebetages hätte er seine letzte Klausur in Mathematik für den Abschluss der Sekundarstufe I schreiben sollen. Es ist zum einen eine humanitäre, ethische Frage, ob man Kinder so drastisch für das Fehlverhalten ihrer Eltern bestrafen darf. Aber es ist auch eine Frage der wirtschaftlichen und gesellschaftlichen Vernunft, ja des Eigeninteresses: Können wir es uns denn in Zeiten wie diesen überhaupt leisten, auf das Potenzial solcher Kinder zu verzichten? Mühsam und meist nicht besonders erfolgreich werben wir im harten internationalen Wettbewerb um die besten Köpfe, die leider viel zu oft einen großen Bogen um Deutschland machen und sich eher für unsere Nachbarländer entscheiden. Dabei haben wir in Deutschland viele kluge, begabte, ehrgeizige Kinder, die sich aufgrund ihres unsicheren Status besonders anstrengen. Und diese Kinder schieben wir ab, als es gäbe es in Deutschland weder den demografischen Wandel noch die Wirtschaftskrise. Absurd!

Die Verantwortlichen verschiedener Großstädte Deutschlands haben sich in den letzten Jahren als maßgebliche Akteure hervorgetan, um die Situation der Menschen ohne Aufenthaltstitel öffentlich zu thematisieren. Es überrascht nicht, dass es die Metropolen sind, die die Tabuisierung des Themas durchbrechen. Denn Irregularität spielt sich am häufigsten in der relativen Anonymität der Großstädte ab. Und hier werden auch die desolaten Lebensverhältnisse der Statuslosen und deren riskante Folgen für die Gemeinschaft am ehesten spürbar.

Nach München, Frankfurt und Berlin hat zuletzt auch die Stadt Köln die Initiative ergriffen und in einer gemeinsamen Aktion mit der Caritas dem international renommierten Institut für Migrationsforschung und Interkulturelle Studien der Universität Osnabrück den Auftrag erteilt, die Lebenslage von »Menschen ohne Papiere in Köln« zu untersuchen. In dieser Studie wird von den Autoren Michael Bommes und Maren Wilmes deutlich herausgearbeitet, dass den Statuslosen, die in aller Regel lediglich gegen das Aufenthaltsrecht verstoßen, auf der anderen Seite Nutznießer gegenüberstehen, die die Beugung geltenden Rechts zumindest in Kauf nehmen: als Arbeitgeber missachten sie Arbeits-, Sozial- und Steuerrecht, als Vermieter treiben sie im Wissen um die Angst der Betreffenden vor Entdeckung auf ausbeuterische Weise überhöhte Mieten ein. Nicht die »Illegalen« profitieren von ihrer Illegalität. Es sind ihre in der Legalität lebenden Arbeitgeber und – man muss es offen sagen – Ausbeuter.

Die wesentlichen Beschäftigungsbereiche Statusloser liegen laut der Studie in Köln wie auch in anderen Städten in Privathaushalten, in der Gastronomie, im Herbergswesen und auf dem Bau. Während allerdings die »klassischen« Branchen Gastronomie, Herbergswesen und Bau für Statuslose aufgrund verstärkter behördlicher Kontrollen an Bedeutung zu verlieren scheinen, nehmen Privathaushalte als Arbeitgeber im Bereich irregulärer Einwanderung an Bedeutung zu. Hier erbringen Statuslose einfache Hausdienste bis hin zu handwerklichen Dienstleistungen als Hausmeister. In immer stärkerem Umfang werden zudem Pflegearbeiten für kranke oder ältere Familienangehörige erbracht. Privathaushalte gewinnen auch deshalb an Bedeutung, da hier weniger Öffentlichkeit gegeben ist als in Gaststätten, am Bau oder in Hotels. Hier scheint auch die persönliche Beziehung zwischen dem beschäftigten Statuslosen und dem auf irreguläre Weise Arbeit Gebenden noch am ehesten als Arrangement auf der Grundlage gegenseitigen Vertrauens möglich.

Vertrauen ist für Statuslose von existenzieller Bedeutung.

Misstrauen, Verstecken, Furcht vor der Entdeckung prägen den Alltag, auch den Alltag vieler Kinder, die keine persönliche Verantwortung für ihre Situation tragen und die den vollen Schutz der Öffentlichkeit genießen sollten.

Die Lebenssituation Statusloser ist grundsätzlich vom erschwerten, teilweise in einem praktischen Sinne unmöglichen Zugang zu Bildung und Dienstleistungen geprägt. Als Statusloser traut man sich nicht zum Arzt oder in das Gesundheitsamt, wenn man erkrankt ist – aus Angst vor Entdeckung und Abschiebung und weil man nicht versichert ist. Als statuslose Schwangere auf der Flucht vor Krieg oder Verfolgung ist es ohne fremde Hilfe schwierig, Vorsorgeuntersuchungen wahrzunehmen oder das Kind gesund zur Welt zu bringen, weil man Sorge haben muss, der Polizei gemeldet zu werden. Als Statusloser ist man Übergriffen und Rechtsverstößen nahezu hilflos ausgesetzt, gegen die keine Klage erhoben werden kann, weil der Gang zur Polizei den Aufenthalt ernsthaft gefährden würde. Insbesondere Menschen, die um die Irregularität des Aufenthalts wissen, nutzen häufig die Situation von Statuslosen aus, um sie sexuell oder als billigste Arbeitskräfte auszubeuten.

Besonders offensichtlich wird das humanitäre Problem an der Situation der Kinder, die in Familien mit irregulärem Aufenthalt hineingeboren werden und aufgrund des versteckten Lebens ihrer Familie nur schwer oder gar nicht zu einer Geburtsurkunde kommen. Die Existenz dieser Kinder ist mithin nicht dokumentiert. Die Inanspruchnahme von staatlichen Leistungen oder auch nur die Zugehörigkeit zu einem bestimmten Staatsverband ist damit infrage gestellt. Für die meisten dieser Kinder ist damit ein äußerst schwieriger, steiniger Weg vorgezeichnet. Ein »normales« Aufwachsen ist ihnen nicht möglich. Gerade diese Kinder sind auch die Leidtragenden, wenn es um die Teilhabe an vorschulischer oder schulischer Bildung geht. Die Kinder trifft selbst keine Schuld an ihrem irregulären Aufenthalt, ihr Leben wird aber durch einen erschwerten Zugang zur Bildung entscheidend geprägt.

Im Grundgesetz ist ein Recht auf Bildung nicht ausdrücklich erwähnt. Nach der Zuständigkeitsverteilung der Verfassung fällt die Regelung des Zugangs zur Schulbildung und zur

Schulpflicht in die Zuständigkeit der Länder. Von der dortigen Rechtsetzung hängt es ab, ob junge Menschen ohne Aufenthaltsstatus ein Recht auf schulische Bildung erhalten oder sogar der Schulpflicht unterliegen. Zum regelmäßigen Problem wird dabei die Tatsache, dass öffentliche Stellen prinzipiell die zuständige Ausländerbehörde zu unterrichten haben, wenn sie im Zuge ihrer »Aufgabenwahrnehmung« (so der entsprechende Terminus) Kenntnis vom illegalen Aufenthalt eines Ausländers erlangen. Nun sind Schulen öffentliche Stellen, die somit auch grundsätzlich dieser Übermittlungspflicht unterliegen. Allerdings spielt dabei eine juristische Differenzierung eine entscheidende Rolle. Denn solange die Lehrerinnen und Lehrer bzw. Schulleitungen nur bei Gelegenheit der »Aufgabenerfüllung« von der Irregularität des Aufenthalts erfahren, besteht für sie keine Meldepflicht.

Doch diesbezüglich befinden sich viele Schulleitungen im Zweifel: »Wann habe ich als Pädagoge vom irregulären Status erfahren, bei Gelegenheit meiner Aufgabenwahrnehmung oder in Ausübung meiner Aufgabe?« Als einzige Landesregierung hat bislang Nordrhein-Westfalen gehandelt. Das Schulministerium meiner Kollegin Barbara Sommer hat in einem Erlass klargestellt, dass den Ausländerbehörden keine Meldung gemacht werden muss, wenn eine Schulleitung von der Irregularität des Aufenthalts eines Kindes erfährt. Damit wird Kindern der Schulbesuch ermöglicht, die ansonsten tagtäglich eine Lebensrealität ertragen müssten, die für ihre individuelle Persönlichkeitsentwicklung, ihr Wissen, Können und soziales Verhalten nicht förderlich wäre.

Ich halte es aber über die nordrhein-westfälische Erlassregelung hinaus für erforderlich, dass bundesgesetzlich eindeutig Sorge dafür getragen wird, dass Kinder von Statuslosen selbstverständlich die Schule besuchen und damit ihr Menschenrecht auf Bildung wahrnehmen können; dass Lehrerinnen und Lehrer diese Kinder wie alle anderen Kinder in ihren Klassen angstfrei, engagiert und unbefangen unterrichten können. Es gibt kaum ein anderes großes Einwanderungsland, das Schulen eine Meldepflicht für statuslose Kinder auferlegt. Warum sollten wir dies weiterhin tun?

Deshalb setze ich mich für eine Änderung des Paragrafen 87 im Aufenthaltsgesetz – »Übermittlungen an Ausländerbehörden« – ein, womit die öffentlichen Schulen bzw. Stellen in den Bereichen Bildung und Erziehung aus der Aufzählung der unterrichtungspflichtigen Stellen gestrichen werden.

Darüber hinaus plädiere ich dafür, dass sich die Länder und der Bund ein Beispiel an den Großstädten München, Frankfurt und Köln nehmen. Hier, wo die Not der Statuslosen und die Probleme mit der irregulären Einwanderung am frühesten erkennbar und am dringlichsten spürbar geworden sind, ist es zu pragmatischen Lösungen für diese humanitäre Herausforderung gekommen. Man hat hier hinsichtlich des Wohnens, des Zugangs zu Gesundheitsleistungen, der schulischen Bildung und nicht zuletzt der Rechtsberatung der Betroffenen Angebote entwickelt, die das Ziel einer menschenwürdigen Existenz verfolgen, ohne dass dabei gegen Gesetzesvorschriften oder die jeweilige städtische Ordnung verstoßen würde.

Aber diese Regelungen bleiben nur lokale Provisorien, solange sich insbesondere die Bundesgesetzgebung nicht umfassend dieser komplexen und komplizierten Situation stellt und im Zuge der Innovations- und Einwanderungspolitik auch einen Weg des angemessenen Umgangs mit Statuslosen beschreitet. Hierzu sollte meines Erachtens gehören, die im europäischen Vergleich außergewöhnliche Meldepflicht öffentlicher Stellen (z. B. der Gesundheitsbehörden) insgesamt zu überdenken und – ohne dabei die großen Legalisierungsprogramme von Staaten wie Frankreich, Italien, Spanien oder Griechenland im Auge zu haben – die Verbesserung des jeweiligen Rechtsstatus des Einzelnen in Anerkennung der von ihr/ihm faktisch vollzogenen Integrationsschritte zu ermöglichen.

Zu meiner Vorstellung einer Aufsteigerrepublik gehört es, dass künftig auch integrationsbereiten Flüchtlingen Spielräume für ihre schrittweise legale Aufenthaltsverfestigung und für soziale Mobilität eröffnet und zugestanden werden. Dabei halte ich den Weg über kollektive Legalisierungsprogramme nicht für sinnvoll. Die offene und unvoreingenommene Prüfung jedes Einzelfalles, besonders in den Fällen, in denen der ungesicherte Aufenthalt die Bildungschancen von Kindern und Jugendlichen gefährdet, erscheint mir der gebotene Weg zu sein. Denn Menschen mit Fluchtgeschichte sollten nicht als Gefahr, sondern als potenzielle Bereicherung gesehen und behandelt werden. Das Aufenthaltsrecht ist zunehmend von polizeirechtlichen Prägungen der sogenannten Ausländergesetzgebung befreit worden. Viele Ausländerbehörden haben sich gerade in den letzten Jahren von rein hoheitlich agierenden Verwaltern der Aufenthaltstitel zu Behörden entwickelt, die auch Flüchtlinge als ihre Klienten begreifen. Immer häufiger wird mir von Fällen berichtet, in denen die Mitarbeiterinnen und Mitarbeiter dieser Behörden Menschen mit prekärem Status aktiv und engagiert auf Möglichkeiten zur Statusverfestigung hinweisen.

Die Politik des Bundes und der Länder muss diese Entwicklung stärken. Im Aufenthaltsrecht sollte man systematisch die Möglichkeiten dafür mehren, dass im ganzen Tableau der Rechtstitel – von der Duldung bis hin zur Niederlassungserlaubnis – die Wege für den Aufstieg im Rechtsstatus bis hin zur Einbürgerung geebnet werden. Aufstieg im Rechtsstatus ermöglicht erst den Aufstieg in Beruf und Gesellschaft. Eine spürbare Verankerung dieses Denkens im Aufenthaltsrecht muss nicht das unbestrittene Recht des Staates einschränken, darüber zu entscheiden, wer sich innerhalb seiner Grenzen aufhalten darf. Es erschließt dem Staat vielmehr neue Möglichkeiten, die Grundlagen für den Aufenthalt Zugewanderter so zu gestalten, dass die Risiken minimiert und die Chancen maximiert werden – für beide Seiten: Staat und Zugewanderte.

Dieses Projekt ist mehr als ein Paradigmenwechsel. Es ist ein Projekt hin zu einer allgemeinen Willkommenskultur für Zugewanderte, die sich als integrationsbereit und integrationsfähig erweisen. Es ist ein Projekt, das auf mehrere Jahre, vielleicht auf ein Jahrzehnt angelegt ist.

Aber auf dem Weg zur Realisierung dieses Projektes können wir schon jetzt erste Marken setzen. Dazu gehören die Verlängerung der Altfallregelung für Geduldete im Paragrafen 104a und der Wegfall der Meldepflicht für statuslose Kinder in Schulen und anderen Bildungseinrichtungen im Paragrafen 87 des Aufenthaltsgesetzes.

»Aliyah« ist hebräisch und heißt so viel wie »Aufstieg«. Die Zuwanderer in Israel werden »oleh« bzw. »olah« genannt, also Aufsteiger. Dies erzählte mir Aliza Olmert, die Frau des ehemaligen israelischen Ministerpräsidenten Ehud Olmert, bei meinem Besuch in Israel im November 2008, und ich hörte gespannt zu. Jeder, der nach Israel einreist, ist schon ein Aufsteiger, weil man endlich das gelobte Land erreicht hat. Das Wort stammt aus der Bibel, 2. Chronik, Kapitel 36, Vers 23, und bedeutet in diesem Zusammenhang, dass man zu Gott hinaufziehen soll. Zuwanderung als verheißungsvolles Ziel oder – weniger pathetisch – als Chance. Sicher spielt die eigene Geschichte, die eine Geschichte von Zu- und Abwanderung, von Abschied, Aufbruch und immer wieder Ankommen ist, für das Empfinden des jüdischen Volkes eine prägende Rolle.

Auch die Geschichte der Vereinigten Staaten und das mit dem amerikanischen Traum verbundene Versprechen beruhen auf einer Tradition von Einwanderung. Ich bin überzeugt, dass wir auch hier in Deutschland bei Einwanderung und Integration mehr israelische oder amerikanische Zuversicht und weniger von der schon sprichwörtlich gewordenen »German Angst« brauchen. Die Einwanderungs- und Integrationspolitik der Vereinigten Staaten ist ganz gewiss nicht perfekt. Der viel zitierte und überstrapazierte Aufstieg vom Tellerwäscher zum Millionär bleibt für die meisten ein Mythos. Es gibt nach wie vor Rassismus, Ausgrenzung und Gewalt. Auch die gesellschaftliche Integration verläuft nicht immer reibungslos. Gleichwohl ist es heute wie vor hundert Jahren der größte Traum von Millionen von Menschen in der ganzen Welt, in den Vereinigten Staaten zu leben. Warum ist das so? Was macht dieses Land so attraktiv für Einwanderer, und was können wir Deutschen davon lernen? Amerika ist eben nicht nur ein Land, es ist ein Versprechen. Es verspricht »opportunity«, die Chance, durch eigene Anstrengung und harte Arbeit auch gegen Widerstände voranzukommen. Das amerikanische Integrationsmodell verbindet kulturelle und ethnische Pluralität mit protestantischem Arbeitsethos und unbekümmertem Patriotismus. Wer einwandert, der erwartet für sich und seine Familie einen sozialen Aufstieg, der im Heimatland nicht möglich gewesen wäre. Und die meisten schaffen diesen Aufstieg auch, wenn nicht in der ersten, dann in der zweiten oder dritten Generation. Auf einen Sozialstaat dürfen sie dabei nicht hoffen. Aber die Einwanderer dürfen erwarten, dass sie binnen kurzer Zeit gleichberechtigte Mitglieder der amerikanischen Nation sein werden, Gleiche unter Gleichen und »proud to be American«. Da alle Amerikaner, mit Ausnahme der Ureinwohner und der Nachfahren der Sklaven, selbst Einwanderer oder deren Kinder und Kindeskinder sind, ist Einwanderung im kollektiven Bewusstsein fest verankert. Gegen Einwanderung zu sein, hat daher in den Vereinigten Staates etwas Peinliches, weil es immer auch ein Angriff auf sich selbst, die eigene Familie und die ureigene Tradition des Landes ist.

Die Amerikaner sind stolz auf ihre Einwanderungsgeschichte und nur zu gerne bereit, dunkle Flecken auszublenden. Stolz auf unsere Einwanderungsgeschichte sind wir Deutschen viel zu wenig, aber dafür jederzeit bereit, überall Scheitern, Misserfolge und Desintegration zu sehen. Es tut daher gut, wenn der Schriftsteller Navid Kermani dagegenhält. Er spricht von der »ungewürdigten Leistung« der Integration in Deutschland: »Dieses Land, die Bundesrepublik, hat eine gewaltige Integrationsleistung vollbracht. Die Zusammensetzung der Bevölkerung hat sich innerhalb weniger Jahrzehnte fundamental verändert, ohne dass es zu sozialen Spannungen großen Ausmaßes gekommen wäre, vergleichbar etwa den Konflikten, die die Vereinigten Staaten mit den Hispanics haben, die Franzosen mit den Nordafrikanern oder etwa die türkischen Städte mit den Landflüchtlingen.«

Was Einwanderungsrecht, Einwanderungspolitik und den Zugang zur Staatsbürgerschaft anbelangt, ist die Bundesrepublik heute pragmatischer, westlicher und eben auch amerikanischer denn je. Fast 2,7 Millionen Einwohnerinnen und Einwohner Nordrhein-Westfalens etwa, 14,9 Prozent, also knapp jeder siebte, sind im Ausland geboren (Ausländer, Aussiedler etc.) und gehören zur ersten Einwanderergeneration. Das sind mehr als im klassischen Einwanderungsland USA: Dort waren 2007 12,6 Prozent aller Einwohnerinnen und Einwohner außerhalb der Grenzen des Landes geboren.

Reform des Staatsangehörigkeitsrechts 2000 und das neues Zuwanderungsgesetz 2005: Das sind Fortschritte, die viele Beobachter Deutschland gar nicht zugetraut hätten. Aber rechtliche Verbesserungen sind nicht alles!

Heiner Geißler, einer der ersten Politiker, der keine Scheu hatte, von der »multikulturellen Gesellschaft« zu sprechen, brachte das 1990 in seinem Buch »Zugluft. Politik in stürmischer Zeit« auf den Punkt: »Was für eine engstirnige, kleinkarierte Mentalität, die es für unmöglich hält, dass der Mensch, der ins Weltall fliegt und die Atom- und Genspaltung erfunden hat, nicht fähig sein soll, als Deutscher mit einem Türken, als Christ mit einem Moslem, als Weißer mit einem Schwarzen zusammenleben zu können.«

Ende Oktober 2008 hat Nordrhein-Westfalen als Gastgeber die renommierte internationale Metropolis-Konferenz, die sich mit Fragen der weltweiten Migration beschäftigte, eingeladen. Wir hatten dabei die Gelegenheit, mit 700 Spitzenforschern, Politikern und Fachexperten aus aller Welt über die Möglichkeiten, Chancen und Risiken von Migration zu diskutieren. Eine Konferenz mit Signalwirkung. Es war das erste Mal, dass dieses bedeutende migrationspolitische Forum in Deutschland stattfand. Über viele Jahrzehnte hat die Politik die Existenz der dauerhaften Zuwanderung nach Deutschland negiert. Und wenn wir kein Einwanderungsland waren, dann brauchte man folgerichtig auch keine Konferenz, die sich mit Ausrichtung und Rahmenbedingungen der weltweiten Migrationsbewegungen beschäftigte. Doch Deutschland hat sich verändert. Und so war es an der Zeit, dass die Metropolis-Konferenz nach den Stationen Toronto, Lissabon, Melbourne nun endlich auch in Bonn abgehalten wurde. Der Direktor des Washingtoner Migration Policy Institute, Demetrios Papademetriou, beschrieb den in den letzten Jahren vollzogenen Paradigmenwechsel in Deutschland mit der Veränderung der »kollektiven Körpersprache«. Über viele Jahrzehnte habe Deutschland ausgestrahlt, dass die Einwanderung – ob gesteuert oder ungesteuert – nicht gewollt war. Erst in den letzten Jahren hat sich das Image Deutschlands verändert und damit sind wir auch interessant geworden für die wissenschaftliche Forschung, insbesondere im Bereich Migration und Entwicklung.

Die Verbindung zwischen Migration und Entwicklung stand auch im Mittelpunkt der Metropolis-Konferenz. Es überrascht, dass erst jetzt eine breitere Debatte über die enge Verbindung beider Themen und die sich daraus ergebenen Chancen einsetzt. Aber besser spät als nie. Die Zeit drängt, denn die weltweiten Wanderungsbewegungen haben in den vergangenen Jahrzehnten stark zugenommen. Wie das 20. wird auch das 21. ein Jahrhundert der Migration werden. Nach Schätzung der Vereinten Nationen sind weltweit etwa 200 Millionen Menschen unterwegs, doppelt so viel wie 1980. Migration als weltweites Phänomen beschleunigt sich weiter. Sie ist wie der Austausch von Waren, Kapital und Dienstleistungen Teil der Globalisierung, die nicht aufzuhalten ist. Jetzt geht es darum, internationale Mobilität besser zu organisieren.

Der lange schwelende Streit über die Frage »Brain-Drain oder Brain-Gain?« – also wem nützt, wem schadet Migration? – hat uns jedenfalls nicht wirklich weitergebracht. Gewiss, die Abwanderung qualifizierter Arbeitskräfte ist für viele Entwicklungsländer ein dauerhaftes und fortschritthemmendes Problem. Besonders dramatisch ist die Abwanderung von medizinischem Fachpersonal. Laut Weltgesundheitsorganisation WHO fehlen in 36 der insgesamt 46 afrikanischen Staaten medizinische Fachkräfte. Wenn es in der britischen Stadt Manchester mehr malawische Ärzte gibt als in Malawi selbst, dann ist es eindeutig eine falsche Entwicklung. In erster Linie liegt es an schlechter Bezahlung und fehlenden Entwicklungsperspektiven. Hinzu kommt oft eine instabile politische Situation. Der Fall Zimbabwe hält uns dies in dramatischer Weise vor Augen. Tausende gut ausgebildete Krankenschwestern und Ärzte sind nach Großbritannien oder Südafrika ausgewandert, viele auf der Flucht vor den Repressalien des Mugabe-Regimes.

Dennoch ist Migration Teil unserer globalen Lebenswirklichkeit, die wir nicht nur akzeptieren, sondern aktiv gestalten müssen. Wie wollte man im Zeitalter zunehmender wirtschaftlicher Verflechtungen die Mobilität von Menschen auch dauerhaft begrenzen?

Es ist deshalb ein wichtiger Fortschritt, dass Brain-Drain und Brain-Gain in der jüngeren Debatte zwei neue Begriffe an die Seite gestellt werden: Brain Circulation (zirkuläre Migration) und Mobilitätspartnerschaften. Sie stehen für eine neue Qualität der Debatte, die von Migrations- und Entwicklungsexperten gleichzeitig geführt wird und die es in dieser Breite bisher nicht gegeben hat.

Angeregt und argumentativ unterfüttert wurde die Diskussion durch den Bericht der Weltkommission für Internationale Migration. Rita Süssmuth, Vorsitzende der nach ihr benannten Zuwanderungskommission, war die deutsche Vertreterin in jenem Gremium, das dem damaligen Generalsekretär der Vereinten Nationen, Kofi Annan, im Herbst 2005 einen Bericht zur weltweiten Migration vorlegte. Spätestens zu diesem Zeitpunkt trat das Thema Migration und Entwicklung aus seinem bisherigen Nischendasein heraus. Es ist seitdem ein internationales Thema, das auch auf Ebene der Vereinten Nationen mit besonderem Augenmerk verfolgt und nicht länger als ein spezielles Aufgabengebiet der Hohen Kommission für Flüchtlingsfragen betrachtet wird.

Richtig in Fahrt kam die Debatte im europäischen Kontext dann durch eine gemeinsame Initiative von Bundesinnenminister Wolfgang Schäuble und seinem damaligen Amtskollegen, dem heutigen Staatspräsidenten Frankreichs, Nicolas Sarkozy. »Zirkuläre Migration« war der Begriff, der eine zeitgemäße Antwort auf die aktuellen Herausforderungen der globalen Migration geben sollte. Mit dem etwas sperrigen Wort aus dem EU-Slang ist gemeint, dass ein Ausgleich gefunden werden soll zwischen den Interessen der europäischen Aufnahmeländer nach Steuerung und Begrenzung ungeregelter Zuwanderung und dem Interesse der Herkunftsländer auf Zugang ihrer Staatsangehörigen zu den Arbeitsmärkten der Europäischen Union, ohne dass diese Qualifizierten dem Land dauerhaft verloren gehen. Zu einem solchen Ausgleich gehört ein funktionierendes System der Rückführung und der Rücknahme von Menschen, die illegal eingewandert sind, durch ihre Herkunftsländer.

Dem »Schäuble-Sarkozy-Papier« folgend sieht der neue, von den Franzosen im Rahmen ihrer EU-Ratspräsidentschaft initiierte Europäische Pakt über Migration und Asyl vor allen anderen Maßnahmen einer gemeinsamen EU-Einwanderungspolitik die sogenannte »zirkuläre Migration« vor, also Pendelwanderung zwischen den Herkunftsländern und den Staaten der Europäischen Union. Gelingt es uns, sie ins europäische Zuwanderungsrecht aufzunehmen, ist allen geholfen: den Aufnahmeländern, da sie es sich in Zeiten des demografischen Wandels immer weniger leisten können, auf Zuwanderer zu verzichten, den Herkunftsländern, da sie ihre Auswanderer als Brücke und wertvolle Wissensquelle nutzen können, und nicht zuletzt den Migranten selbst, da sie ihre Potenziale besser zur Entfaltung bringen können.

Die Europäische Union will damit die Bereitschaft der Herkunftsländer zur Zusammenarbeit durch eine neue Form der Partnerschaft und einen engeren Dialog wecken. Dahinter steht eine realistische Einschätzung der Lage: Wenn die Herkunftsländer die Politik gegen illegale Migration mittragen sollen, dann brauchen sie auch eine Politik für legale Migration. Anders ausgedrückt: Wer etwas haben will, muss auch bereit sein, etwas zu geben. Dazu gehört eben die Erleichterung zirkulärer und temporärer Zuwanderung.

Fest steht: Brain-Gain durch Migration ist auch für die Herkunftsländer möglich, dann nämlich, wenn qualifizierte Arbeitskräfte nicht dauerhaft abwandern, sondern in einem anderen Land Erfahrungen sammeln und danach in ihr Heimatland zurückkehren. Vorausgesetzt sie bekommen eine Chance, ihr erworbenes Wissen erfolgreich einzusetzen. Eine solche zirkuläre Migration setzt auch voraus, dass die temporäre ebenso wie die dauerhafte Rückkehr von Migranten unterstützt wird – etwa durch Reintegrationsmaßnahmen oder eine Investitionsförderung. Dazu muss ein von Herkunfts- und Zielländern gemeinsam getragenes Migrationsmanagement entwickelt werden, das eine nachhaltige Entwicklung in den Herkunftsländern fördert. Die Verbindungen der Zuwanderer mit dem Herkunftsland spielen dabei eine besonders wichtige Rolle. Sie sollten vereinfacht werden, um sie gezielter für Investitionen im Herkunftsland zu nutzen.

Welche Chancen in dieser Strategie liegen, lassen die erstaunlich hohen Beträge an Rücküberweisungen der Diasporagemeinden in die Entwicklungsländer erahnen. Nach Erkenntnis der Weltbank haben sich die Geldflüsse, die von Zuwanderern in ihre Herkunftsländer geschickt wurden, innerhalb der vergangenen zehn Jahre verdoppelt. Im Jahr 2005 waren es 167 Milliarden US-Dollar, fast dreimal so viel wie das Budget der gesamten bilateralen und multilateralen staatlichen Entwicklungszusammenarbeit. Die Weltbank geht außerdem davon aus, dass weitere 300 Milliarden US-Dollar an den Banken vorbei transferiert werden.

Mit Rücküberweisungen in Länder außerhalb Europas liegt Spanien in der EU an erster Stelle, Deutschland auf dem vierten Platz hinter Großbritannien (Platz zwei) und Italien (Platz drei). Für viele Entwicklungs- und Schwellenländer sind die sogenannten »Remittances« die größte Einnahmequelle an ausländischen Devisen – noch vor dem Export und der Entwicklungszusammenarbeit. Länderstudien für die Philippinen, Guatemala und Mexiko haben gezeigt, dass Rücküberweisungen die Armut verringern und die Ausgaben für Bildung, Gesundheit und Investitionen erhöhen. Manches afrikanische Land stünde ohne regelmäßige Überweisungen seiner ausgewanderten Staatsangehörigen vor noch größeren ökonomischen Problemen. Millionen Auswanderer sichern den relativen Wohlstand ihrer Familienangehörigen.

Außerhalb Europas sind Nordafrika und Subsahara-Afrika die wichtigsten Empfängerregionen für Überweisungen aus der Europäischen Union. Es wird geschätzt, dass 13 Prozent des Bruttoinlandsprodukts Ghanas aus solchen Zuwendungen stammt. Was sie für Entwicklungsländer besonders interessant macht, ist ihre Kontinuität in Zeiten wirtschaftlicher Krisen.

Es gibt sogar antizyklische Effekte. Gerade dann, wenn es zu wirtschaftlichen Problemen kommt, senden die Auslandsgemeinden besonders viel Geld in ihre Herkunftsländer und stützen so den Binnenkonsum. Dennoch erfahre ich bei meinem Besuch im Frühjahr 2009 in Ghana im Gespräch mit Staatspräsident John Evans Atta Mills, dass zurückgehende Zurücküberweisungen die größte Sorge in der aktuellen Wirtschafts- und Finanzkrise seien.

Kurzum: Internationale Migration kann eine Triple-Win-Situation, also eine Situation mit dreifachem Nutzen sein. Erstens: Sie hilft den europäischen Aufnahmeländern, die Arbeitskräfte, Steuereinnahmen und Kaufkraft erhalten. Zweitens: Sie nutzt den Herkunftsländern, die von den Geldzahlungen der Diaspora profitieren. Und sie nutzt, drittens, den Migranten, die ihren Lebensstandard meist deutlich verbessern. Das gilt im Übrigen für reguläre Einwanderer ebenso wie für irreguläre. Sprechen wir es offen aus: Die Wirtschaft profitiert auch von Menschen, die sich ohne Rechtstitel im Land aufhalten. Häusliche Pflege in Deutschland stünde insbesondere bei der 24-Stunden-Betreuung de facto ohne das dreimonatlich rotierende Touristenvisa-System für osteuropäische Pflegekräfte vor dem Zusammenbruch. Auch wenn in einem Rechtsstaat solche rechtsfreien Räume nicht akzeptabel sind und kein Dauerzustand bleiben dürfen, ist dies eine Realität, die konkrete Antworten und Lösungen erwartet.

Ein ebenfalls beachtliches, noch längst nicht ausgeschöpftes Entwicklungspotenzial ruht an unseren Universitäten. So hat sich die Zahl der aus dem Ausland kommenden Studierenden in Deutschland in den vergangenen zehn Jahren fast verdoppelt, von 100 033 auf knapp 190 000 – Tendenz steigend. Von 1975 bis heute hat sich die Zahl der ausländischen Studierenden inklusive der in Deutschland aufgewachsenen »Bildungsinländer« von 46 000 auf 250 000 sogar mehr als verfünffacht. Die größte Gruppe bilden die Chinesen mit mehr als 27 000 Studierenden. Aber auch Afrika ist eine bedeutende Herkunftsregion für diese Form der Elitenmigration. Aus ganz Afrika studieren fast 23 000 Menschen in Deutschland. Viel spricht also dafür, künftig noch stärker darüber nachzudenken, wie man ihr Wissen und ihre Beziehungen ins Heimatland besser in die Entwicklungszusammenarbeit einbinden kann.

All dies zeigt: Der Reformdruck ist auf so manchem Feld der internationalen Migrationspolitik groß. Die Chancen auf Veränderungen stehen allerdings besser denn je. Nicht nur in Europa entwickelt sich ein zunehmendes Bewusstsein für die Fragen der Migration, sondern auch in den Ländern des Südens haben sich die Voraussetzungen für eine engere Zusammenarbeit deutlich verbessert. Afrika ist hierfür ein gutes Beispiel. So werden dort zurzeit immer mehr Voraussetzungen für eine verbesserte Kooperation mit Europa geschaffen. Die Gründung der African Union (AU), mit der die wenig effektive Organisation for African Unity (OAU) abgelöst wurde, stärkt die Rolle Afrikas als politischer Partner der EU. Mit der New Partnership for Africa's Development (NEPAD) haben die afrikanischen Länder zudem ein wirkungsvolles Instrument zur Umsetzung ihrer selbst gesetzten Ziele geschaffen – Frieden und Sicherheit, Demokratie, Rechtsstaatlichkeit und gute Regierungsführung, regionale Kooperation und Integration in die Weltwirtschaft.

Die Durchführung des African Peer Review Mechanism (APRM) im Rahmen von NEPAD ist ein deutliches Zeichen, dass die afrikanische Staatengemeinschaft ernsthaft an der Verbesserung ihrer Selbstorganisation arbeitet. In wenigen Jahren haben sich 25 afrikanische Staaten – sie repräsentieren immerhin drei Viertel der afrikanischen Bevölkerung – zur Teilnahme am APRM verpflichtet. Im APRM wird eine Selbstbewertung nach festgelegten Kriterien mit einer Fremdbewertung durch das unabhängige APRM-Sekretariat kombiniert. Welches europäische Land wäre bereit, sich hinsichtlich seiner Regierungsführung und sozioökonomischen Entwicklung einer kritischen Bewertung durch eine unabhängige europäische Instanz zu unterziehen?

Beim Afrika-Forum des Bundespräsidenten am 3. November 2008 in Kloster Eberbach war für jeden Teilnehmer spürbar, dass es eine neue Generation von demokratisch gewählten afrikanischen Führern gibt. Alles deutet darauf hin, dass sie es ernst meinen mit dem Aufbau von Demokratie, Rechtsstaatlichkeit, funktionierender Verwaltung und Infrastruktur. Diese afrikanischen Führer wollen ihre Länder aus der Abwärtsspirale von Armut und Perspektivlosigkeit herausführen. Sie reklamieren dafür allerdings eine effektivere Unterstützung durch die Europäische Union.

In der EU, auch dies hat die jüngste Entwicklung gezeigt, wächst die Bereitschaft, diese Leistung zu erbringen. Besonders Bundeskanzlerin Angela Merkel hat sich dafür während der deutschen Ratspräsidentschaft eingesetzt. Dabei geht es nicht um eine Kolonialisierung in neuem Gewand, der China mit seinem Griff nach Bodenschätzen und Märkten in Afrika mancherorts beängstigend nahekommt, sondern um die Intensivierung partnerschaftlicher Beziehungen und nicht zuletzt auch um ein neues Verständnis von Migration.

Viele gute Gründe sprechen also für einen Neuansatz in der Zusammenarbeit mit den Herkunftsländern. Dieser lässt sich zugespitzt auf eine einfache Formel bringen: Entwicklung durch Migration. Frankreich hat es vorgemacht. Dort gibt es seit 2005 ein »Ministerium für Immigration, Integration, nationale Identität und solidarische Entwicklung«, dessen erster Minister Brice Hortefeux, mein ehemaliger Kollege aus dem Europäischen Parlament, war. Unter seinem Nachfolger, Eric Besson, ist diese Struktur beibehalten worden, die die Fragen der Migration und Integration mit der klassischen Entwicklungszusammenarbeit verbindet. Auch wir in Nordrhein-Westfalen haben seit 2005 Integration und Entwicklungspolitik in einem Ministerium gebündelt. Die Themen Migration und Entwicklung spielen eine wichtige Rolle im aktuellen entwicklungspolitischen Diskurs und werden auch von der Gesellschaft für Technische Zusammenarbeit (GTZ) aktiv vorangetrieben. Es ist eine sinnvolle Kombination zweier Politikfelder, die in Zukunft immer mehr zusammengedacht werden müssen. Oft wird beklagt, die Entwicklungspolitik habe wenig Verbindung zu innenpolitischen Themen, was dazu führe, dass sie auf wenig Zustimmung in der Bevölkerung stößt. Und genau hier könnte man ansetzen – die globale Migrationsbewegung ist nicht außerhalb des Kontextes der Entwicklungspolitik zu denken. Und die in unserem Land lebenden Migranten, die sich oft in Diasporagemeinden organisieren, sind nicht nur Partner in der Integrationspolitik, sondern auch wichtige Akteure in der Entwicklungszusammenarbeit.

Ein stärkerer Blick auf die globale Migrationsbewegung ist auch aus einem ganz anderen Grund notwendig. Schauen wir zuerst nach Deutschland: Dass wir eine schrumpfende und alternde Gesellschaft sind, ist mittlerweile Gemeingut. Und auch die Erkenntnis, dass Deutschland ein Einwanderungsland ist, hat sich weitestgehend durchgesetzt; ironischerweise zu einem Zeitpunkt, zu dem kaum mehr Zuwanderung stattfindet. Schon seit Jahren sind die Zahlen rückläufig. Die Zahlen des Statistischen Bundesamtes von Juli 2009 sprechen eine klare Sprache: Erstmals seit dem Krieg hatte die Bundesrepublik im Jahr 2008 eine negative Wanderungsbilanz. Es sind also mehr Menschen aus Deutschland abgewandert (738 000) als zugewandert (682 000). Im Klartext – Deutschland ist ein Auswanderungsland! Und wir haben nicht nur quantitativ eine negative Wanderungsbilanz, sondern zudem qualitativ eine negative Qualifikationsbilanz. Das heißt, diejenigen, die nach Deutschland kommen – bis auf wenige Ausnahmen – sind niedrig qualifiziert. Unsere Auswanderer hingegen sind hochqualifizierte Ärzte, Wissenschaftler und Facharbeiter, die in den USA, skandinavischen Ländern oder in den Golf-Staaten bessere Bedingungen finden und besser bezahlt werden. Im Übrigen sind unter ihnen zunehmend junge Menschen mit Zuwanderungsgeschichte, die Deutschland den Rücken kehren und in die Heimat ihrer Eltern – zum Beispiel in die Türkei – auswandern. Dort können sie ihre gute Ausbildung und ihre interkulturelle Kompetenz einsetzen und machen schnell Karriere. Der CICERO-Herausgeber Wolfram Weimer spricht in diesem Zusammenhang sogar vom »Exodus des gebildeten Mittelstands« und Klaus Bade nennt die Auswanderung »Volksabstimmung mit den Füßen«. Der Blick in die Statistik lässt nur einen Schluss zu: Es fehlt an Zuwanderern, vor allem an Hochqualifizierten. Bundesweit erhielten 2008 lediglich 473 Hochqualifizierte eine Niederlassungserlaubnis nach § 19 des Aufenthaltsgesetzes. Ist das schon erschreckend wenig, kommt man vollends ins Nachdenken, wenn man weiß, dass von diesen 473 Personen nur 106 tatsächlich zugewandert sind; der allergrößte Teil lebte bereits in Deutschland. Mit 106 neu zugewanderten Fachkräften pro Jahr aber lässt sich der Mangel an Ingenieuren und anderen hoch qualifizierten Berufen schwerlich ausgleichen.

Umso bedauerlicher ist daher, dass uns der Beschluss der Bundesregierung aus dem Juli 2008, mit dem die Beschränkungen für die Zuwanderung der Hochqualifizierten sinken, kaum weiterbringt. Trotz der Absenkung der Mindesteinkommensgrenzen für Zuwanderer von 86 400 Euro auf 64 800 Euro in den alten Bundesländern ist dies immer noch eine sehr hohe Hürde für einen talentierten Hochschulabsolventen. Wir brauchen aber substanzielle Zugangserleichterungen und echte Anreize für qualifizierte Zuwanderer. Andernfalls bleibt es bei der traurigen Realität, dass der immer wieder geforderte Wettbewerb um die besten Köpfe weiter unter Ausschluss Deutschlands geführt wird. Niemand kann darüber hinwegsehen, dass das geltende Zuwanderungsrecht eher abschreckt, als dass es Menschen einlädt, nach Deutschland zu kommen. Dringend braucht unser Land eine grundsätzliche Neuorientierung in der Zuwanderungspolitik. Dies gilt in Zeiten der globalen Wirtschaftskrise mehr denn je. So wie wirtschaftspolitisch gerade antizyklisch gehandelt wird, muss im Blick auf den Zugang von dringend benötigten hoch qualifizierten Kräften zum Arbeitsmarkt ebenfalls antizyklisch gedacht und gehandelt werden. Wir dürfen unsere Arbeitsmärkte nicht abschotten, wenn wir den nach der Krise so dringend benötigten Aufschwung nicht gefährden wollen. Aber auch das Potenzial derer, die bereits in Deutschland leben, muss besser genutzt werden.

Die bessere Anerkennung ausländischer Abschlüsse ermöglicht Aufstieg. Rund 2,8 Millionen Zuwanderer sind mit einem Berufsabschluss nach Deutschland gekommen, ca. 800 000 von ihnen sind Akademiker. Das ist ein enormes Potenzial, das größtenteils brachliegt, da die Abschlüsse oft nicht anerkannt werden. Promovierte Ärztin als Putzfrau oder Kernphysiker als Taxifahrer sind leider allzu oft bittere Realität in Deutschland. Wir brauchen möglichst schnell ein bundesweites Anerkennungsgesetz, das jedem Zugewanderten einen Rechtsanspruch auf ein Anerkennungsverfahren und Bewertung von im Ausland erworbenen beruflichen und akademischen Abschlüsse einräumt und Weiterbildungsmaßnahmen und Anpassungsqualifizierungen, die zu einer Voll- oder Teilanerkennung führen, vorsieht. Im Übrigen dürfen wir in Zeiten des demografischen Wandels, der schon mittelfristig zu einem dramatischen Fachkräftebedarf führen wird, auch die Gruppe von Flüchtlingen und Asylbewerbern nicht ausblenden. Viele von ihnen kommen ebenfalls mit Berufsabschlüssen nach Deutschland. Insbesondere bei den stark nachgefragten Qualifikationen soll das durch die aufenthaltsrechtlichen Einschränkungen brachliegende berufliche Potenzial besser genutzt werden. Dazu bedarf es aber zunächst einer systematischen Erfassung von Qualifikationen bei dieser Zielgruppe, die bis heute nicht als ein potenzieller Gewinn für die Gesellschaft gesehen wird. Potenziale, die deshalb bislang erst gar nicht ermittelt werden. Die Anerkennung beruflicher Abschlüsse darf nicht nach Aufenthaltstitel, sondern muss nach Qualität erfolgen.

Vielleicht sollten wir uns fragen, ob es nicht an der Zeit ist, das von der Unabhängigen Kommission Zuwanderung (»Süssmuth-Kommission«) 2001 entwickelte »Punktesystem« wiederzubeleben. Zur Jahrtausendwende war ein solches System politisch noch nicht mehrheitsfähig. In dieser Hinsicht kam der Vorschlag wohl ein Jahrzehnt zu früh. Heute hingegen scheint es möglich, über eine kluge Steuerung der Zuwanderung neu nachzudenken, weil sich Deutschland in den vergangenen Jahren integrationspolitisch gleichsam neu erfunden hat.

Der Sachverständigenrat deutscher Stiftungen für Integration und Migration hat im Mai 2009 ein »flexibles und transparentes Steuerungssystem für qualifizierte Zuwanderung« gefordert. Eines, das in der Lage sein muss, »langfristig entsprechende Zuwanderer für Deutschland zu gewinnen und zugleich kurz- bis mittelfristig auf Arbeitskräfteengpässe in bestimmten Sektoren und Berufsbereichen zu reagieren«. Auch der Sachverständigenrat greift das kriteriengestützte Punktesystem auf, das mit einer arbeitsmarktorientierten Engpassdiagnose kombiniert werden soll. Er schlägt vor, mit dem Punktesystem Zuwanderer nach Kriterien wie berufliche Qualifikation, Sprachkenntnisse oder Alter auszuwählen. Dies würde langfristig zu einer »Sicherung des Qualifikationsniveaus der Erwerbsbevölkerung in Deutschland beitragen und die mit der Abwanderung einhergehenden Verluste an qualifizierten Arbeitskräften kompensieren«. Darüber hinaus sollen Engpässe in bestimmten Segmenten des Arbeitsmarktes schnell ausgeglichen werden können. Hier schlägt der Sachverständigenrat vor, »mithilfe einer indikatorengestützten Engpassdiagnose streng am Bedarf am Arbeitsmarkt orientiert ausländische Fachkräfte mehr oder minder befristet in jeweils festzulegenden Jahreskontingenten« zuzulassen. Eine solche Forderung wäre noch vor wenigen Jahren politisch nicht durchsetzbar gewesen. Inzwischen ist sie bei Arbeitgeberverbänden wie Gewerkschaften, Wissenschaftlern und Praktikern Konsens.

Und dennoch: Noch so gute Absichten und Regelungen bleiben wirkungslos, wenn unser Land nicht attraktiver wird für die besten Köpfe aus dem Ausland. Die bereits erwähnte »kollektive Körpersprache« muss eine Willkommenskultur ausstrahlen. Wir brauchen gezielte und aktive Anwerbung qualifizierter Zuwanderer über deutsche Auslandsvertretungen, Industrie- und Handelskammer, Goethe-Institute, und Repräsentanzen deutscher Unternehmen im Ausland. Das komplizierte und unübersichtliche Regelwerk für qualifizierte Zuwanderung nach Deutschland ist selbst für Fachleute schwer verständlich. Die Regeln müssen so verfasst sein, dass sie auch für Nicht-Juristen verständlich sind und die besten Köpfe durch aktive Werbung im Ausland eine Einladung und das Signal des Willkommens empfangen.

Auch wenn wir unsere Einwanderer nicht wie im Hebräischen »Aufsteiger« nennen können, so könnten wir doch, indem wir um die besten Köpfe werben, deutlich machen, dass Deutschland auf dem Weg zur Aufsteigerrepublik ist, in der jeder eine Chance hat.

Wenn Nachbarn Sie zu einem »gemeinsamen Essen« einladen, reagieren Sie dann mit Argwohn? Oder bei einer Einladung eines Bekannten zu einer »gemeinsamen Wanderung«? Befürchten Sie in solchen Situationen, dass der Einladende ausschließlich seine eigenen Interessen im Blick hat und Sie auf jeden Fall übervorteilen will? Die Allermeisten würden sich auf einen Abend mit Freunden oder einen Ausflug freuen. Warum reagieren dann Teile der Öffentlichkeit reserviert auf die Einladung, eine »Gemeinsame Leitkultur« zu entwickeln?

Ich bin ein Anhänger, ein Verfechter und ein Werbender in Sachen »Gemeinsame Leitkultur« in Deutschland. In einer Gemeinsamen Leitkultur liegt eine zentrale Zukunftschance unserer Gesellschaft. Es würde das Miteinander in unserer Gesellschaft, die vielfältig und bunt geworden ist, um ein Vielfaches leichter machen.

Seit 60 Jahren bildet das Grundgesetz den verfassungsmäßigen Rahmen des Zusammenlebens in Deutschland. Unser Grundgesetz hat sich als »Magna Charta« wie kein anderes Verfassungsdokument in Deutschland zuvor bewährt und wird auch in der Zukunft die tragfähige Grundlage für Demokratie und Rechtsstaatlichkeit sein. Es verbürgt die Menschen- und Bürgerrechte – als Konsequenz aus den Erfahrungen des nationalsozialistischen Unrechtsstaates sind vor allem der Schutz der Menschenwürde, aber auch die Strukturprinzipien des Staates (Republik, Demokratie, Bundesstaat, Rechtsstaat und Sozialstaat) mit einer sogenannten »Ewigkeitsgarantie« für immer einer möglichen Verfassungsänderung entzogen.

Zugleich lässt das Grundgesetz aber auch Gestaltungsraum für die Anpassung der bestehenden Regelungen an neue politische, rechtliche und kulturelle Entwicklungen. Deshalb müssen wir uns über die konkrete Ausgestaltung der Bestimmungen des Grundgesetzes ebenso immer wieder neu verständigen wie über die Werte und Normen, die unser Zusammenleben in Deutschland prägen und regeln sollen. Gemeinsame Leitkultur ist deshalb nichts Statisches, sondern ein Prozess. Er hat bereits begonnen und wird anhalten.

Der Blick auf 60 Jahre Bundesrepublik Deutschland zeigt: Unser Land hat sich kulturell, ethnisch und religiös verändert, ist vielfältiger und bunter geworden. Weil wir in der Vergangenheit millionenfache Zuwanderung ermöglicht und erlebt haben, sind wir auch in besonderem Maße verpflichtet, uns den daraus resultierenden Fragen zu stellen: Wie wollen wir künftig leben? Was sind unsere Werte? Nach welchen Regeln soll das Zusammenleben funktionieren, wenn jeder fünfte von uns über eine Zuwanderungsgeschichte verfügt? Eine gesamtgesellschaftliche Debatte über diese Fragen, die alle einbezieht – diejenigen von uns, die schon lange hier leben, und diejenigen, die hinzugekommen sind –, das ist es, was ich unter der Suche nach einer Gemeinsamen Leitkultur verstehe. Ich sehe keinen Grund, warum man der Einladung zu einem solchen Gespräch unter Nachbarn mit Misstrauen und Skepsis begegnen sollte.

Dass eine Gesellschaft über ihre Gemeinsame Leitkultur diskutiert und am Ende gemeinsam zu verbindlichen und verbindenden Ergebnissen gelangt, ist auch bei uns in Deutschland nicht die Ausnahme, sondern eher die Regel. Die zweite Demokratie in Deutschland, die Bundesrepublik Deutschland, kennt mehrere geglückte Beispiele für die Fähigkeit einer Gesellschaft, immer wieder neu gemeinsame Selbstverständigungsprozesse herbeizuführen, zu überstehen – und auch daran zu wachsen.

Anhand eines Beispiels möchte ich deutlich machen, dass es in unserem Land bereits solche erfolgreichen Aushandlungsprozesse über die Leitkultur gegeben hat. Deren Ergebnisse zählen wir heute uneingeschränkt zu den politischen Grundüberzeugungen, zum »Inventar« unserer Republik. Dabei wird leicht übersehen, dass sie in früheren Zeiten kaum erkennbar vertreten wurden und gewiss nicht den gesellschaftlichen Mainstream bildeten.

Das Beispiel entstammt der deutschen Erinnerungskultur

an die Verbrechen des Nationalsozialismus. Bereits 1946 setzte der Regisseur Wolfgang Staudte die Aussage »Die Mörder sind unter uns« in Szene. Sein Film, der sich mit Schuld, Verantwortung und Sühne für die Taten des Nationalsozialismus im Holocaust beschäftigte, blieb dem breiten Publikum in Westdeutschland 25 Jahre lang verborgen: Erst 1971 war er im Fernsehen zu sehen. Die DDR warf sich von Beginn an in die bigotte Pose des staatstragenden Antifaschismus und erlaubte es sich, die Notwendigkeit, die Verantwortung für die Verbrechen des Nationalsozialismus aufzuarbeiten, rundweg zu verleugnen. Aber auch in der Bundesrepublik dauerte es lange, bis es von der »Unfähigkeit zu trauern« (Alexander und Margarete Mitscherlich, 1967) zur öffentlichen Wahrnehmung von Verbrechen und zur Kultur der »Vergangenheitsbewältigung« kam.

Im Rückblick wird deutlich: Die vorherrschende Auffassung der fünfziger Jahre trennt Welten vom gesellschaftlichen Konsens der achtziger und neunziger Jahre. Mit anderen Worten: In den dazwischenliegenden Jahrzehnten hat sich die Leitkultur in Deutschland verändert. Während in den fünfziger Jahren – ungeachtet mancher Ausnahmen, die es auch gab – eine Kultur des Beschweigens der Vergangenheit vorherrschte, praktizierte die älter gewordene Bundesrepublik eine andere Sicht auf die nationalsozialistische Vergangenheit. Die Rede von Bundespräsident Richard von Weizsäcker zum vierzigsten Jahrestag des Kriegsendes am 8. Mai 1985 bildete in gewisser Weise einen Wendepunkt und trug zu einem geänderten Geschichtsbild bei, das nun von Gesellschaft, Staat und Politik getragen wurde. Es war – und ist bis heute – ein antitotalitärer Konsens, der nach der deutschen Einheit 1989/1990 erneuert und bekräftigt wurde und hinter den in Deutschland niemand mehr zurückfallen kann, ohne auf heftige öffentliche Gegenwehr zu stoßen.

Zwischen den fünfziger und den achtziger Jahren vollzog sich ein bis heute und bis weit in die Zukunft tragender Wandel der Leitkultur in Deutschland. Ein Wandel, der sich übrigens auch international vollzogen hat. Spätestens seit der internationalen Holocaust-Konferenz in Stockholm im Jahr 2000 ist die Erinnerung an den Holocaust und die daraus resultierende Verantwortung für Gegenwart und Zukunft zugleich auch eine Verantwortung der Weltgemeinschaft. Ein Zeichen hierfür setzt der 27. Januar: Er ist sowohl deutscher »Tag des Gedenkens an die Opfer des Nationalsozialismus« als auch internationaler Holocaust-Gedenktag. In Deutschland wurde er 1996 auf Initiative des damaligen Bundespräsidenten Roman Herzog eingeführt; neun Jahre später beschlossen die Vereinten Nationen die globale Verankerung dieses Gedenkens. Der damals amtierende UN-Generalsekretär Kofi Annan nannte den Gedenktag »eine wichtige Mahnung an die universelle Lektion des Holocaust«.

Warum dieser Hinweis auf diesen Teil der Erinnerungs- und Verantwortungskultur in Deutschland und in der Welt? Die deutsche und die internationale Erinnerung an die Verbrechen der Naziherrschaft ist nichts, was es immer schon gab und unausweichlich immer geben wird. Der gesellschaftliche Konsens, der nach dem Ende des Zweiten Weltkriegs in Deutschland vorherrschte, war nicht ewig, sondern hat sich verändert. Auch dieses Stück Leitkultur ist – wie alle anderen Bestandteile des kulturellen und normativen Konsenses der deutschen Gesellschaft – von Menschen gemacht. Alle haben daran mit formuliert, gerungen und gestritten: Kulturschaffende und Politiker, Intellektuelle und »Normal-Bürger«, über mehrere Generationen hinweg und unter sich wandelnden Zeitumständen. Die deutsche Gesellschaft war Zeuge und Motor einer dynamischen und verantwortlichen Leitkultur im besten Sinne.

Roman Herzog, Bundespräsident von 1994 bis 1999, hat im Proklamationstext für den »Tag des Gedenkens an die Opfer des Nationalsozialismus« gemahnt: »Die Erinnerung darf nicht enden; sie muss auch künftige Generationen zur Wachsamkeit mahnen.« Aber welche Folgen hat es, wenn die künftigen Generationen zu einem Drittel oder gar zur Hälfte aus Zuwandererfamilien stammen, deren Eltern und Großeltern ganz gewiss nicht an Gräueltaten der Deutschen beteiligt gewesen sind oder sich durch Wegschauen schuldig gemacht haben? Am siebzigsten Jahrestag der »Reichsprogromnacht« habe ich in einem Beitrag für die *Frankfurter Allgemeine Zeitung* gefragt, ob die Erinnerung an die Verbrechen der Nationalsozialisten, die für uns Deutsche ein Teil unserer Identität ist, auch für Kinder aus Zuwandererfamilien Bedeutung haben muss. Ich habe im November 2008 geschrieben: »Wir müssen das Erbe, das unsere Geschichte bedeutet, immer wieder neu annehmen. Und zwar nicht, um Ritualen Genüge zu tun, sondern um unsere Werte zu bewahren und unserer Verantwortung gerecht zu werden. Aber was bedeutet ›wir‹? ›Wir‹ bedeutet zunächst, dass auch wir später geborenen Deutschen uns zu unserer Geschichte bekennen und zu der Verantwortung, die sie uns auferlegt (...) Aber gilt das auch für Zuwanderer?«

Ja, das gilt auch für sie. In diesem Fall darf es nie dazu kommen, dass am Ende eines gemeinsamen Diskussionsprozesses als Ergebnis steht: »Aus der deutschen Geschichte brauchen wir keine Lehren zu ziehen.« Das gilt speziell auch für die Verantwortung gegenüber den Juden und dem Staat Israel. Umfragen des Bundesinnenministeriums und der Amadeu Antonio Stiftung von 2009 haben gezeigt, dass Jugendliche mit Zuwanderungsgeschichte in einer beunruhigenden Größenordnung zu antisemitischen und antizionistischen Auffassungen tendieren, darunter besonders viele muslimische Jugendliche. Bei einer Untersuchung des Bundesinnenministeriums stimmten 15,7 Prozent der befragten jungen Muslime der Behauptung zu, Juden seien »überheblich und geldgierig«. Die Zustimmung zu diesem dummen Vorurteil war damit doppelt so hoch wie bei anderen Einwanderer-Jugendlichen und fast dreimal so hoch wie in der Altersgruppe junger Deutscher, die keine Zuwanderungsgeschichte haben.

Das hat bei arabischstämmigen Jugendlichen zum Teil mit einer vermeintlichen Solidarität mit den Palästinensern im Nahostkonflikt zu tun und wohl auch mit der Berichterstattung in manchen arabischen Medien, die in Deutschland zugänglich sind. Zu entschuldigen ist es dennoch nicht. Wohin das führen kann, konnten wir in Düsseldorf erleben, wo im Jahr 2000 arabischstämmige Jugendliche einen Anschlag auf die Synagoge verübten. Die ganze Republik ging im sogenannten »Aufstand der Anständigen« mit Kerzen gegen Rechtsradikale auf die Straße; erst später musste man feststellen – der Aufschrei fiel allerdings wesentlich leiser aus –, dass muslimische Jugendliche die Täter waren.

Es steht völlig außer Frage, dass wir solchen Entwicklungen entschlossen entgegentreten müssen. Wir müssen alles dafür tun, dass alle deutschen Jugendlichen – mit und ohne Zuwanderungsgeschichte – ihre besondere Verantwortung für Israel und das jüdische Volk anerkennen. So wie ich, geboren 1961, schon faktisch keine persönliche Schuld am Holocaust habe, trage ich dennoch die besondere Verantwortung als Deutscher im Kampf gegen jede Form von Antisemitismus und Rassismus. Jedes Kind, dessen Eltern oder Großeltern einmal zugewandert sind und das nach dem neuen Staatsbürgerrecht mit der Geburt die deutsche Staatsbürgerschaft erhält, muss wissen, dass es Deutscher oder Deutsche und eben nicht Amerikaner, Brite oder Franzose ist. Deutschland ist nicht nur Goethe und Beckenbauer, sondern auch Auschwitz und Majdanek. Dazu braucht es eine besondere Pädagogik, die diesen Kindern Empathie für die Opfer des Holocaust ermöglicht. Warum soll man nicht jungen türkeistämmigen Kindern und Jugendlichen vermitteln, dass es gerade die junge türkische Republik unter Atatürk war, die tausenden Verfolgten in der Nazizeit Asyl gewährte?

Diese Vermittlung kann auch durch Begegnung mit Jugendlichen aus Israel gefördert werden. Es kann spannend sein, wenn sich junge Israelis (fast alle von ihnen ja auch mit Zuwanderungsgeschichte!) und junge türkeistämmige Jugendliche die jeweilige Geschichte ihrer Großeltern erzählen. In Nordrhein-Westfalen haben wir deshalb den Jugendaustausch mit Israel wiederbelebt, der in den vorangegangenen Jahren fast zum Erliegen gekommen war. Die außenpolitische Staatsräson, stets für das Existenzrecht Israels einzutreten, ist in einer veränderten Gesellschaft des Jahres 2024, am 75. Geburtstag der Bundesrepublik Deutschland, nur sicherzustellen, wenn sie sich aus einer gemeinsamen Leitkultur auch der Kinder mit Zuwanderungsgeschichte speist.

Die Erinnerungskultur – und damit auch unsere Leitkultur – muss auf die Veränderungen der Gesellschaft immer wieder reagieren. Unsere Gemeinsame Leitkultur steht schon heute in enger Wechselwirkung mit der Einwanderungsgesellschaft. Ich bin mir sicher: Im Jahr 2024 wird es eine weiterentwickelte gemeinsame Leitkultur im Einwanderungsland Deutschland geben – mit neuen Akzentsetzungen und Nuancierungen, aber auch mit starken Tradierungen und Kontinuitäten. Auf dem Weg dorthin wird es im Detail auch immer wieder zu Problemen, Diskussionen und politischen Zwistigkeiten kommen, aber es wird ein gemeinsamer Weg sein; ein Zurückfallen hinter die Kultur des Miteinanders wird es dann nicht mehr geben.

Die deutsche Leitkultur-Debatte hat im Jahr 2009 schon ihr zehnjähriges »Jubiläum« hinter sich. Was durch den Islam- und Nahostexperten Bassam Tibi 1998 als »europäische Leitkultur« in die Diskussion um einen Wertekonsens eingebracht wurde, entwickelte sich unter dem Titel »deutsche Leitkultur« zu einem Gegenstand hitziger Debatten, zu einer zeitweise wüsten politischen und publizistischen Rauferei. Zuspitzungen und Unterstellungen sowie ein großes Maß an Emotionalität und Unsachlichkeit führten dazu, dass der Initiator selbst von einer »missglückten deutschen Debatte« sprach.

Norbert Lammert, Bundestagspräsident aus dem Ruhrgebiet, war einer von denen, die – wie es seine Art ist – höchst sachlich und mit einem echten Interesse an den inhaltlichen Kernen der Leitkultur-Debatte neue Impulse für eine geordnete und zielführende Diskussion gab. In einem Interview mit dem *Deutschlandfunk* sagte der CDU-Politiker im Oktober 2005: »Zu den Auffälligkeiten gehört ja, dass diese Debatte sehr schnell an der mangelnden Einigungsfähigkeit über den Begriff gescheitert, jedenfalls zu Ende gegangen ist und dass die Frage, ob über das, worum es in der Sache geht, nicht ein beachtliches Maß an Übereinstimmung vorhanden oder jedenfalls zu erzielen ist, gar nicht mehr weiter nachgedacht worden ist. Dass jedenfalls jede Gesellschaft ein Mindestbestand an gemeinsamen Überzeugungen und Orientierungen braucht, ohne die auch ihre Regeln und ihre gesetzlichen Rahmenbedingungen auf Dauer gar nicht funktionieren können, gehört eigentlich zu den Binsenweisheiten, zu denen der Streit kaum lohnt.«

Im Dezember 2007 fand der Begriff der »Leitkultur« Eingang in das neue Grundsatzprogramm der CDU – mit einer bedeutenden Modifikation. Die Union spricht nun von »Leitkultur in Deutschland«. Aus der nach Friedrich Nietzsche niemals aussterbenden Frage »Was ist deutsch?« wurde im Grundsatzprogramm nunmehr eine territoriale Zuordnung: Deutschland als Staatsgebiet, das Land, in dem die Menschen leben, soll der Geltungsbereich der gemeinsamen Leitkultur sein.

Mir liegt daran, den einladenden Charakter einer Gemeinsamen Leitkultur in Deutschland hervorzuheben. Auch diejenigen, die in den letzten Jahren neue Staatsbürger Deutschlands geworden sind – das sind über eine Million Menschen – haben dabei ein Wort mitzureden. Heute verfügt mehr als ein Viertel der Bürger der Bundesrepublik über eine Zuwanderungsgeschichte – wer wollte mit welchem Recht diesen Teil der Bevölkerung bei der Gestaltung der Zukunft ausschließen?

Der Weg zu einer Gemeinsamen Leitkultur führt über eine breite gesellschaftliche Debatte, in der wir uns auf Prinzipien verständigen, die über das Grundgesetz hinaus Identität schaffen. Das heißt nicht, dass wir mit Islamisten über unsere Grundrechte verhandeln. Wer die Gleichheit der Frau oder die Trennung von Staat und Religion ablehnt und wer seine Ziele mit Gewalt erreichen will, dem muss auch eine offene Gesellschaft in aller Entschiedenheit klare Grenzen setzen. Aber eine Gemeinsame Leitkultur muss auch gemeinsam erarbeitet werden, damit sie auf Akzeptanz stößt.

Wir müssen mehr Verständnis und Anerkennung für Menschen mit Zuwanderungsgeschichte zeigen – und sie müssen sich ihrerseits um Integration in die deutsche Gesellschaft bemühen. Es geht um eine Bewegung aufeinander zu – nicht um die Unterwerfung der einen unter die Lebensform der anderen, und auch nicht um die Selbstaufgabe der einen zugunsten der anderen. Offenheit und die Suche nach Gemeinsamkeiten sind von allen gefordert.

Auch die Zuwanderer können Werte zu einer gemeinsamen Leitkultur beitragen. Gastfreundlichkeit und Kinderfreundlichkeit, das harmonische Zusammenleben der Generationen und der Respekt vor älteren Menschen sind Werte, die fest in der Lebenswelt vieler Zuwanderer verankert sind, von unserer Gesellschaft aber wieder neu entdeckt werden müssen. So käme wohl kein Zuwanderer auf die Idee, dass Kinder, die älter als 25 Jahre sind, nicht mehr für ihre Eltern verantwortlich sind (wie es bei der Reform des Hartz-IV-Gesetzes ernsthaft diskutiert wurde). Auch zeigen Zuwanderer großen Respekt vor der Religion – ein Wert, der bei uns verloren zu gehen droht. Unter dem weitreichenden Schutz der Meinungs- und der Kunstfreiheit werden immer wieder Dinge veröffentlicht, die von gläubigen Christen als beleidigend und verletzend empfunden werden. Wir brauchen keine neuen Gesetze, aber etwas mehr Respekt vor den religiösen Empfindungen würde ich mir in unserer Gesellschaft wünschen.

Gemeinsam müssen wir also diese Zukunft gestalten. Anfänge sind an zahlreichen Orten und Institutionen gemacht: In den Kommunen wird in Integrationskonferenzen und -ausschüssen diskutiert, in Stiftungen und Akademien, in den Gewerkschaften, Verbänden und Kirchen über das neue Miteinander gesprochen. In zahlreichen Bürgerversammlungen, die sich oftmals an einem konkreten Moscheebau-Projekt kristallisieren, diskutieren die Menschen über das gemeinsame Auskommen und das Zusammenleben in der Gesellschaft. Zu Beginn geht es häufig um Parkplätze oder das Verkehrsaufkommen; im Laufe des Gesprächs aber kommen dann die wirklich wichtigen Fragen auf den Tisch: Wie lebt ihr? Wie leben wir? Welche Werte teilen wir, und wie können wir gut miteinander auskommen? Auf diese Weise ist in Duisburg-Marxloh aus einem Moscheebau-Vorhaben ein Ort der Begegnung geworden.

Neben »Geschichte« ist auch »Sprache« ein zentraler Begriff, der im Zusammenhang mit der Diskussion über Leitkultur sofort genannt wird. Als Aachener Bürger habe ich es nicht weit über die Grenze nach Belgien. Da kann man entdecken, dass eine der Sprachen in Belgien Deutsch ist. Die deutsche Minderheit im früheren Eupen-Malmedy in der Deutschsprachigen Gemeinschaft gehört zu den gut geschützten nationalen Minderheiten in Europa, und natürlich ist es ihr Recht, Deutsch zu sprechen. Doch genauso selbstverständlich ist es für diese Deutsch-Belgier, auch Französisch und Niederländisch zu sprechen. Sich als Deutsch-Belgier alleine auf Deutsch zu konzentrieren, hieße, die eigenen Lebensperspektiven stark zu beschränken. Trotz der sehr starken belgischen Regionalismen – man muss die Sprachen des Landes beherrschen.

Wie verhält es sich bei uns in Deutschland? Auch hier leben Menschen, die mit mehr als einer Sprache aufwachsen: Manche sprechen neben Deutsch auch noch Dänisch, Friesisch oder Sorbisch. In den vergangenen Jahrzehnten ist in unserem Land zudem die Zahl derer gestiegen, die mit Spanisch, Italienisch, Türkisch, Englisch, Japanisch, Kurdisch oder Russisch aufwachsen. Wir leben in einer Welt mit vielen Sprachen, von denen die meisten auch bei uns gesprochen werden. Gewiss, die Vielsprachigkeit eines Landes ist ein kultureller Reichtum. Doch klar ist auch: Die Sprache, die jeder in Deutschland können muss, will er nicht die eigene Zukunft und die seiner Kinder sabotieren, ist Deutsch.

Die Mehrsprachigkeit des Einzelnen ist eine besondere Qualifikation, die im Erwerbsleben zunehmend an Bedeutung gewinnt. Manch einer sorgt sich bereits frühzeitig um den Spracherwerb des Nachwuchses. Die Folge: Private bilinguale Kindertagesstätten, in denen schon die Kleinsten Englisch oder Chinesisch lernen, schießen wie Pilze aus dem Boden. In den Grundschulen wird verstärkt Wert auf das frühe Erlernen von Sprachen gelegt. Diese und andere Anstrengungen zum Spracherwerb sind gewiss wichtig, doch zentral muss sein, dass alle Kinder bis zur Einschulung die deutsche Sprache gut beherrschen. Wer früh bereits Türkisch, Kroatisch oder Englisch spricht, der glänzt in der »Kür« der Mehrsprachigkeit. Für den gemeinsamen Erfolg aller Menschen in diesem Land ist es jedoch »Pflicht«, Deutsch zu lernen.

Was ich hier über die deutsche Sprache schreibe, ist eigentlich eine Selbstverständlichkeit. Es geht um die Chancen in einer offenen Gesellschaft, um das gelingende Zusammenleben auf der Grundlage gemeinsamer Werte und einer verbindenden Sprache, und es geht um die Möglichkeit zum Aufstieg für alle.

Epilog

Dieses Buch nahm seinen Ausgang in Duisburg: im Zeichen der Goldenen Leiter aus dem Jakobstraum, einem Symbol für die Kraft der Verheißung und für die Möglichkeiten, die in jedem Einzelnen liegen. In der unübersichtlich gewordenen Welt haben wir uns angewöhnt, Verheißungen zu misstrauen und Visionen zu belächeln – zumindest dann, wenn wir den Raum des Politischen betreten.

Natürlich ist es richtig, dass sich verantwortungsbewusste Politik nicht den Realitäten des Alltags entziehen darf, um sich in rhetorische Traumwelten zu flüchten. Aber genauso richtig ist, dass politische Führung, die andere überzeugen und mitnehmen will, eine klare Antwort auf die Frage nach dem »Wohin?« geben muss. Wenn wir dieses »Wohin« ganz dem Diktat des Augenblicks unterwerfen und Ziele allenfalls an der nächsten Straßenecke verorten, können wir den gewaltigen gesellschaftlichen Herausforderungen, vor denen wir stehen, kaum gerecht werden. Gleichzeitig verfehlen wir aber auch die Erwartungen und vielleicht sogar die tiefen Sehnsüchte der in unserem Land lebenden Menschen. Visionen sind eben keine wirklichkeitsfremden Entgleisungen der Politik, sondern die motivierende Beschreibung langfristiger Ziele und somit die nahezu einzige Möglichkeit, politisches Handeln und die dafür nötige Unterstützung der Bürgerinnen und Bürger auf eine Perspektive zu verpflichten, die über das Gliederungsprinzip einer Legislaturperiode hinausweist.

Meine Vision verweist auf das Jahr 2024, also das Jahr, in dem wir den 75. Geburtstag der Bundesrepublik Deutschland feiern werden. Ich stelle mir eine Gesellschaft vor, in der Leistung und Anstrengung – und schon lange nicht mehr soziale oder ethnische Herkunft – zu den entscheidenden Kriterien für gesellschaftlichen Aufstieg geworden sind. Ich stelle mir eine Gesellschaft vor, in der kein Talent verloren geht, sondern jeder die Chance hat, die in ihm angelegten Möglichkeiten zu verwirklichen. Und ich stelle mir eine Gesellschaft vor, in der Solidarität ganz im Sinne der christlichen Sozialethik die Stärkung und Aktivierung der Schwachen durch die Starken bedeutet, ohne dass die Starken dabei geschwächt werden. Soziale Marktwirtschaft ist 2024 immer noch modern, weil in ihr der, der sich anstrengt, Erfolg haben kann, da nicht familiäre Herkunft, sondern individuelles Potenzial und Engagement Aufstieg ermöglichen.

In einer solchen Gesellschaft wird es selbstverständlich sein, dass der Bundespräsident oder die Bundespräsidentin, der/die am 23. Mai 2024 gewählt wird, möglicherweise eine Zuwanderungsgeschichte hat. Und es wird selbstverständlich sein, dass wir im Parlament, auf den Lehrstühlen, in den Chefarztkitteln, aber auch an der Werkzeugmaschine oder in den Polizei- und Feuerwehruniformen und ganz besonders hinter den Pulten in den Schulen immer mehr Menschen antreffen werden, deren familiäre Wurzeln jenseits der deutschen Grenzen, zum Beispiel auf dem Balkan, in Kasachstan oder jenseits des Bosporus liegen.

Viele von ihnen werden dann bereits in vierter Generation in Deutschland leben und aus einstmals segregierten Stadtteilen in Großstädten stammen. Sie sind die »Generation Aufstieg«. Andere sind vielleicht erst seit Kurzem im Land – weil sie in Deutschland die attraktive Möglichkeit gesehen haben, ihre Motivation, ihre Qualifikationen und ihre Fähigkeiten zu entfalten, an der enormen gesellschaftlichen Dynamik teilzuhaben und in einem Klima zu leben, in dem kulturelle Vielfalt als selbstverständliche Bereicherung und Ressource wahrgenommen wird. Die Gesellschaft des Jahres 2024 wird mehr Frauen in Vorständen deutscher Dax-Unternehmen erleben, wird Menschen, deren Eltern und Großeltern von Sozialhilfe lebten, als Angestellte oder Handwerksmeister arbeiten sehen.

Diese Menschen werden stolz auf ihre Leistung und ihre Entwicklung sein. Und zugleich werden sie motivierende Vorbilder für andere sein, die deutlich machen, dass Aufstieg keine Frage des Zufalls mehr ist. Da solche Karrieren in Deutschland selbstverständlich geworden sind, werden sie in der Publizistik auch nicht mehr als singuläre Momente individuellen Glücks zelebriert. Sie werden Teil unserer Normalität sein.

In der Gesellschaft, die ich mir für 2024 vorstelle, haben Unternehmen ganz unabhängig von ihrer Größe ein fortdauerndes Interesse daran, das Potenzial ihrer erfahrenen Mitarbeiter – Männer und Frauen, Jüngere und Ältere, auch derer, die in mehreren Kulturen zu Hause sind – zu erweitern und zu entwickeln. Beruflicher und unternehmerischer Erfolg wecken mehr gesellschaftliche Achtung als sozialen Neid. Umgekehrt ist berufliches oder unternehmerisches Scheitern in dieser Gesellschaft nicht mehr stigmatisiert, sondern Ausgangspunkt einer neuen Anstrengung, für die man Hilfestellung und Angebote findet. Kurzum: Ich stelle mir eine Gesellschaft vor, die in Chancen und Möglichkeiten denkt.

Ich beschreibe an dieser Stelle keine Utopie eines Paradieses auf Erden. Auch unter den hier beschriebenen Bedingungen wird es Menschen geben, die ihre Chancen besser nutzen als andere. Wir werden weiterhin mit individueller und damit auch sozioökonomischer Ungleichheit leben müssen. Denn alle Versuche, diese Ungleichheit aufzuheben, endeten in der totalitären Vereinnahmung des Menschen und in der Unfreiheit kollektiver Zwangssysteme.

Aber ich bin fest davon überzeugt, dass wir angesichts der Dynamik und der Aufstiegsmöglichkeiten, die sich jedem Einzelnen 2024 in Deutschland bieten, in einer glücklichen und zukunftsorientierten Gesellschaft leben werden, die nicht vom Lamento gefühlter Ungerechtigkeit, sondern von der Verheißung individueller Entfaltung geprägt sein wird.

Fünfzehn Jahre mögen manchem Beobachter als lange Wegstrecke für ein demokratisches System erscheinen. Drei Bundestagswahlen, zahlreiche Landtagswahlen und ungezählte politische Moden, Trends und Aufgeregtheiten liegen zwischen diesem Datum und unserer heutigen Erfahrungswelt. Und doch werden die Fundamente für die Gesellschaft von 2024 heute gelegt. Wenn wir nicht heute damit beginnen, die Weichen für eine Aufsteigerrepublik zu stellen, die notwendigen Maßnahmen zu ergreifen und die Bürgerinnen und Bürger von der Richtigkeit unseres Kurses zu überzeugen, bleibt das gerade entfaltete Panorama tatsächlich ein schöner Traum ohne Realitätsbezug.

Ich bin überzeugt, dass verantwortungsbewusste Politik antizyklisch handeln muss. Wenn wir jetzt nicht damit beginnen, die in unserer Gesellschaft vorhandenen Talente und Potenziale zu entdecken und zu entwickeln, wird uns der demografisch bedingte Mangel an Fachkräften schon wenige Jahre nach der Krise mit einer Wucht treffen, die unsere Zukunft als Innovationsstandort infrage zu stellen droht.

Schleichender, aber nicht minder einflussreich sind zudem andere Wirkkräfte. Es gehört zu den Paradoxien unserer gegenwärtigen Krise, dass die »gefühlte Ungerechtigkeit«, auf die ich mich in diesem Buch mehrfach bezogen habe, in der Krise eine weniger große Rolle spielt. Sozioökonomische Nachteile sind in einer Phase der Krise schlicht plausibler und damit auch erträglicher als in Phasen des wirtschaftlichen Aufschwungs.

Wenn wir aber die Talsohle der gegenwärtigen Situation durchschritten haben und wenn sich dann wiederum unternehmerischer Erfolg und individuelle Teilhabe auseinanderentwickeln sollten, wenn dann gleichzeitig die Spielräume der öffentlichen Haushalte für wohlfahrtsstaatliche Umverteilung eingeschränkt werden sollten und soziale Mobilität nach wie vor stärker durch Herkunft als durch die individuelle Leistung determiniert sein sollte, dann wäre dies eine gefährliche, die Akzeptanz unserer Wirtschafts- und Gesellschaftsordnung fundamental untergrabende Konstellation.

Ungleichheit erträgt eine Gesellschaft nur, wenn sie durch Bildung und Aufstieg veränderbar und gestaltbar ist. Wenn Bildungsgerechtigkeit besteht, hat jeder die Chance, durch eigene Anstrengung nach oben zu kommen.

Deswegen müssen wir bereits heute damit beginnen, eine Aufstiegsverheißung zu verwirklichen, die nicht im Reich utopischer Träume beheimatet ist, sondern die die konkrete Grundlage unserer gesellschaftlichen Mentalität und Dynamik ist. Diese Aufstiegsverheißung war immer ein Wesenselement der Demokratie und der Sozialen Marktwirtschaft in Deutschland.

Die »dritte deutschen Einheit« und die Aufsteigerrepublik werden gelingen, wenn jeder Mensch seine individuellen Chancen ergreifen, Möglichkeiten nutzen und zugleich auf entsprechende gesellschaftliche Unterstützung rechnen kann.

Einen Anspruch auf eine »Goldene Leiter« hat dabei niemand, die passende und tragfähige für jeden sollte es aber sein!

Dank

In unzähligen Gesprächsrunden und Diskussionen, dank zahlreicher Möglichkeiten zu persönlichen Begegnungen und Erlebnissen ist dieses Buch entstanden.

Mein besonderer Dank gilt Jan Motte und Georg Oberkötter für das große Engagement und die vielen Stunden, in denen sie zahlreiche Begegnungen und Texte mit mir ausgewertet und viele anregende Ideen zum Buch beigetragen haben. Thomas Wallenhorst hat durch seine kompetente Mitarbeit und seine sachkundige Analyse religiöser und gesellschaftspolitischer Fragen wichtige Inhalte beigetragen. Serap Celen, die mich bei vielen Begegnungen begleitet und mir Einblicke in die Lebenswelten von Menschen ermöglicht hat, deren Familiengeschichte von Zuwanderung geprägt ist, danke ich für ihren klugen, mithin auch streitbaren Rat.

Toni Rütten und Dr. Bernhard Santel, die integrationspolitischen Pioniere, verbinden in ihrer gemeinsamen Arbeit kongenial wissenschaftliche Expertise und praktische Umsetzung, von der ich nicht nur bei diesem Buch profitieren konnte.

Dr. Mark Speich ließ mich durch vielfache Unterstützung an seinen persönlichen Erfahrungen, aber auch an Erkenntnissen der Vodafone-Stiftung partizipieren.

Mein Dank gilt Dr. Markus Warnke für seinen kritischen Blick. Claudia Zimmermann-Schwartz und Prof. Klaus Schäfer danke ich für die vielen Anregungen, die sie zu den wesentlichen Kapiteln dieses Buchs gegeben haben. Dr. Christoph Eichert, Thomas Kufen und Dr. Marion Gierden-Jülich, die mich fachlich in meiner Arbeit unterstützen, danke ich ebenfalls für ihre Hilfe.

Und dann muss jemand die Fäden zusammenhalten. Dafür gebührt mein herzlicher Dank Natalia Fedossenko, die das ganze Buch konzeptionell und inhaltlich von Anfang an mitgestaltete, mir terminliche Freiräume erkämpfte und stets die

Fertigstellung im Blick hatte. Auch Katrin Kohl danke ich für ihr Engagement.

Damit das ganze Projekt mit all seinen ungezählten Änderungen und Neuversionen nicht im Chaos endete, war der Überblick von Justine Schramowski und Melanie Schmidt wichtig. Ihnen danke ich für die Geduld, die sie mit mir hatten, für die Nerven, die sie stets behalten haben, und die Präzision, mit der sie die Texte verarbeiteten.

Geduld haben auch das Verlagshaus Kiepenheuer & Witsch und sein Cheflektor Lutz Dursthoff bewiesen, für dessen Sachkunde und anregende Begleitung des Projekts ich dankbar bin.

Wir haben uns entschieden, mit dem Reinerlös des Buches ein Projekt zu unterstützen, das bereits heute einen Beitrag zur Aufsteigerrepublik leistet: Die Kölner Jugendhilfeeinrichtung Coach e.V. kümmert sich individuell darum, dass kein Talent übersehen wird und Bildungschancen umfassend erkannt und genutzt werden. Der Verein hat einer großen Zahl junger Menschen Bildungskarrieren und Berufschancen eröffnet, die ihnen trotz ihrer Begabung wegen der fehlenden individuellen Begleitung und Unterstützung verschlossen geblieben wären.

Einige derjenigen, denen Coach e.V. in der Vergangenheit zum persönlichen Erfolg verholfen hat, unterstützen das Projekt heute als Mentoren.

Damit ist Coach e.V. auch ein gutes Beispiel dafür, wie der eigene Bildungserfolg, der eigene soziale Aufstieg neuen und mehr Erfolg und Aufstieg befördern kann.

Armin Laschet
Düsseldorf, im August 2009

Literatur

Akyün, Hatice: Einmal Hans mit scharfer Soße. Leben in zwei Welten, München 2007

Dies.: Ali zum Dessert. Leben in einer neuen Welt, München 2008

Alanyali, Iris: Die Blaue Reise und andere Geschichten aus meiner deutsch-türkischen Familie, Reinbek bei Hamburg 2006

Alt, Jörg/Bommes, Michael (Hg.): Illegalität. Grenzen und Möglichkeiten der Migrationspolitik, Wiesbaden 2006

Ates, Seyran: Der Multikulti-Irrtum. Wie wir in Deutschland besser zusammenleben können, Berlin 2007

Bade, Klaus J.: Leviten lesen. Migration und Integration in Deutschland, Osnabrück 2007

Ders. (Hg.): Enzyklopädie Migration in Europa: vom 17. Jahrhundert bis zur Gegenwart, Paderborn 2007

Ders.: Versäumte Integrationschancen und nachholende Integrationspolitik, in: Aus Politik und Zeitgeschichte 22–23/2007, S. 32–38

Ders. (Hg.): Das Manifest der 60: Deutschland und die Einwanderung, München 1994

Ders. (Hg.): Die multikulturelle Herausforderung: Menschen über Grenzen – Grenzen über Menschen, München 1996

Ders.: Europa in Bewegung. Migration vom späten 18. Jahrhundert bis zur Gegenwart, München 2000

Ders.: Homo Migrans. Wanderungen aus und nach Deutschland. Erfahrungen und Fragen, Essen 1994

Balci, Güner Yasemin: Arabboy. Eine Jugend in Deutschland oder das kurze Leben des Rashid A., Berlin 2008

Beinhauer-Köhler, Bärbel/Leggewie, Claus: Moscheen in Deutschland. Religiöse Heimat und gesellschaftliche Herausforderung, München 2009

Benedikt XVI.: Sozialenzyklika. Caritas in Veritate, Rom 2009

Ders.: Glaube, Vernunft und Universität. Erinnerungen und Reflexionen. Rede vom 12. September 2006 an der Universität Regensburg

Bertelsmann Stiftung: Gesellschaftliche Kosten unzureichender Integration von Zuwanderinnen und Zuwanderern in Deutschland. Welche gesellschaftlichen Kosten entstehen, wenn Integration nicht gelingt?, Gütersloh 2008

Bingül, Birand: Kein Vaterland, nirgends, München 2008

Bommes, Michael/Wilmes; Maren: Menschen ohne Papiere in Köln. Eine Studie zur Lebenssituation irregulärer Migranten, Osnabrück 2007

Broder, Henryk M.: Hurra, wir kapitulieren! Von der Lust am Einknicken, Berlin 2006

Bude, Heinz: Die Ausgeschlossenen. Das Ende vom Traum einer gerechten Gesellschaft, München 2008

Bundesamt für Migration und Flüchtlinge (im Auftrag der Deutschen Islam Konferenz): Muslimisches Leben in Deutschland, Nürnberg 2009

Çil, Nevim: Türkische Migranten und der Mauerfall, in: Aus Politik und Zeitgeschichte 21–22/2009, S. 40–46

Cohn-Bendit, Daniel/Schmid, Thomas: Heimat Babylon. Das Wagnis der multikulturellen Demokratie, Hamburg 1992

Dahrendorf, Ralf: Gesellschaft und Demokratie in Deutschland, München 1965

Demirkan, Renan: Septembertee oder Das geliehene Leben, Berlin 2008

Deutsche Bischofskonferenz: Moscheebau in Deutschland. Eine Orientierungshilfe der deutschen Bischöfe, September 2008

Deutsche Gesellschaft für die Vereinten Nationen e. V. (Hg.): Migration in einer interdependenten Welt. Neue Handlungsprinzipien, Deutsche Ausgabe des Berichts der Weltkommission für internationale Migration, Berlin 2006

Erhard, Ludwig: Wohlstand für alle, Düsseldorf 1957

Evangelische Kirche in Deutschland (EKD): Klarheit und gute Nachbarschaft. Christen und Muslime in Deutschland. Eine Handreichung des Rates der EKD (Texte 86), Hannover 2008

Geißler, Heiner: Gefährlicher Sieg. Die Bundestagswahl 1994 und ihre Folgen, Köln 1995

Ders.: Zugluft. Politik in stürmischer Zeit, München 1990

Georgi, Viola B./Ohliger, Rainer (Hg.): Crossover Geschichte. Historisches Bewusstsein Jugendlicher in der Einwanderungsgesellschaft, Hamburg 2009

Hensel, Jana: Zonenkinder, Reinbek bei Hamburg 2002

Herbert, Ulrich: Geschichte der Ausländerpolitik in Deutschland. Saisonarbeiter, Zwangsarbeiter, Gastarbeiter, Flüchtlinge, München 2001

Hradil, Stefan: Anmerkungen zu einer erstarrenden Gesellschaft. Sozialer Auf- und Abstieg in Deutschland, in: Volker Kauder/Ole von Beust

(Hg.): Chancen für alle. Die Perspektive der Aufstiegsgesellschaft, Freiburg 2008, S. 22–35

Hüther, Michael/Straubhaar, Thomas: Die gefühlte Ungerechtigkeit. Warum wir Ungleichheit aushalten müssen, wenn wir Freiheit wollen, Berlin 2009

Hyun, Martin: Lautlos ja – sprachlos nein. Grenzgänger zwischen Korea und Deutschland, Hamburg 2008

Kauder, Volker/Beust, Ole von (Hg.): Chancen für alle. Die Perspektive der Aufstiegsgesellschaft, Freiburg 2008

Kelek, Necla: Die fremde Braut. Ein Bericht aus dem Inneren des türkischen Lebens in Deutschland, Köln 2005

Kermani, Navid: Wer ist Wir? Deutschland und seine Muslime, München 2009

Kersting, Wolfgang: Chancengleichheit und Selbstverwirklichung. Grundzüge einer gerechten Gesellschaft. Vortrag im Rahmen des »Europäischen Jahres der Chancengleichheit für alle 2007«, Köln 7. Mai 2007

Klee, Ernst (Hg.): Gastarbeiter. Analysen und Berichte, Frankfurt 1972

Kloepfer, Inge: Aufstand der Unterschicht. Was auf uns zukommt, Hamburg 2008

Köcher, Renate: Aufstiegshoffnungen und Abstiegsängste, in: Volker Kauder/Ole von Beust (Hg.): Chancen für alle. Die Perspektive der Aufstiegsgesellschaft, Freiburg 2008, S. 36–44

Kühn, Heinz: Stand und Weiterentwicklung der Integration der ausländischen Arbeitnehmer und ihrer Familien in der Bundesrepublik Deutschland (Kühn-Memorandum), Bonn 1979

Lammert, Norbert (Hg.): Verfassung, Patriotismus, Leitkultur. Was unsere Gesellschaft zusammenhält, Hamburg 2006

Landtag Nordrhein-Westafeln: Integrationsoffensive. Nordrhein-Westfalen – Einheit in Vielfalt. Programm für eine erfolgreiche Politik der Integration, Düsseldorf 2001

Laschet, Armin u. a.: Integration ist unser Thema. Antwort von 17 Unionspolitikern auf einen deutsch-türkischen Appell, in: Die *Zeit*, Nr. 6, 31. Januar 2008

Leggewie, Claus: Multikulti. Spielregeln für die Vielvölkerrepublik, Berlin 1990

Leuninger, Herbert: Ursachen der Fremdenfeindlichkeit und ihre Überwindung, in: Caritas. Zeitschrift für Caritasarbeit und Caritaswissenschaft, H. 3/1981, S. 117–125

Malangré, Heinz: Aus Trümmern zur Europastadt. Aachen von 1945 bis 2005, Aachen 2005

Mattes, Monika: »Gastarbeiterinnen« in der Bundesrepublik. Anwerbepolitik, Migration und Geschlecht, Frankfurt/M. 2005

Ministerium für Generationen, Familie, Frauen und Integration des Landes Nordrhein-Westfalen: Nordrhein-Westfalen – Land der neuen Integrationschancen. Erster Integrationsbericht der Landesregierung, Düsseldorf 2008

Ministerium für Generationen, Familie, Frauen und Integration des Landes Nordrhein-Westfalen: Nordrhein-Westfalen – Land der neuen Integrationschancen. Aktionsplan Integration, Düsseldorf 2006

Mitscherlich, Alexander/Mitscherlich, Margarete: Die Unfähigkeit zu trauern. Grundlagen kollektiven Verhaltens, München 1967

Neudeck, Rupert: Die Flüchtlinge kommen. Warum sich unsere Asylpolitik ändern muss, München 2005

Nolte, Paul: Die Aufstiegsgesellschaft: Historische Erfahrungen und politische Leitbilder, in: Volker Kauder/Ole von Beust (Hg.): Chancen für alle. Die Perspektive der Aufstiegsgesellschaft, Freiburg 2008, S. 45–61

Ders.: Riskante Moderne, München 2006

Ökumenischer Vorbereitungsausschuss für den Tag des ausländischen Mitbürgers 1980: Verschiedene Kulturen. Gleiche Rechte. Für eine gemeinsame Zukunft, Frankfurt am Main 1980

Özdemir, Cem: Die Türkei. Politik, Religion, Kultur, Weinheim 2008

Picht, Georg: Die deutsche Bildungskatastrophe. Analyse und Dokumentation, Freiburg i. Br. 1964

Plato, Alexander von: Fremde Heimat. Zur Integration von Flüchtlingen und Einheimischen in die Neue Zeit, in: Lutz Niethammer/Alexander von Plato (Hg.): »Wir kriegen jetzt andere Zeiten«, Bonn 1985, S. 172–219

Precht, Richard David: Wer bin ich – und wenn ja, wie viele? Eine philosophische Reise, München 2007

Rau, Johannes: Rede des Bundespräsidenten zum Historikertag 2002, Halle 10. September 2002

Rüttgers, Jürgen: Rede anlässlich des Zukunftskongresses »Leben 2025: Petersberger Convention«, Bonn, 6. März 2009

Ders.: Die Marktwirtschaft muss sozial bleiben. Eine Streitschrift, Köln 2007

Röttgen, Norbert: Deutschlands beste Jahre kommen noch. Warum wir vor der Zukunft keine Angst haben müssen, München 2009

Schildt, Axel: Die Sozialgeschichte der Bundesrepublik Deutschland bis 1989/90, München 2007

Schönwälder, Karen: Einwanderung und ethnische Pluralität. Politische Entscheidungen und öffentliche Debatten in Großbritannien und der Bundesrepublik von den 1950er bis zu den 1970er Jahren, Essen 2001

Şen, Faruk/Halm, Dirk (Hg.): Exil unter Halbmond und Stern. Herbert Scurlas Bericht über die Tätigkeit deutscher Hochschullehrer in der Türkei während der Zeit des Nationalsozialismus, Essen 2007

Siggelkow, Bernd/Büscher, Wolfgang: Deutschlands sexuelle Tragödie. Wenn Kinder nicht mehr lernen, was Liebe ist, Asslar 2008

Sommerfeld, Franz (Hg.): Der Moscheestreit. Eine exemplarische Debatte über Einwanderung und Integration, Köln 2008

Süssmuth, Rita: Migration und Integration. Testfall für unsere Gesellschaft, München 2006

Tibi, Bassam: Europa ohne Identität, Die Krise der multikulturellen Gesellschaft, München 1998

Ders.: Leitkultur als Wertekonsens – Bilanz einer missglückten deutschen Debatte, in: Aus Politik und Zeitgeschehen, B 1–2/2001, S. 23–26

Unabhängige Kommission Zuwanderung: Zuwanderung gestalten – Integration fördern, Berlin 2001

Wallraff, Günter: Ganz unten, Köln 1985

Wehler, Hans-Ulrich: Deutsche Gesellschaftsgeschichte, Band 5, Bundesrepublik Deutschland und DDR 1949–1990, München 2008

Weimer, Wolfram: Freiheit, Gelichheit, Brüderlichkeit: Warum die Krise uns konservativ macht, Gütersloh 2009

Westphal, Manuela: Migration und Genderaspekte. Feminisierung internationaler Migration (Veröffentlichung der Bundeszentrale für politische Bildung), Bonn 2004

Zaimoglu, Feridun: Liebesbrand, Roman, Köln 2008

Ders.: Integration. Mein Deutschland. Warum die Einwanderer auf ihre neue Heimat stolz sein können, in: Die *Zeit*, Nr. 16 vom 12. April 2006

Heiner Geißler. Ou Topos. Suche nach dem Ort, den es geben müßte. Gebunden

Heiner Geißler über die Suche nach dem Glück: wonach sich Menschen sehnen
Viele haben das Paradies ins Jenseits verschoben und die Menschen in Glück und Unglück allein gelassen. In seinem faszinierenden Buch – gleichermaßen Essay wie Autobiographie – erweist sich Heiner Geißler als einer der bedeutendsten Denker im heutigen Deutschland.

www.kiwi-verlag.de

Kiepenheuer & Witsch

Harald Schumann / Christiane Grefe. Der globale Countdown.
Finanzcrash, Wirtschaftskollaps, Klimawandel. Wege aus der
Weltkrise. KiWi 1113

Nach dem Finanzcrash: Wege aus der Weltkrise
Die Globalisierung hat eine neue Dimension erreicht. Völker und
Staaten sind in einer beispiellosen gegenseitigen Abhängigkeit
miteinander verbunden, eine Weltgesellschaft entsteht. Doch
das neue System ist bedrohlich instabil. Reicht die Zeit, um die
Weichen richtig zu stellen?

»Ein fulminanter Bericht zur Lage der Welt und ihrer Wirtschaft
– bissig, brillant recherchiert und voller Fakten.« *Spiegel online*

www.kiwi-verlag.de

Götz W. Werner / Adrienne Goehler. Freiheit, Gleichheit,
Grundeinkommen. Von der Erwerbsarbeit zur Kulturgesell-
schaft. Gebunden

Wir stehen am Scheideweg: Machen wir gesellschaftlich notwendige Arbeit weiter unbezahlbar? Konsumieren wir auf Kre-
dit, während wir als Steuerzahler mit Milliarden marode
Banken »retten«? Oder nutzen wir die tiefgreifende Krise, um
Arbeit neu zu denken? Ein bedingungsloses Grundeinkommen
für alle würde die Menschen von Existenzangst befreien – und
ihre Eigeninitiative wecken.

Kiepenheuer
&Witsch

www.kiwi-verlag.de

Hans Weiss / Ernst Schmiederer. Asoziale Marktwirtschaft.
Insider aus Politik und Wirtschaft enthüllen, wie die Konzerne
den Staat ausplündern. KiWi 914

Die hoch bezahlten Berater nennen es »Steueroptimierung«:
Internationale Großkonzerne zahlen trotz immenser Gewinne
kaum noch Steuern – und bereichern sich zusätzlich an Milliarden-
subventionen des Staates.

»Die Autoren berichten Details über Steuergeschenke und
Subventionen für Konzerne, über die Macht der Lobbyisten und
die Willfährigkeit der Politiker.« *Süddeutsche Zeitung*

www.kiwi-verlag.de

Sascha Adamek / Kim Otto. Der gekaufte Staat. Wie Konzernvertreter in deutschen Ministerien sich ihre Gesetze selbst schreiben. Aktualisierte Neuausgabe. KiWi 1097

Mehr als hundert Vertreter deutscher Großkonzerne haben in Bundesministerien eigene Schreibtische bezogen. Bezahlt werden sie von den Unternehmen. Sie arbeiten an Gesetzen mit und sind politisch immer am Ball.

»Ein Musterbeispiel für gewissenhaften investigativen Journalismus. Ein Buch, das dem Leser die Zornesröte ins Gesicht treibt. Und den verantwortlichen Politikern die Schamesröte. Hoffentlich.« *Klaus Bednarz*

www.kiwi-verlag.de

Sibylle Herbert. Diagnose: unbezahlbar. Aus der Praxis der Zwei-klassenmedizin. KiWi 1046

»Das aufrüttelnde Buch einer Journalistin, die auf die nahe liegende Idee kam, im Stil von Egon Erwin Kisch die Sozial-reportage auf die Medizin auszudehnen.« *FAZ*

»Anhand vieler Beispiele aus dem Alltag zeigt Sibylle Herbert, welche Ungerechtigkeiten im Gesundheitssystem bestehen.« *Ärztezeitung*

»Dem Kassenpatienten macht das Buch Mut, sich gegen Fehlentscheidungen zu wehren.« *Saarländischer Rundfunk*

www.kiwi-verlag.de